SKANDINAVISCH WOHNEN

SKANDINAVISCH WOHNEN

Einrichten, Dekorieren und
Leben im nordischen Stil

Sarah von Heugel

Lifestyle
BUSSE
SEEWALD

INHALT

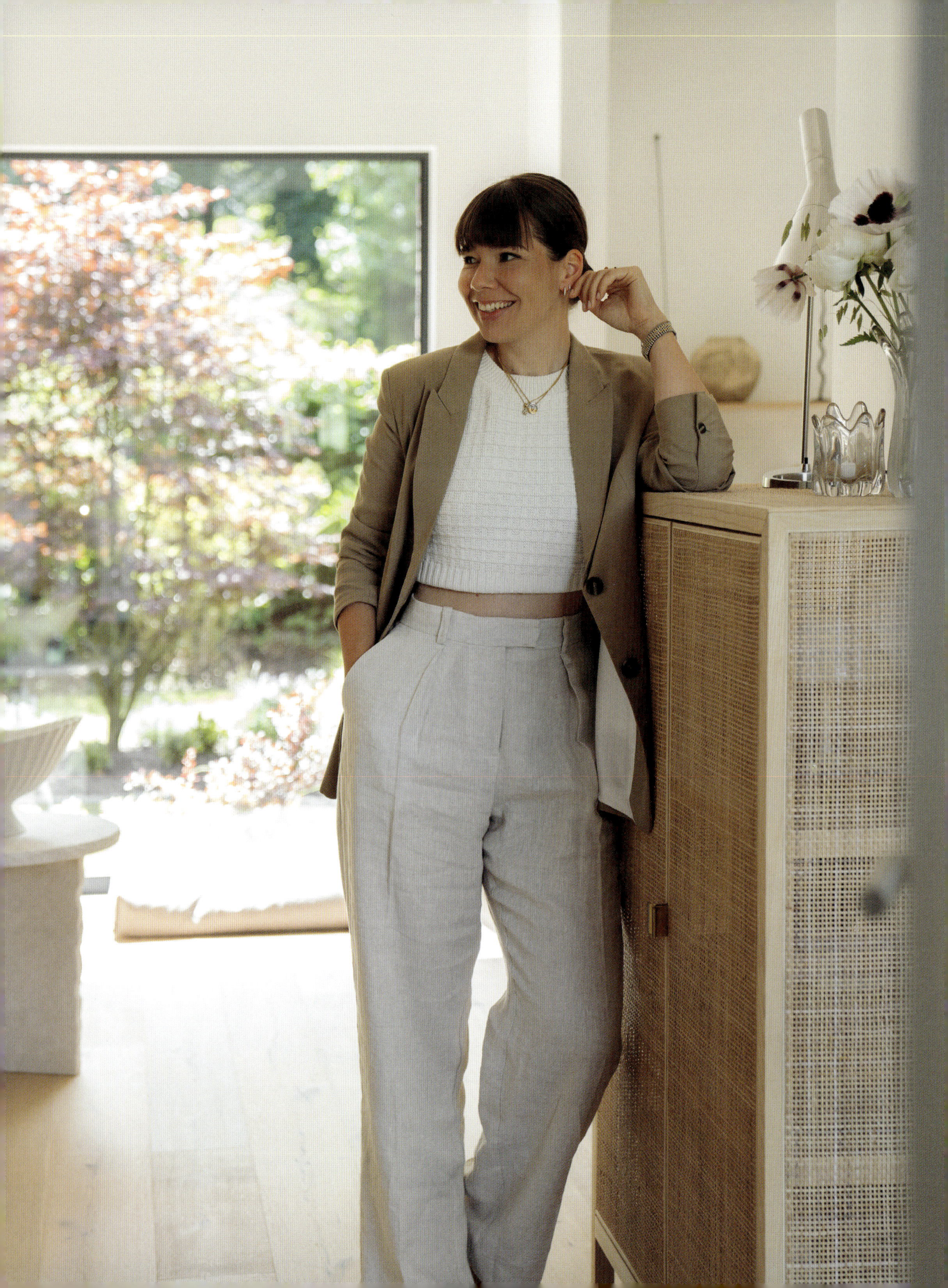

HERZLICH WILLKOMMEN IN UNSEREM HAUS TANNENKAMP!

Seit 2019 wohne ich hier mit meinem Mann Manuel und unserer Französischen Bulldogge Trüffel. Dicht an der Natur, an Wald und Wiesen haben wir unser Zuhause gefunden: ein altes, rot verklinkertes Häuschen von 1932, umgeben von einem eingewachsenen Garten. Für uns war es Liebe auf den ersten Blick. Das viele Grün, die alten Bäume und die Natur gleich vor der Haustür empfingen uns mit offenen Armen und entzückten uns auf der Stelle. Natürlich gefiel uns auch das Haus, der charmante Altbau war genau das, was wir uns gewünscht hatten. Die Raumaufteilung und diverse Details entsprachen nicht unseren Vorstellungen, und es war von Anfang an klar, dass es einige Veränderungen bräuchte, um dieses Gebäude in unser Zuhause zu verwandeln. Wie weit diese Veränderungen gehen würden, ahnten wir zu Beginn der Reise allerdings nicht. Um unsere vielen Ideen zu ordnen und auf Papier zu bringen, holten wir uns einen Architekten an die Seite, der nicht nur uns und unsere Wünsche verstand, sondern mit dem wir diese noch weiterentwickeln konnten. In der kreativen Zusammenarbeit entstanden beispielsweise die bis zum Dachfirst geöffnete Küche oder eine kleine Galerie im Obergeschoss, die heute einer meiner Lieblingsorte im Haus ist. Eine neue Raumaufteilung, bodentiefe, große Fenster in schlichten Alurahmen, eine Fußbodenheizung und viele andere Veränderungen holten schließlich den Altbau in die Moderne, ohne dabei den ursprünglichen Charme zu zerstören.

Erst nach den Umbauarbeiten konnten wir uns dem Garten und seiner Planung widmen und stellten dabei fest, was für einen großen Teil dieses schöne, üppig eingewachsene Fleckchen Erde zum Wohlfühlfaktor beiträgt. Die ausladenden Fensterfronten lassen die Grenze zwischen Außen und Innen verschmelzen, die Terrasse wird zu einem weiteren Wohnraum und der Ausblick durch die Fenster ähnelt einem sich ständig ändernden Gemälde. Wie das Haus haben wir auch den Garten in unterschiedliche Bereiche unterteilt, mit einer Lounge-Ecke auf der Holzterrasse oder einer kleinen Sitzgruppe im Gemüsegarten. Seit unserem Einzug vor drei Jahren habe ich das Gärtnern für mich entdeckt und war anfangs überrascht, wie sehr ich es genieße. In meinem Beruf als Interior-Influencerin und Fotografin schaue ich viele Stunden am Tag auf Bildschirme und arbeite fast ausschließlich digital. Im Garten dagegen gestalte ich mit meinen Händen und ich genieße das befriedigende Gefühl, am Ende des Tages etwas Schönes erschaffen zu haben. Graben, Pflanzen und Werkeln ist für mich wunderbar beruhigend und meditativ.

Wir haben Garten und Haus auf den Kopf gestellt und mit aufwendigen Maßnahmen von Grund auf saniert, um das alte Anwesen auf unsere Bedürfnisse zuzuschneiden. Doch es muss nicht immer so umfangreich und tiefgreifend sein. Es sind auch die vielen kleinen Veränderungen, die den Unterschied zwischen einer Wohnung oder einem Haus und einem echten Zuhause ausmachen. Die Einrichtung spielt dabei eine elementare Rolle: Sie gibt den Ton an, bestimmt die Stimmung und das Wohngefühl. Den letzten Schliff bekommt das Ganze durch die Dekoration, denn auch sie beeinflusst die Atmosphäre maßgeblich. Egal, ob Möbel oder Deko: Geht es um Interior, richte ich mich nicht nach Trends oder suche lange nach Inspirationen. Entscheidungen treffe ich vor allem intuitiv aus dem

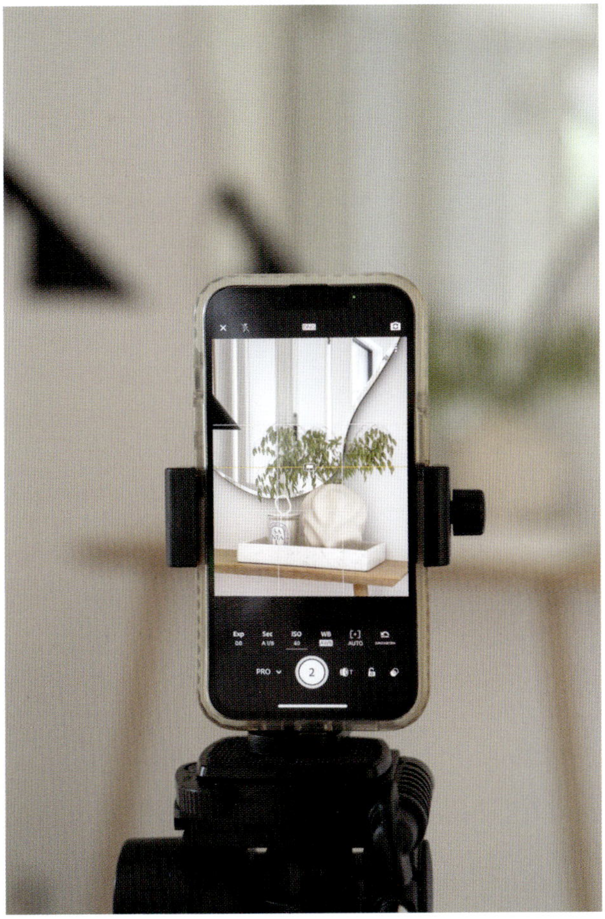
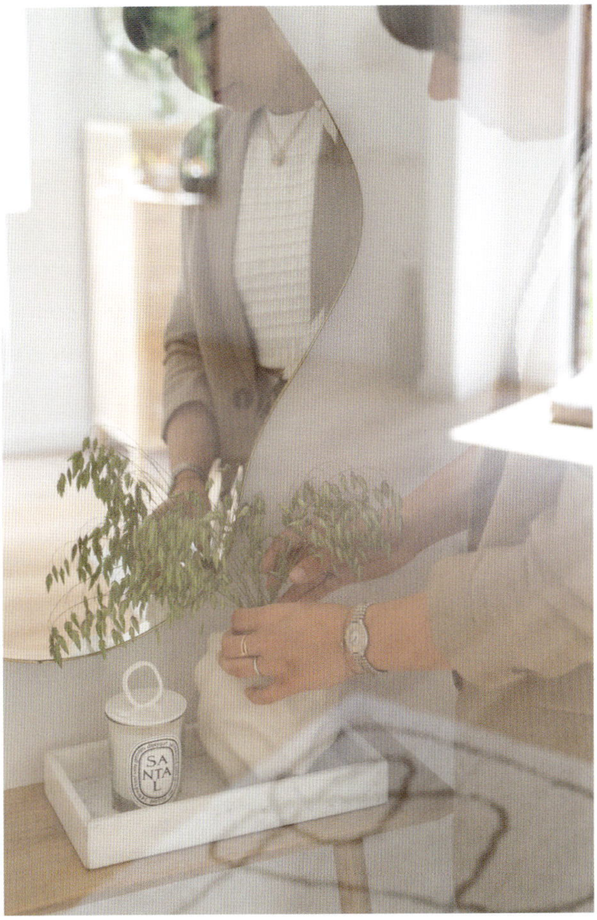
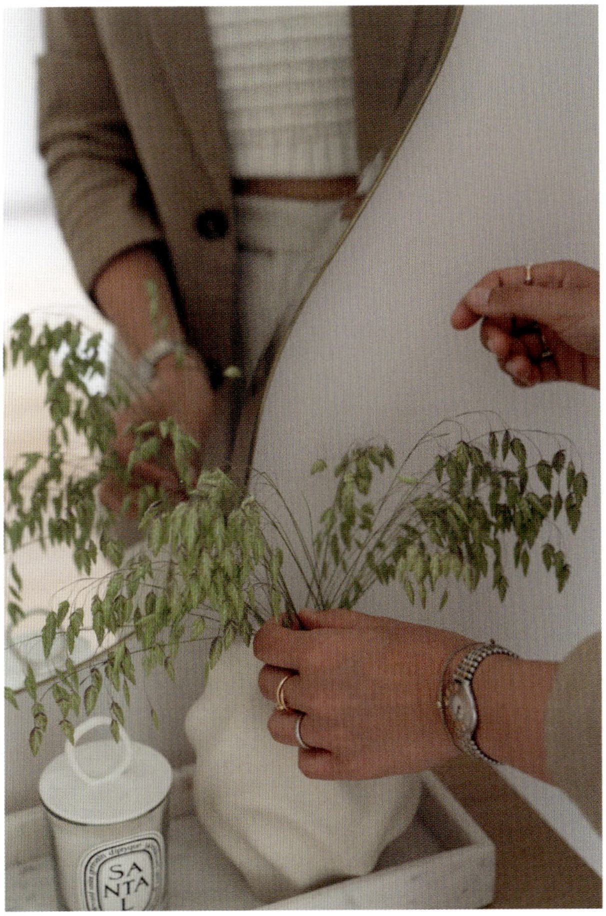
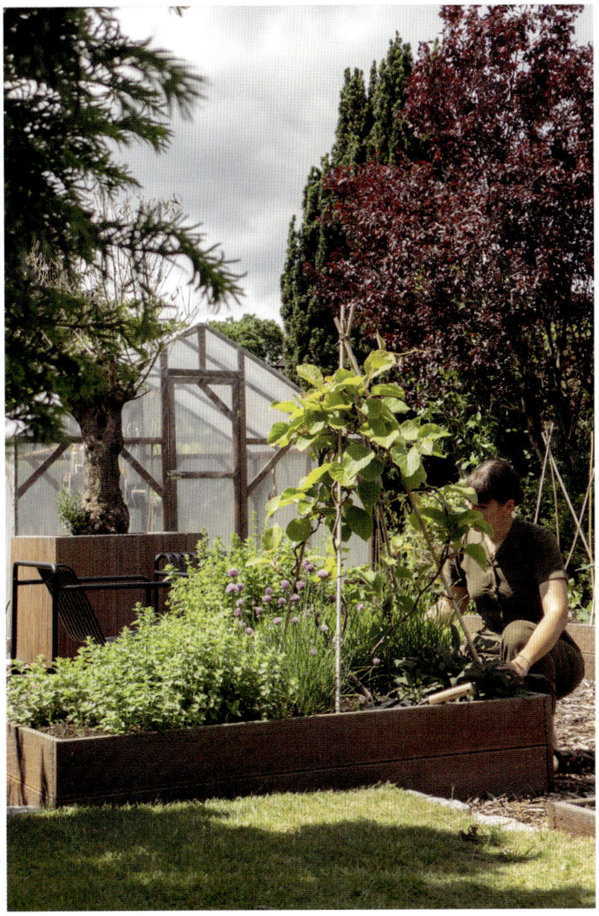

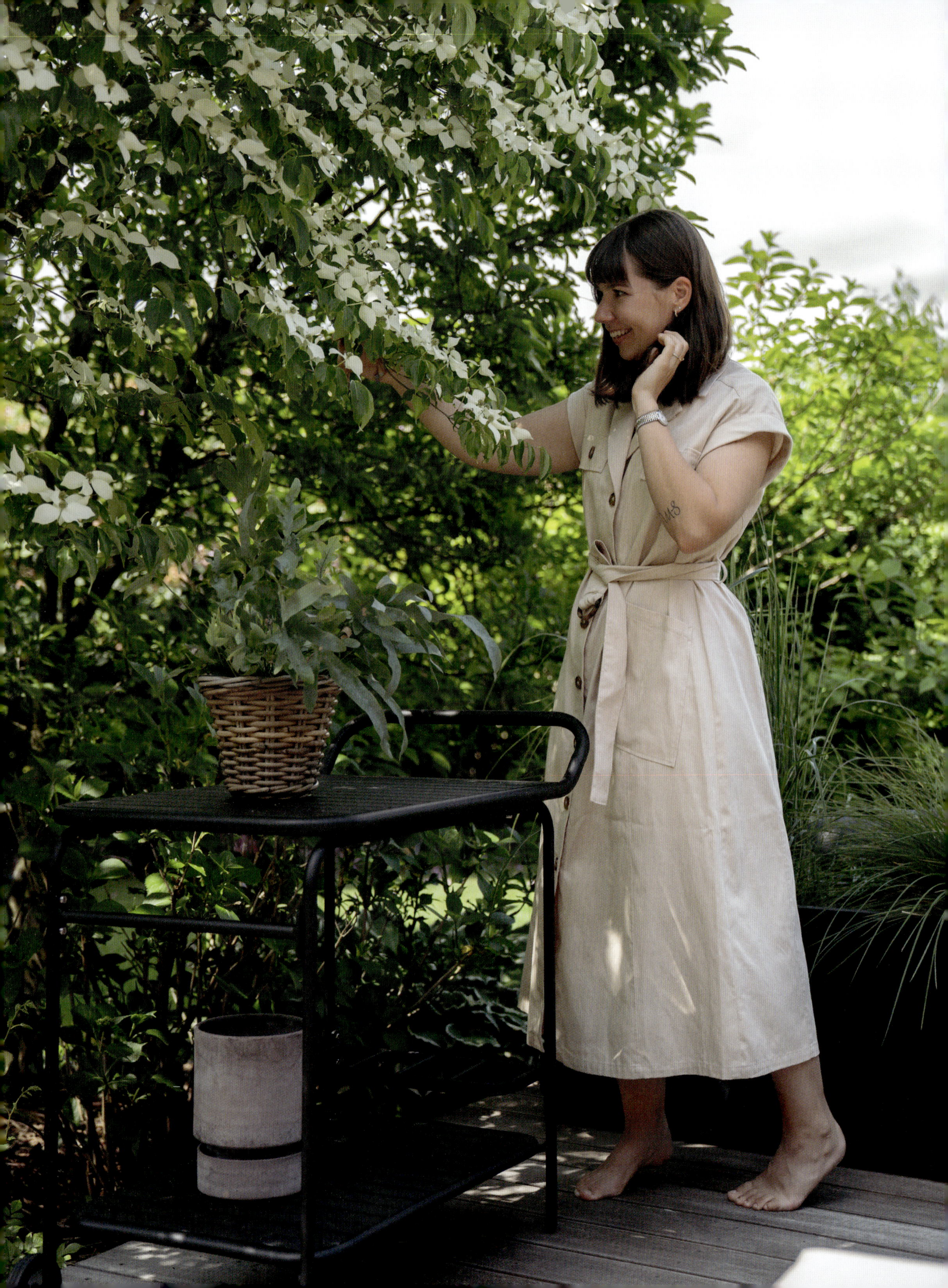

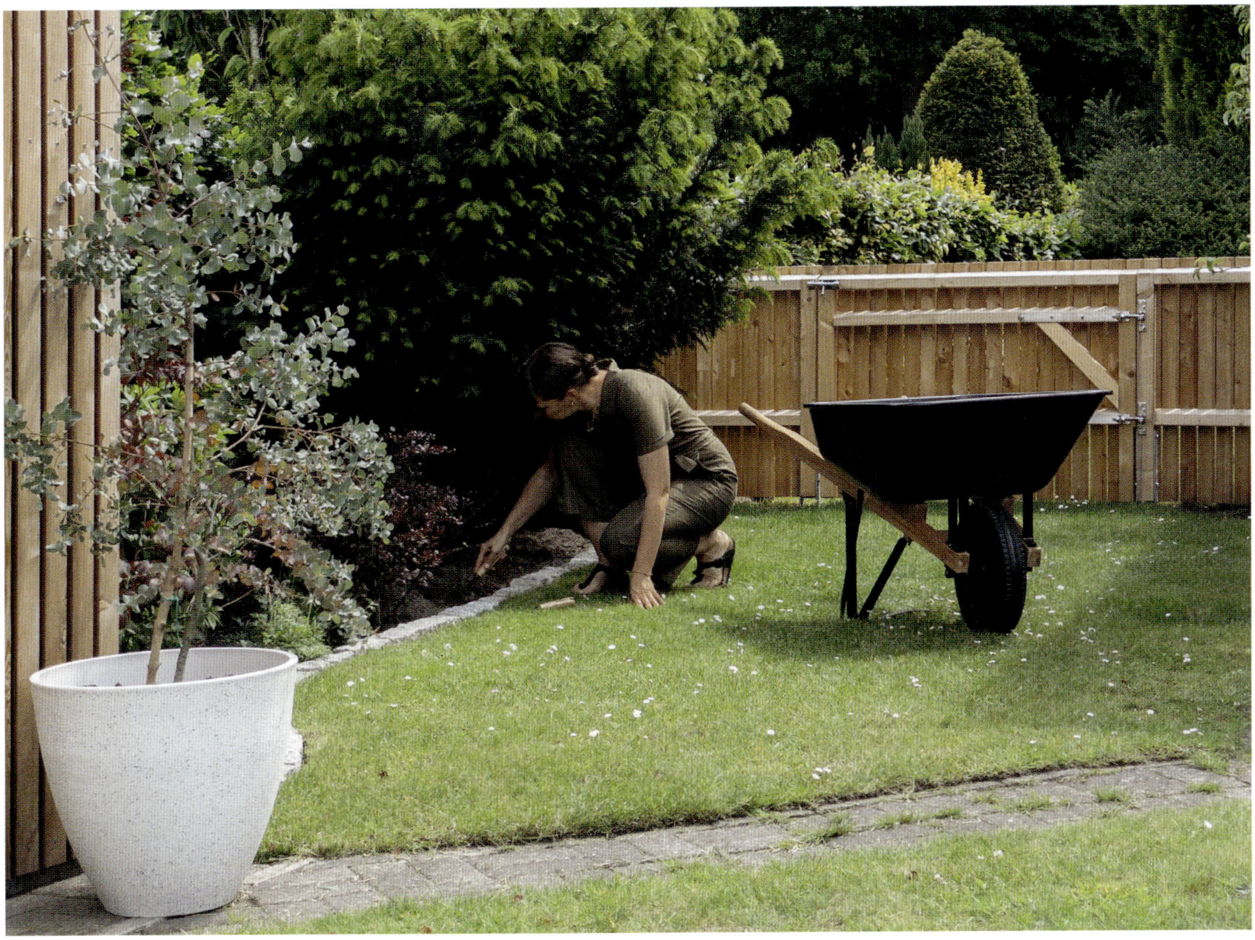

Bauch heraus, denn glücklicherweise habe ich ein gutes Gespür für Farben und Formen. Unser Zuhause soll ruhig und ordentlich sein, Gelassenheit und Natürlichkeit ausstrahlen, damit wir uns rundum wohlfühlen. Zu mir und meiner Vorstellung von einem schönen Wohngefühl passt der skandinavische Stil perfekt, denn ich liebe Holz und Naturmaterialien, Wolle und Stein in Kombination mit Weiß, Beige und schwarzen Akzenten. Die schlichten Linien zaubern eine Klarheit und Ästhetik, die wir zum Durchatmen und Entspannen brauchen. In diesem Buch möchte ich zeigen, wie der Skandi-Style funktioniert und welche Elemente, Materialien und Farben man kombinieren kann, um sich in seinem Zuhause genauso heimisch zu fühlen wie wir in unserem Haus Tannenkamp.

Herzlich
Sarah von Heugel

EINRICHTEN

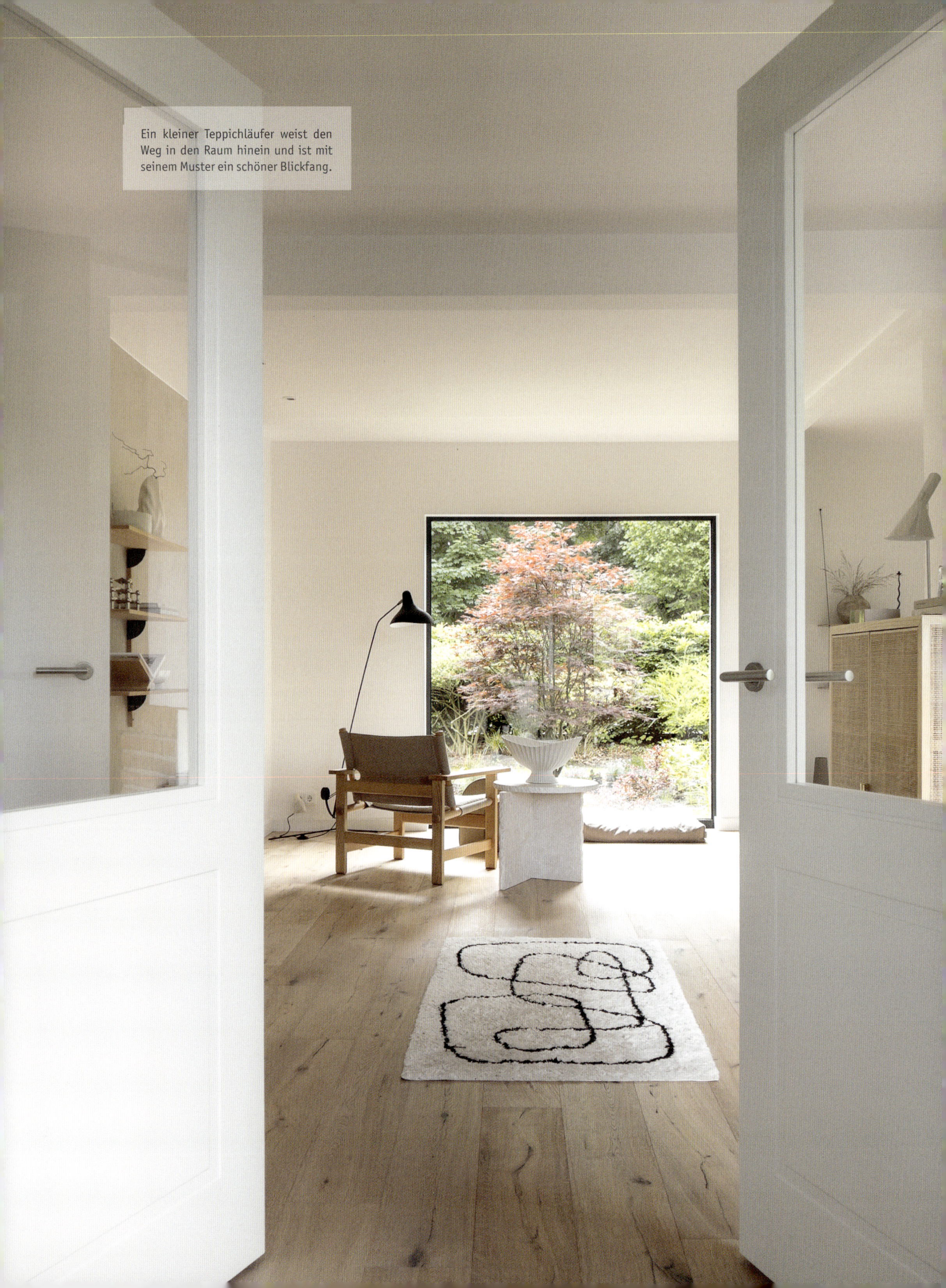

Ein kleiner Teppichläufer weist den Weg in den Raum hinein und ist mit seinem Muster ein schöner Blickfang.

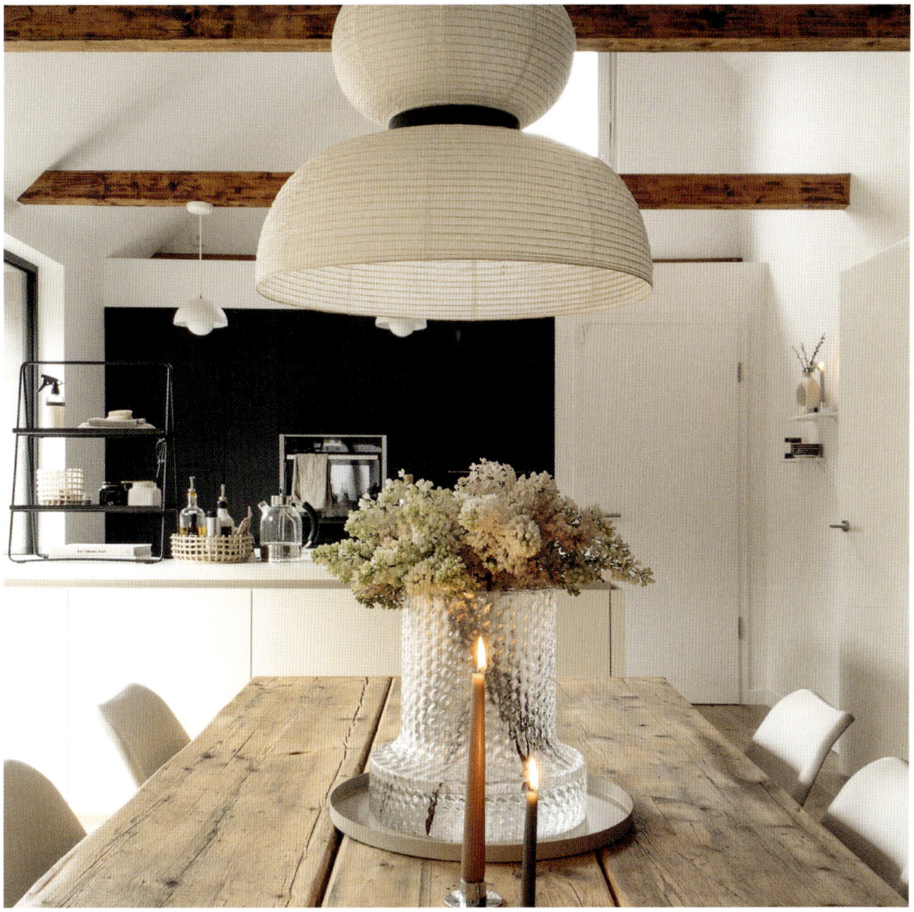

SCHLICHT, NATÜRLICH, STILVOLL

Klare Linien, eine schlichte Optik und zeitloses Design machen eine Einrichtung im skandinavischen Stil aus. Ergänzt durch eine zurückhaltende Farbgestaltung und natürliche Materialien wie Holz und Wolle, aber auch Travertin und Marmor ist sie beständig und keinen schnelllebigen Trends unterworfen. Gleichzeitig ist eine skandinavische Einrichtung so neutral, dass man sie immer wieder mit neuen und modernen Einflüssen kombinieren und ergänzen kann.

Dies zeigt sich beispielsweise in der Stilkombination des Japandi, bei dem die Skandi-Elemente um fernöstliche Einflüsse und die minimalistische japanische Ästhetik ergänzt werden. Auch in unserem Zuhause finden sich Elemente des Japandi-Stils, auf die ich später noch verweisen werde.

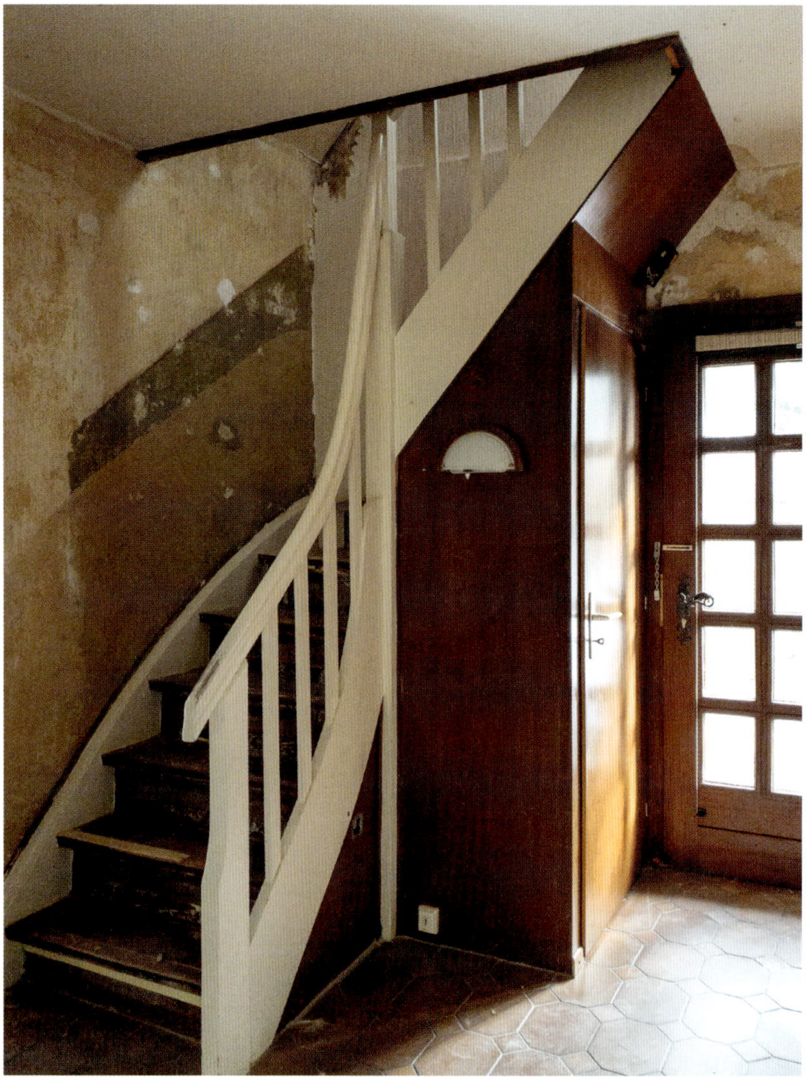

ROOMTOUR EINGANGSBEREICH

Wohnfläche: 6,6 m²
Deckenhöhe: 2,60 m–4,60 m

Beim Betreten vermittelt der Eingangsbereich den ersten Eindruck eines Zuhauses. Durch den Abriss der Kellertür samt Treppenverkleidung sowie die Vergrößerung des Treppenausschnitts wurde aus dem ehemals dunklen Eingang ein lichtdurchfluteter Bereich, der unsere Gäste willkommen heißt. Ein Zugang zum Keller ist noch vorhanden, versteckt sich nun aber hinter einer unauffälligen Bodenluke.

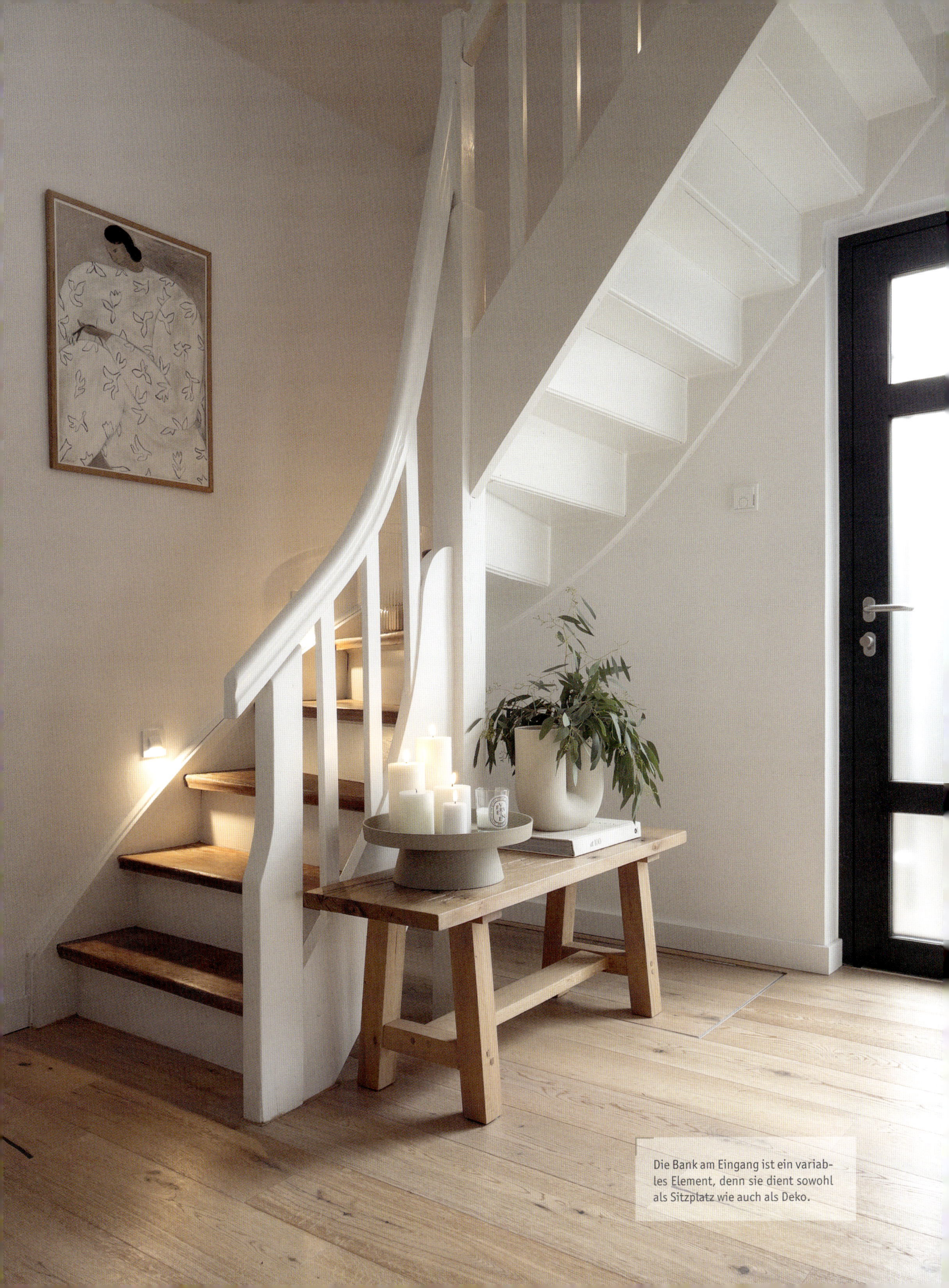

Die Bank am Eingang ist ein variables Element, denn sie dient sowohl als Sitzplatz wie auch als Deko.

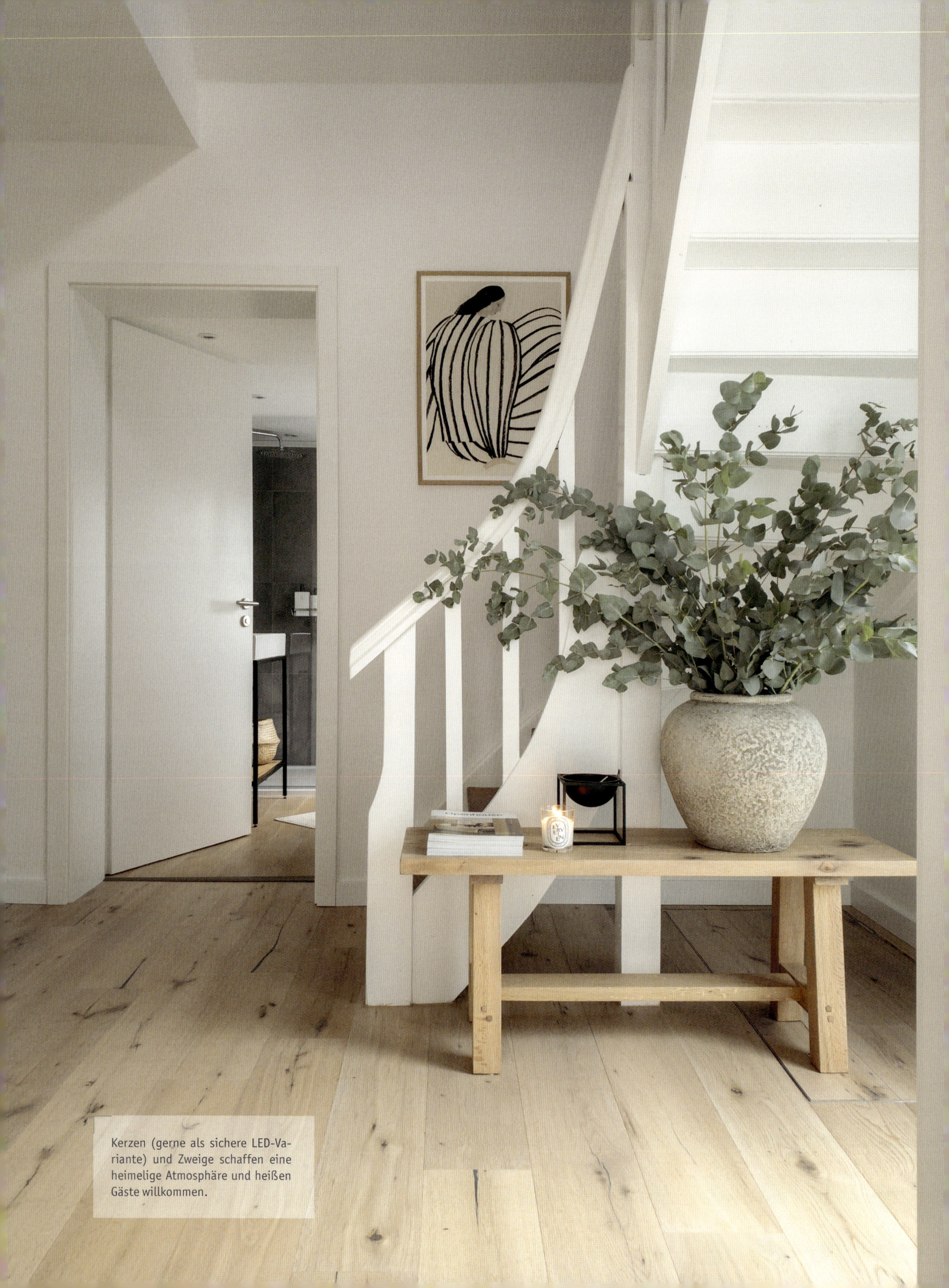

Kerzen (gerne als sichere LED-Variante) und Zweige schaffen eine heimelige Atmosphäre und heißen Gäste willkommen.

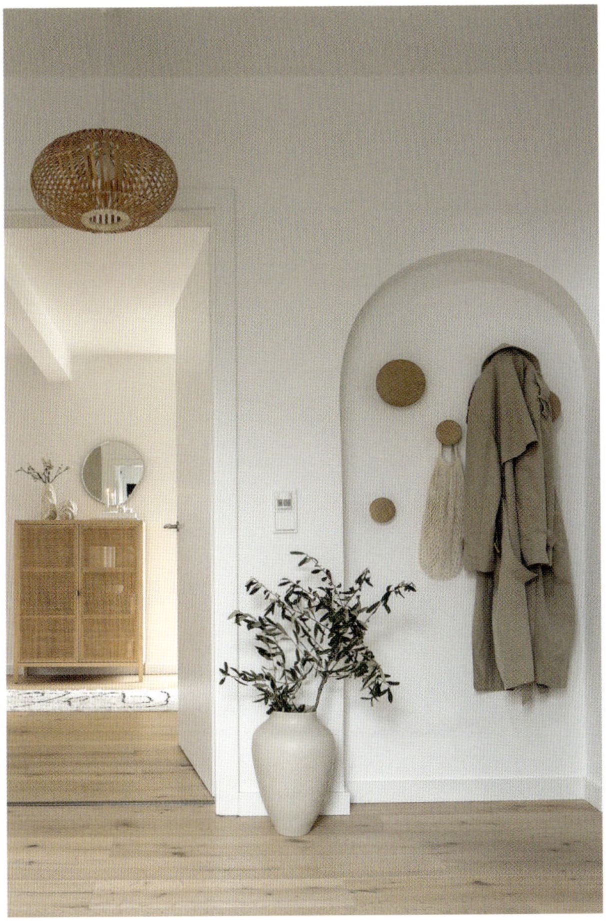

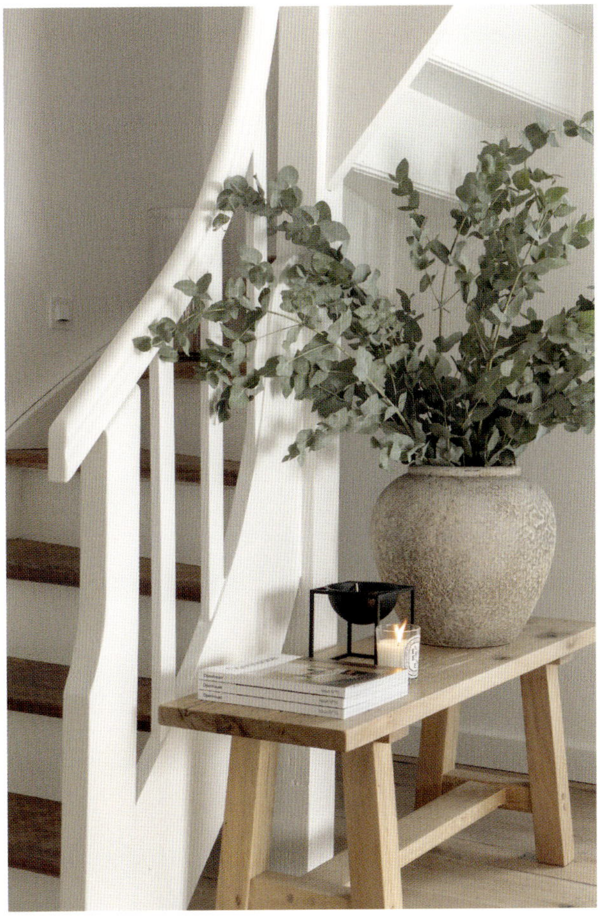

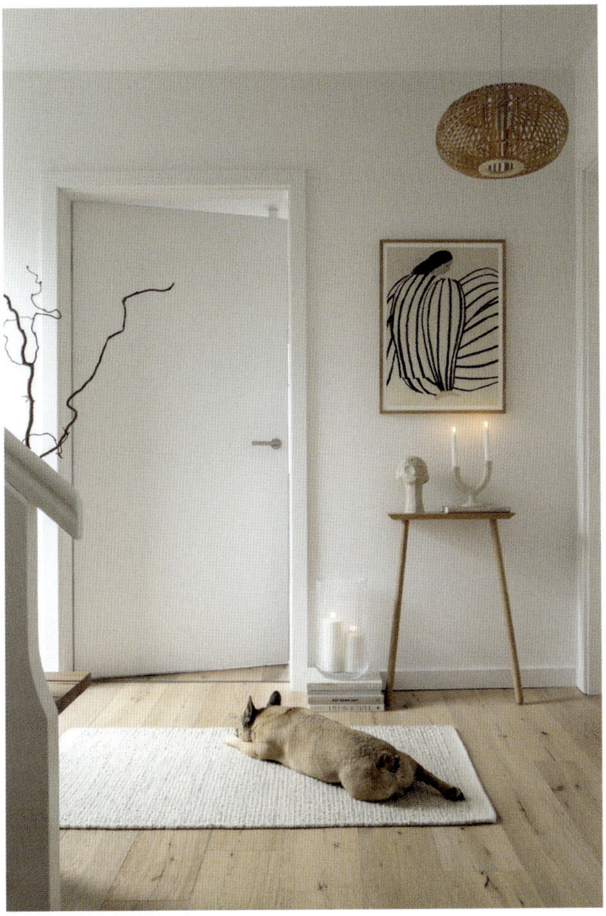

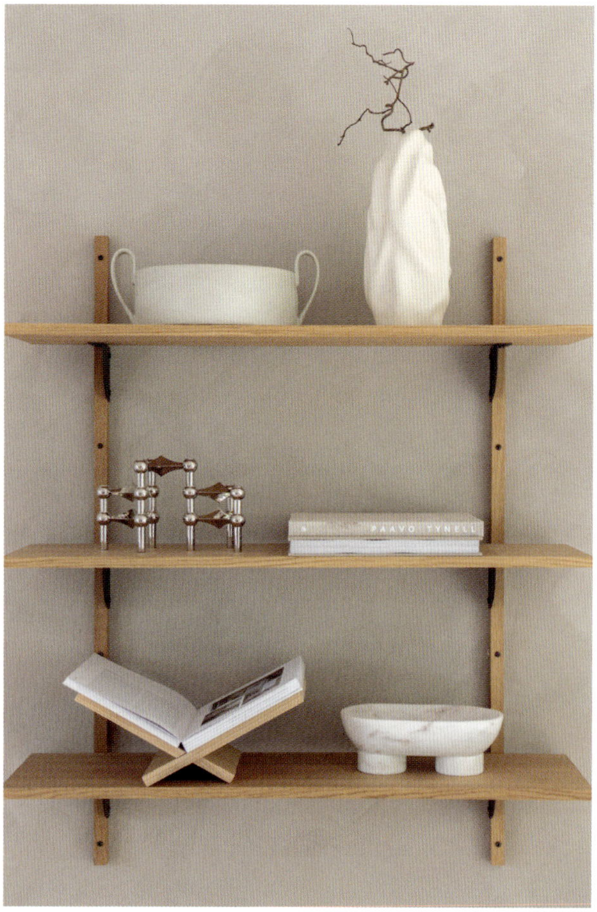

Die durchdachte Auswahl und Platzierung von Objekten unterstützen ein ansprechendes und ausgewogenes Gesamtbild auf dem Regal.

HOW TO

REGAL DEKORIEREN

Regale bieten eine wunderbare Fläche zum Dekorieren, können je nach Größe aber auch eine Herausforderung darstellen. Hier einige Tipps für ein ästhetisch dekoriertes Regal:

- In den Höhen variieren. Beispiel: Neben einen flachen Stapel Zeitschriften einen hohen Kerzenständer stellen.
- Bei breiteren Flächen die Dekogegenstände in kleinen Gruppen arrangieren, anstatt sie in gleichen Abständen voneinander entfernt zu platzieren.
- Auf verschiedene Materialien und Strukturen setzen. Schöne Kontraste bilden beispielsweise Holz und Keramik mit glatter oder rauer Oberfläche, Bücher mit Stoffeinband und Metalle wie Messing, Chrom oder auch Gusseisen. Ähnliche Gegenstände auf einem Regal sehen am schönsten aus, wenn sie nicht neben- oder untereinander, sondern diagonal zueinander platziert werden.

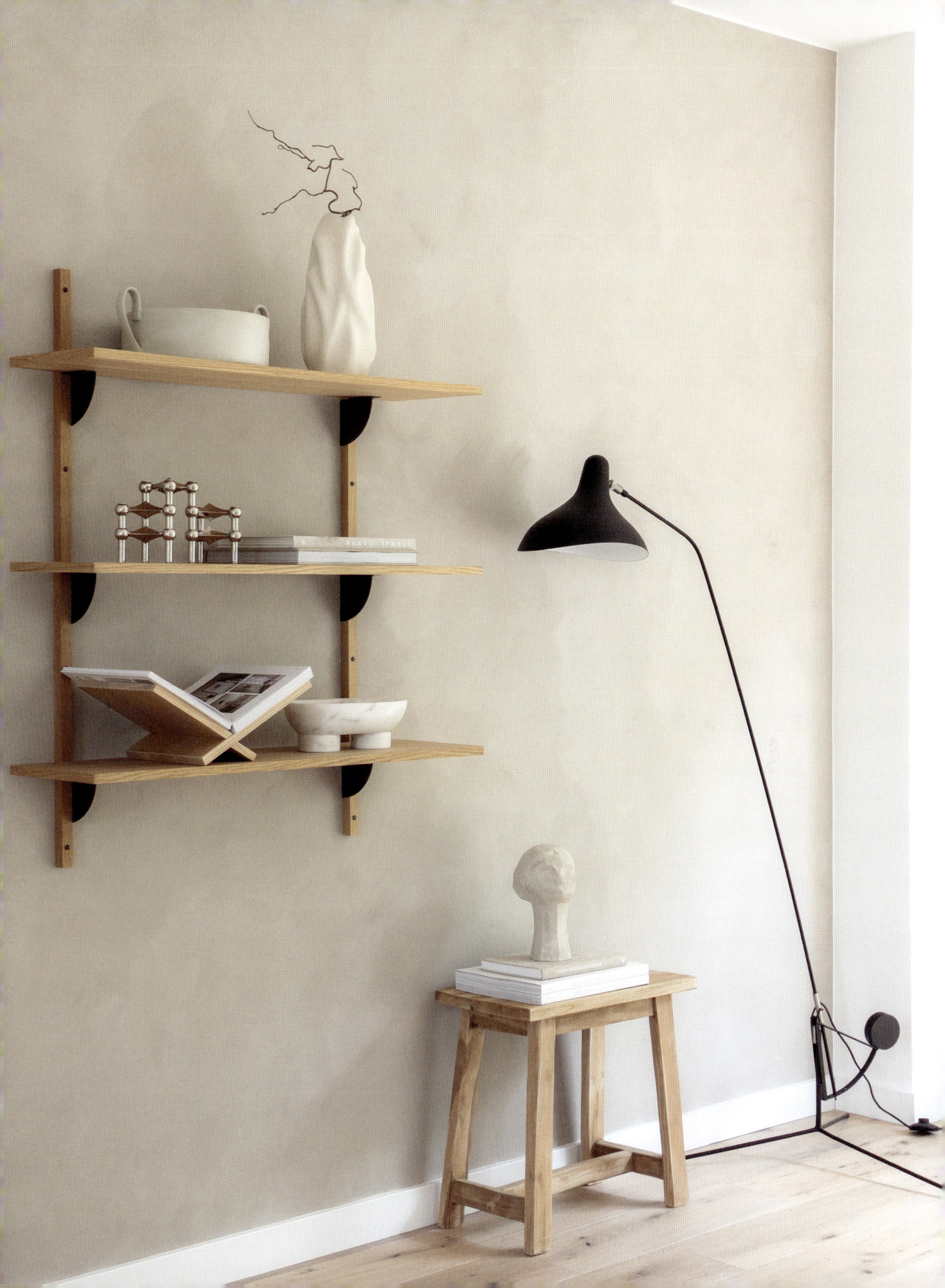

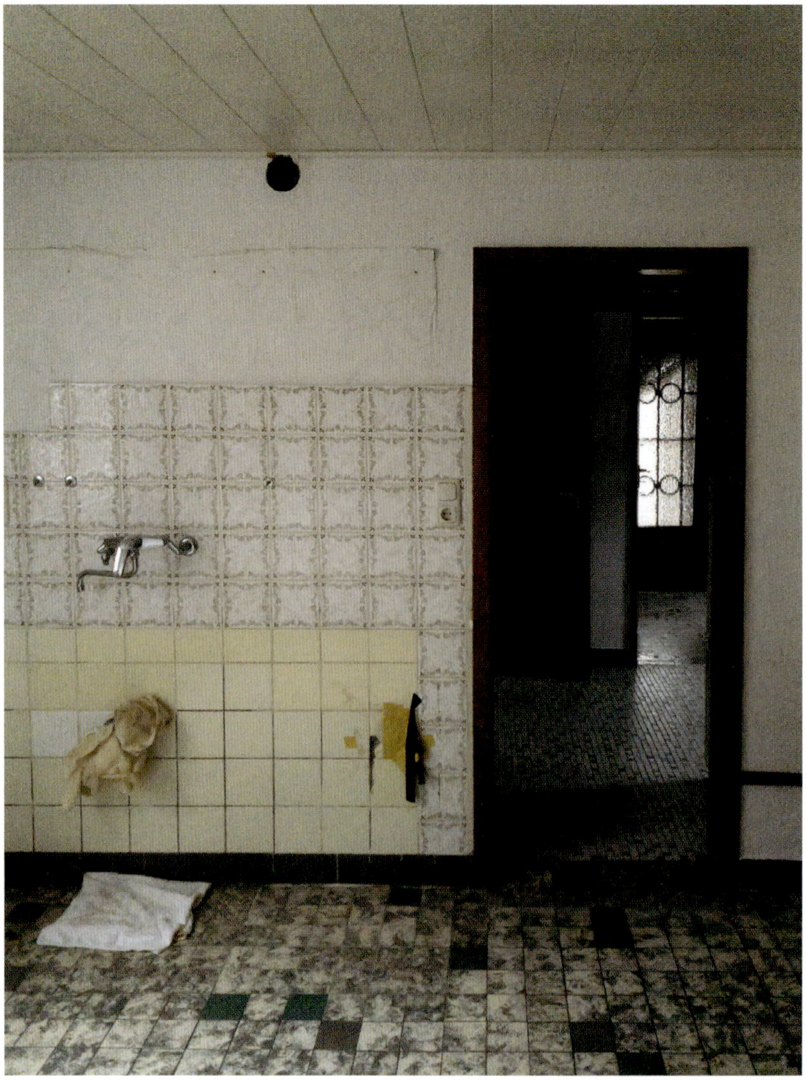

ROOMTOUR KÜCHE UND ESSBEREICH

Wohnfläche: 25,1 m^2
Deckenhöhe: 5,10 m

Ehemals aus vier niedrigen Räumen und einem ungenutzten Dachboden bestehend, ist unsere Küche mit Essbereich heute der höchste Raum des Hauses. Dank der besonderen Deckenhöhe und den Fensterfronten mit Blick auf die Terrasse und den Garten wirken die beiden eher kleinen Bereiche zum Kochen und Essen großzügig und einladend und bieten genug Platz für uns und unsere Gäste.

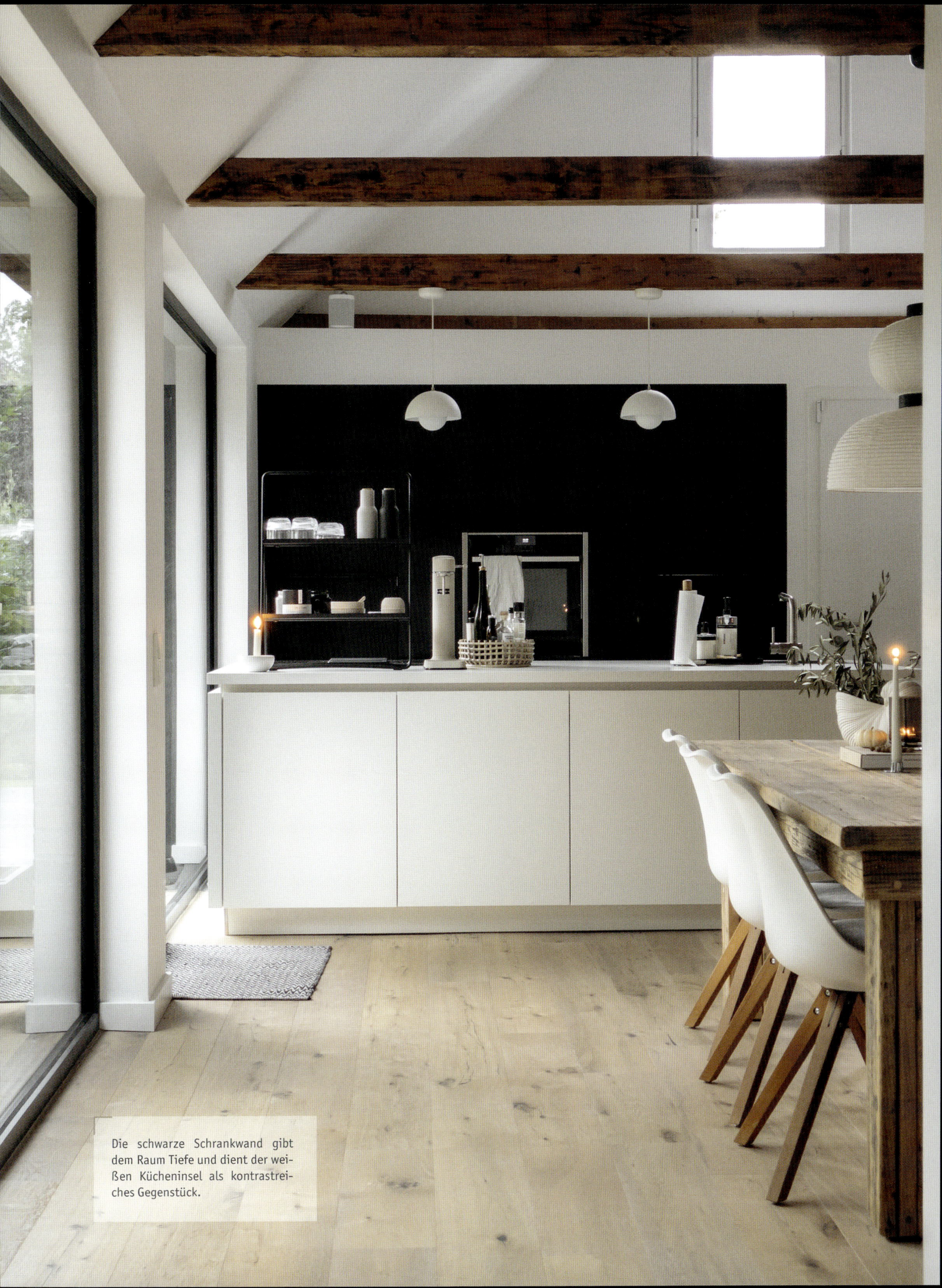

Die schwarze Schrankwand gibt dem Raum Tiefe und dient der weißen Kücheninsel als kontrastreiches Gegenstück.

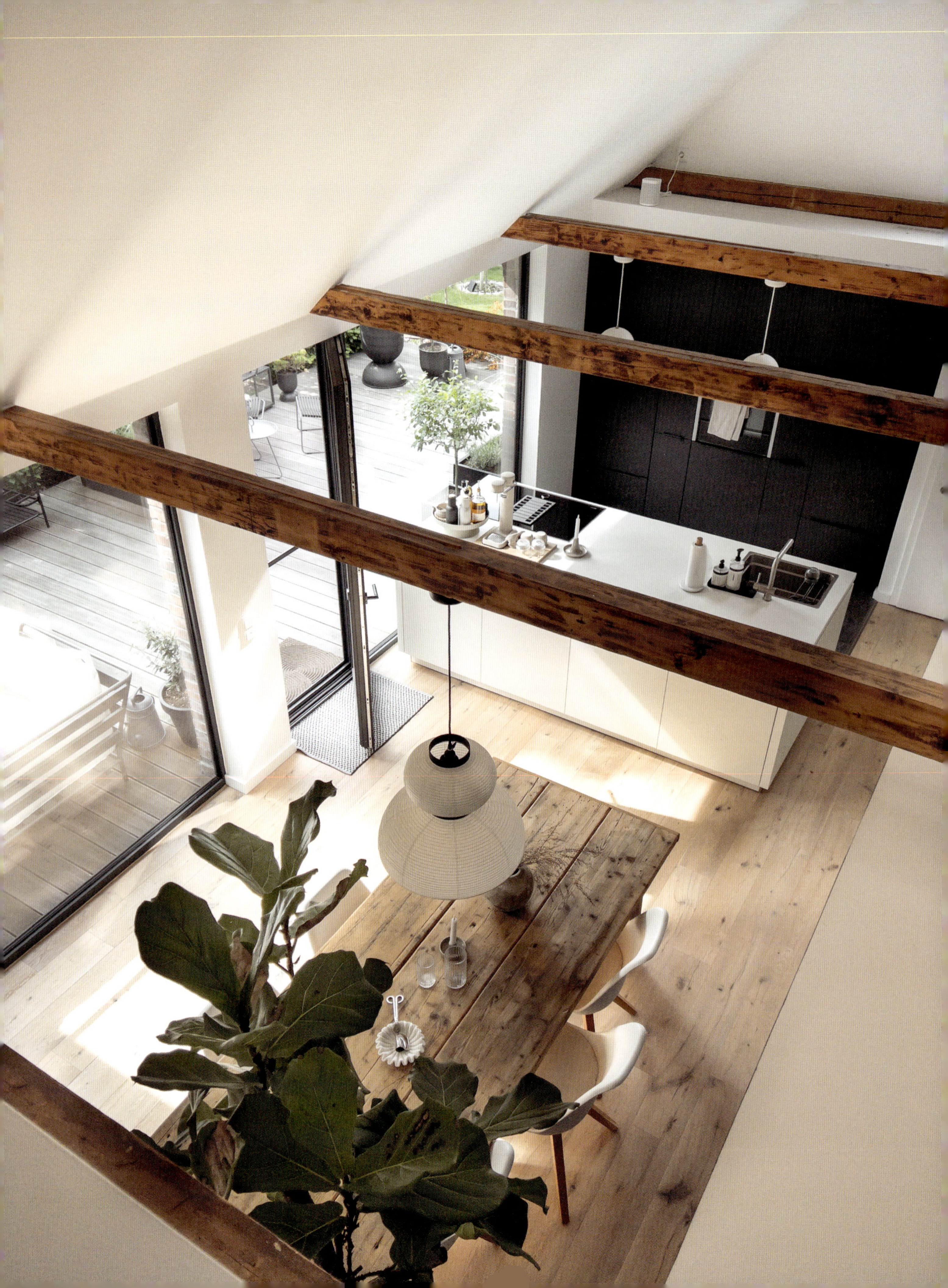

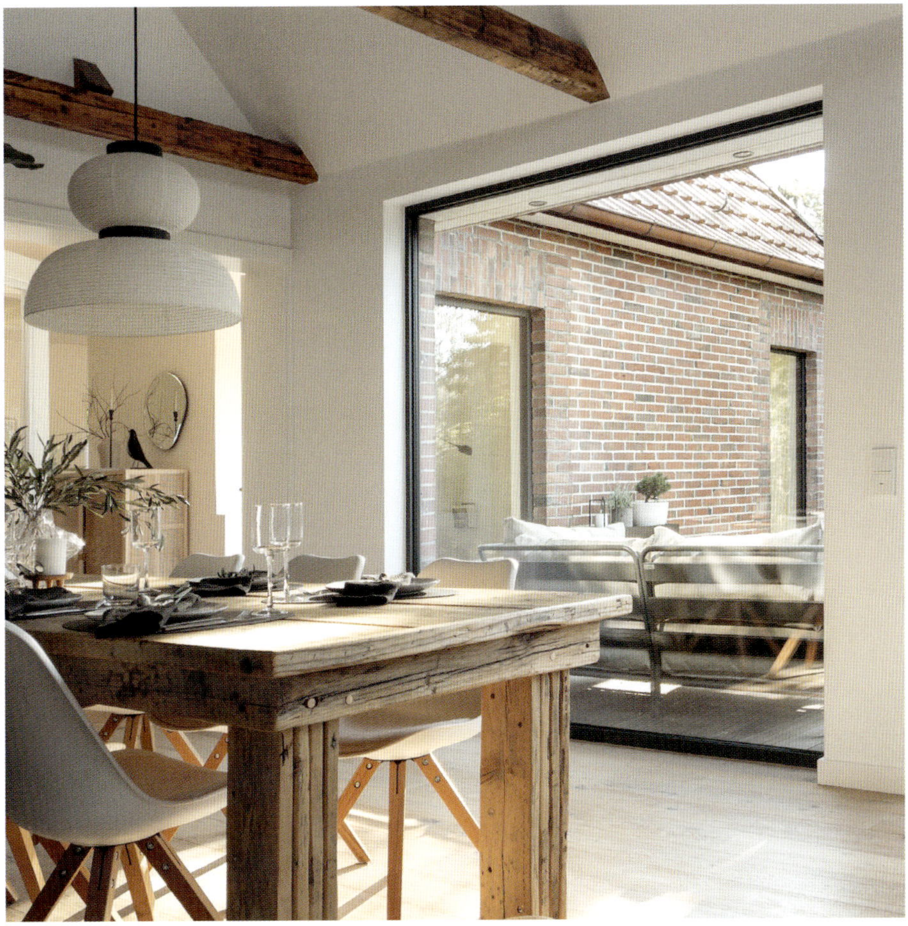

„Unperfekte" Materialien wie Holz und Bast sorgen in Küche, Essbereich und Hauswirtschaftsraum für ein warmes Raumgefühl.

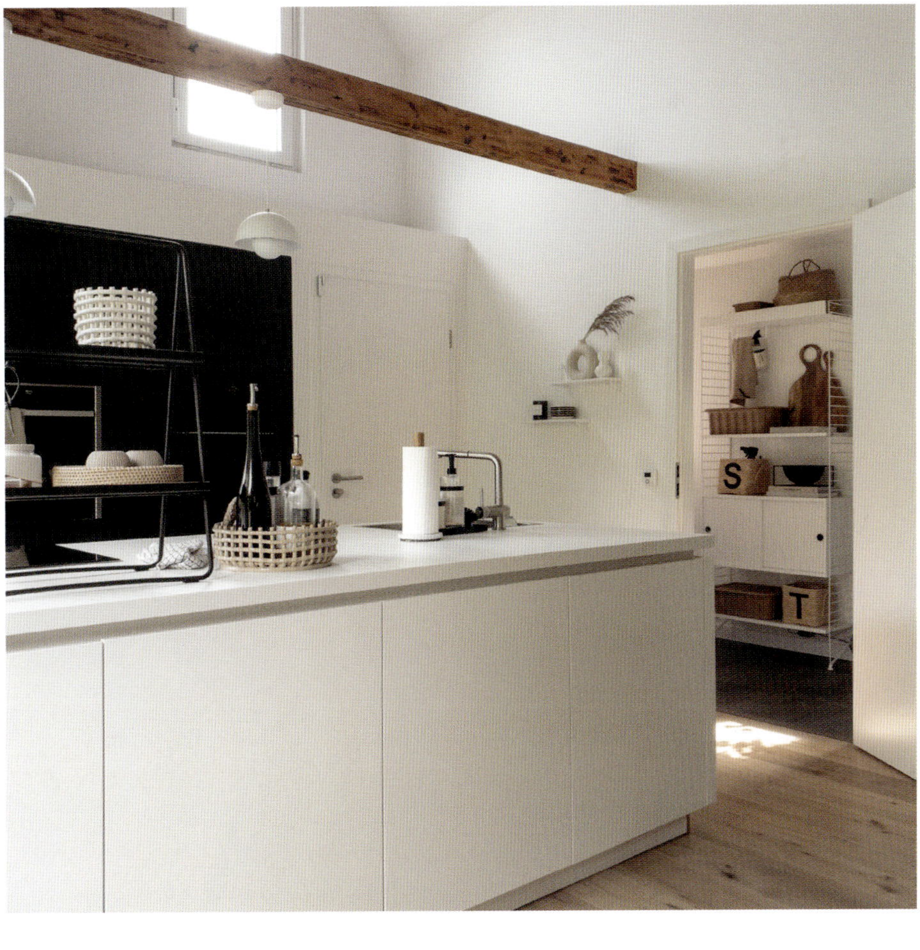

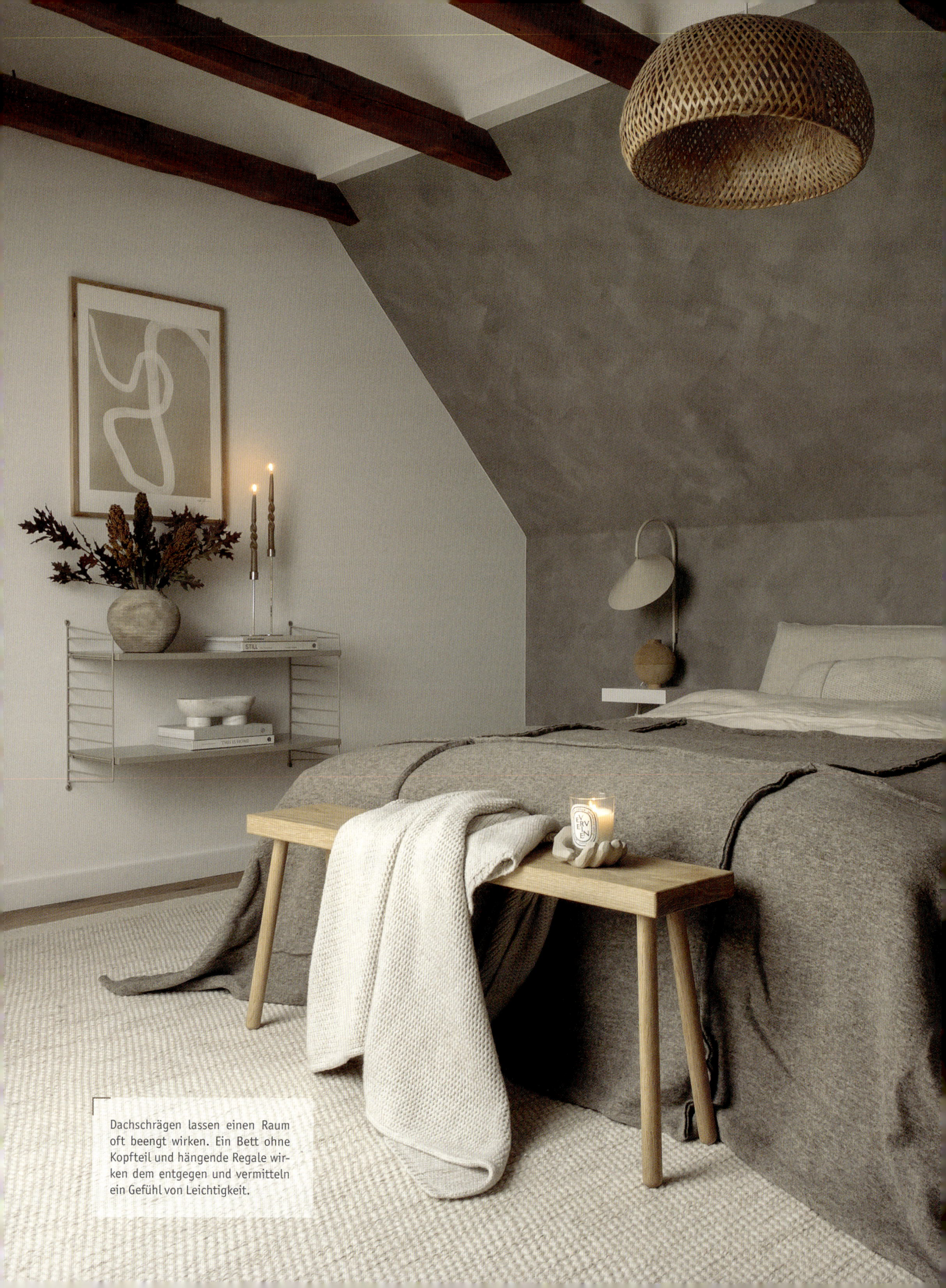

Dachschrägen lassen einen Raum oft beengt wirken. Ein Bett ohne Kopfteil und hängende Regale wirken dem entgegen und vermitteln ein Gefühl von Leichtigkeit.

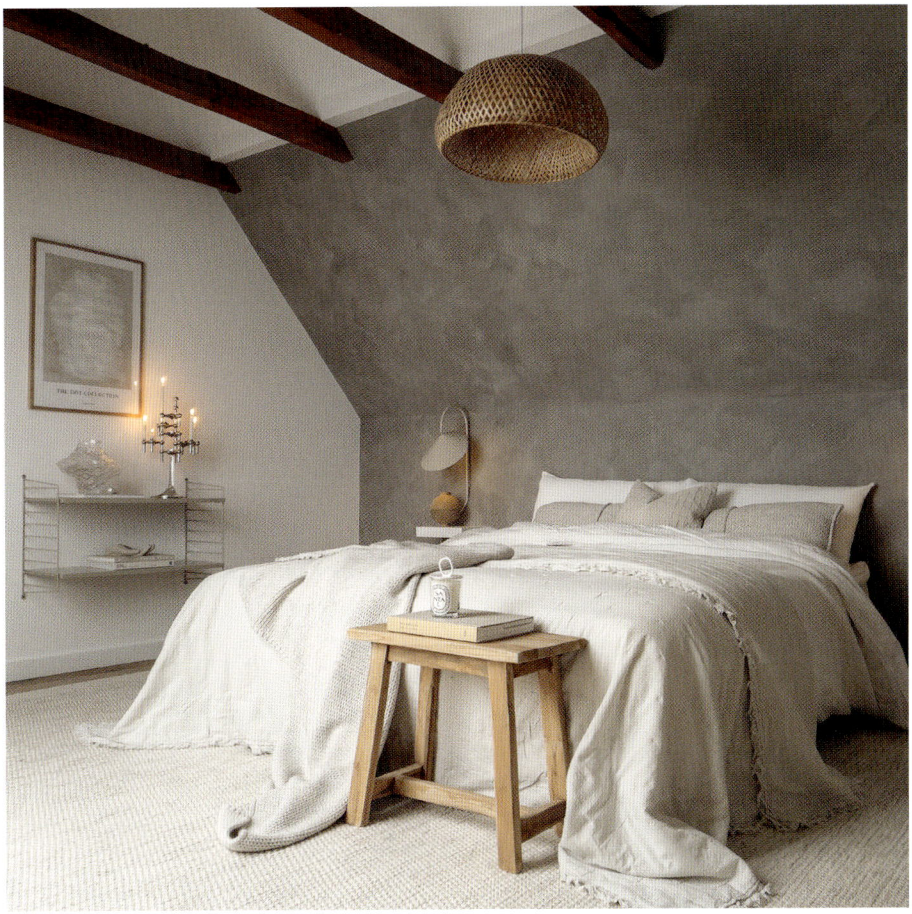

Ein Raum, zwei verschiedene Wirkungen: Die Auswahl von Accessoires und Deko bringt Abwechslung.

WUNDERVOLL FLEXIBEL

Das Farbspektrum skandinavischer Einrichtung ist inspiriert von der nordischen Landschaft und den natürlichen Materialien: Weiß und Schwarz als primäre Kontrastfarben sowie die ganze Palette der Beige- und Graunuancen, aber auch zarte Pastellfarben wie Rosa und Hellblau. Die teils kühlen Farben bekommen durch die Ergänzung mit Holzelementen vor allem aus Eiche einen warmen Gegenpart, sodass ein gemütliches und einladendes Wohnambiente entsteht.

Da die farbliche Basis des Nordic Interior so neutral und zeitlos ist, kann sie in allen Räumen eingesetzt werden. Eine durchgehend gleiche Farbgestaltung in sämtlichen Räumen erzeugt ein harmonisches Gesamtbild und bietet außerdem den Vorteil, dass alle Möbel und vor allem Dekogegenstände durchs Zuhause wandern können und überall einen passenden Platz finden.

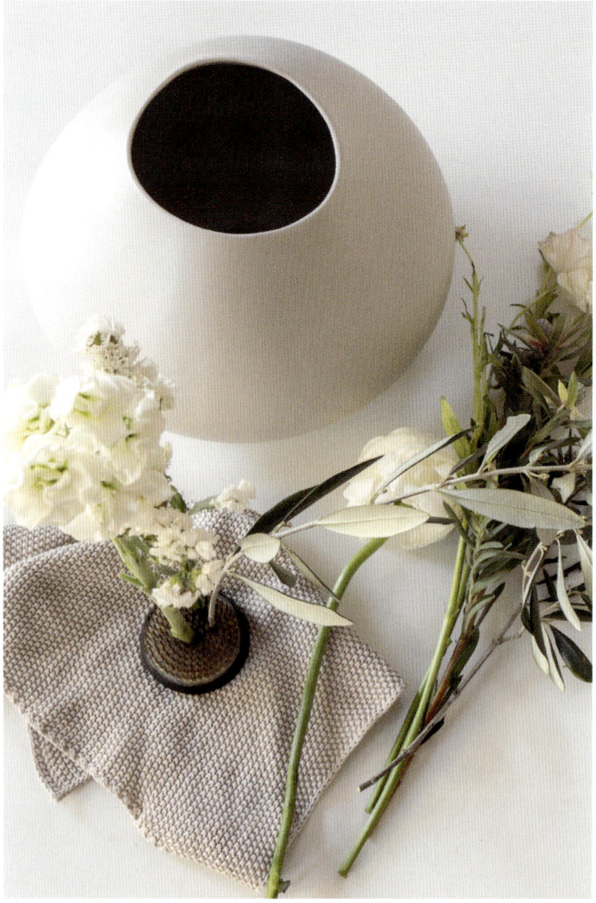

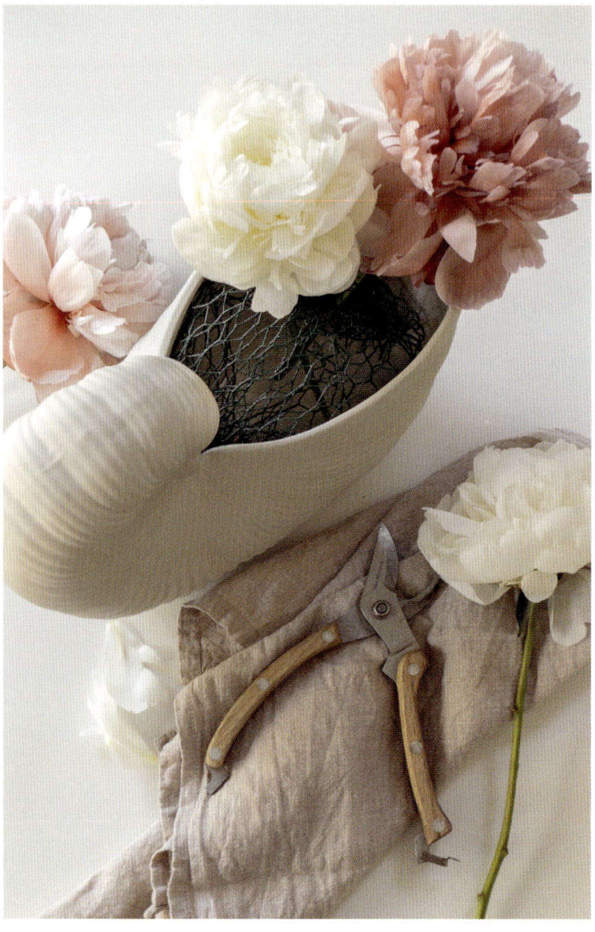

HOW TO

BLUMEN ARRANGIEREN

Nicht alle Vasen und auch nicht alle Blumen sind dafür geeignet, in und aus ihnen schöne Bouquets zu gestalten. Hier zwei Möglichkeiten, wie es dennoch gelingt:

- Einen sogenannten Blumenigel nutzen, um darin die Stiele zu fixieren. Durch sein hohes Eigengewicht hält er auch größere Äste aufrecht und ermöglicht das freie Arrangieren in flachen Gefäßen oder Vasen mit weiter Öffnung.
- Eine Kugel aus Hasendraht in großen oder ungewöhnlich geformten Vasen platzieren. In den Zwischenräumen finden Stiele und Zweige Halt und bilden mühelos ein üppiges Bouquet.

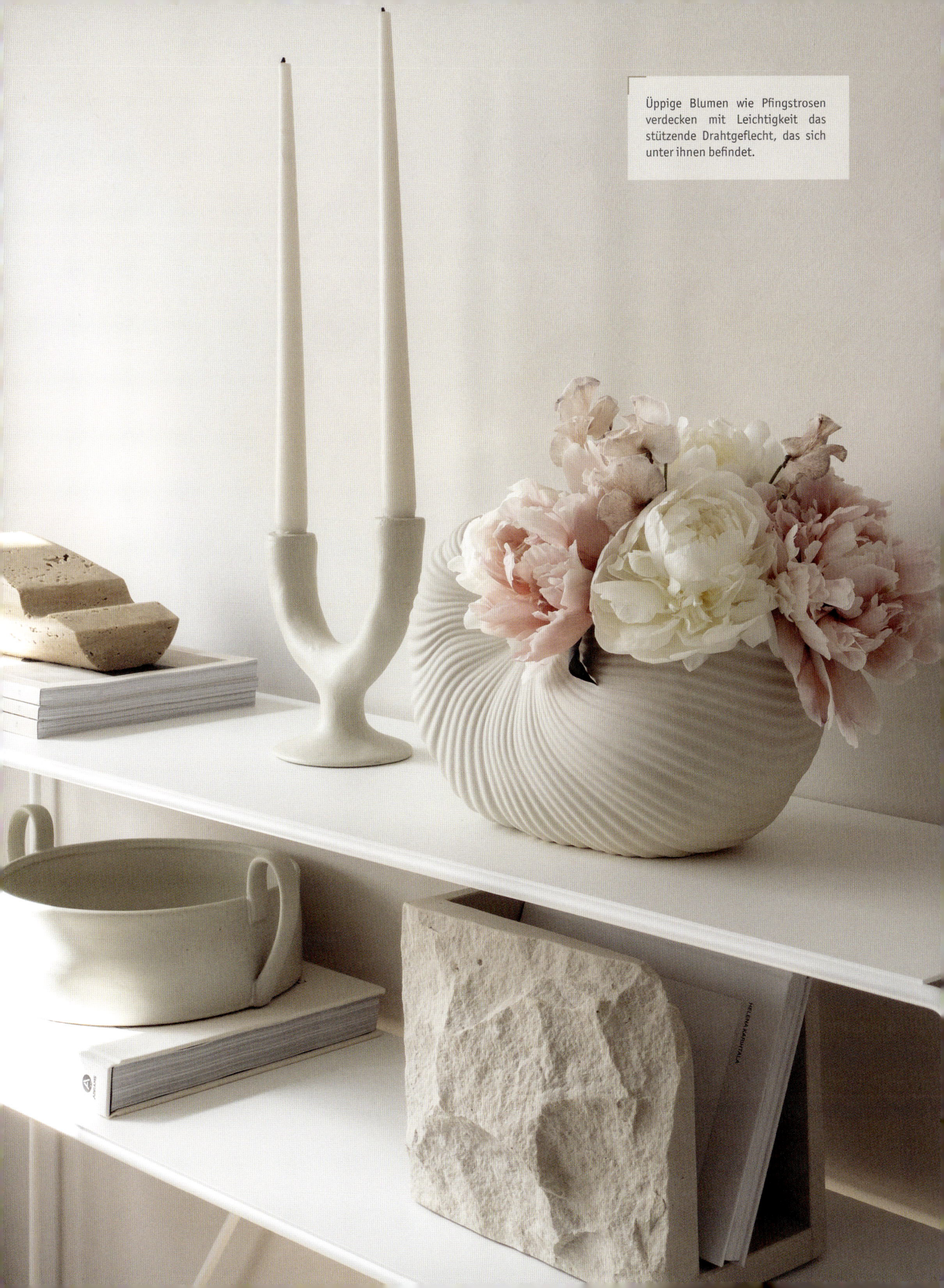

Üppige Blumen wie Pfingstrosen verdecken mit Leichtigkeit das stützende Drahtgeflecht, das sich unter ihnen befindet.

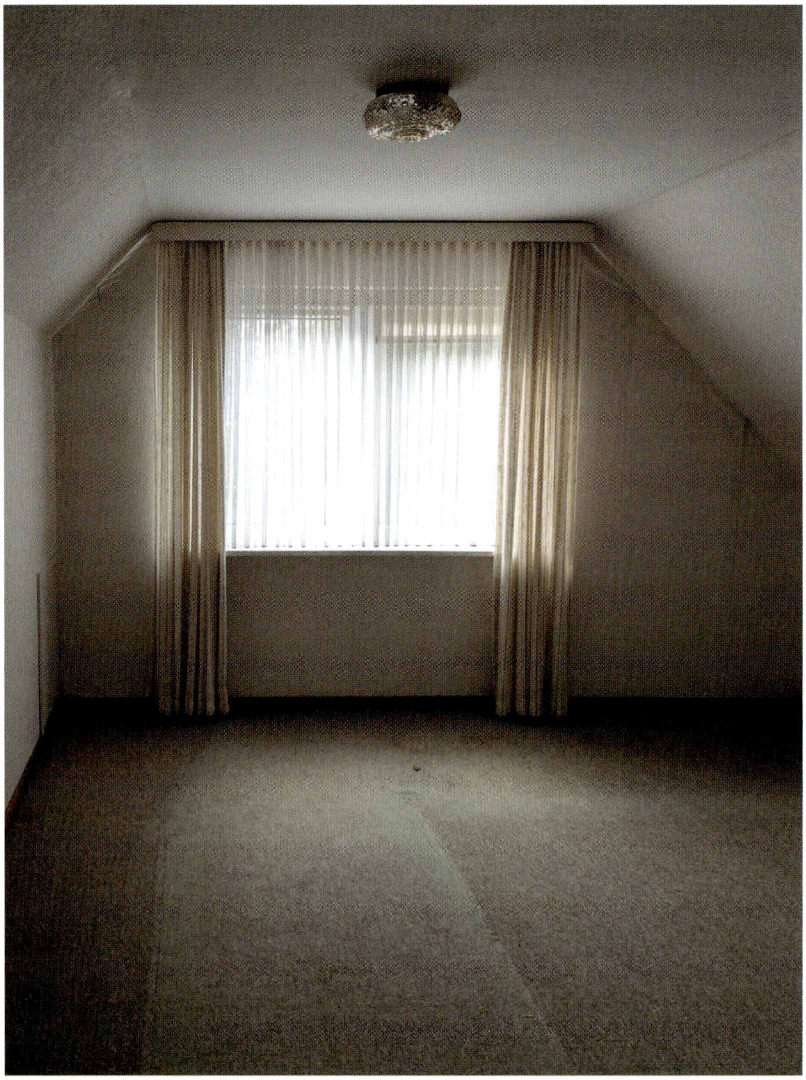

ROOMTOUR SCHLAFZIMMER

Wohnfläche: 15,5 m²
Deckenhöhe: 3,15 m

Mit dem Bett unter der Dachschräge und dem Ausblick durchs große Dachfenster auf die Sterne oder wahlweise auf die Balken des Dachstuhls lässt es sich besonders gut schlafen. Zu schade, dass Letztere zuvor von einer Zwischendecke versteckt wurden. Die hübsche spitze Form an der Stirnseite des Schlafzimmers ergibt sich durch das besondere Dach unseres Hauses, ein Krüppelwalmdach.

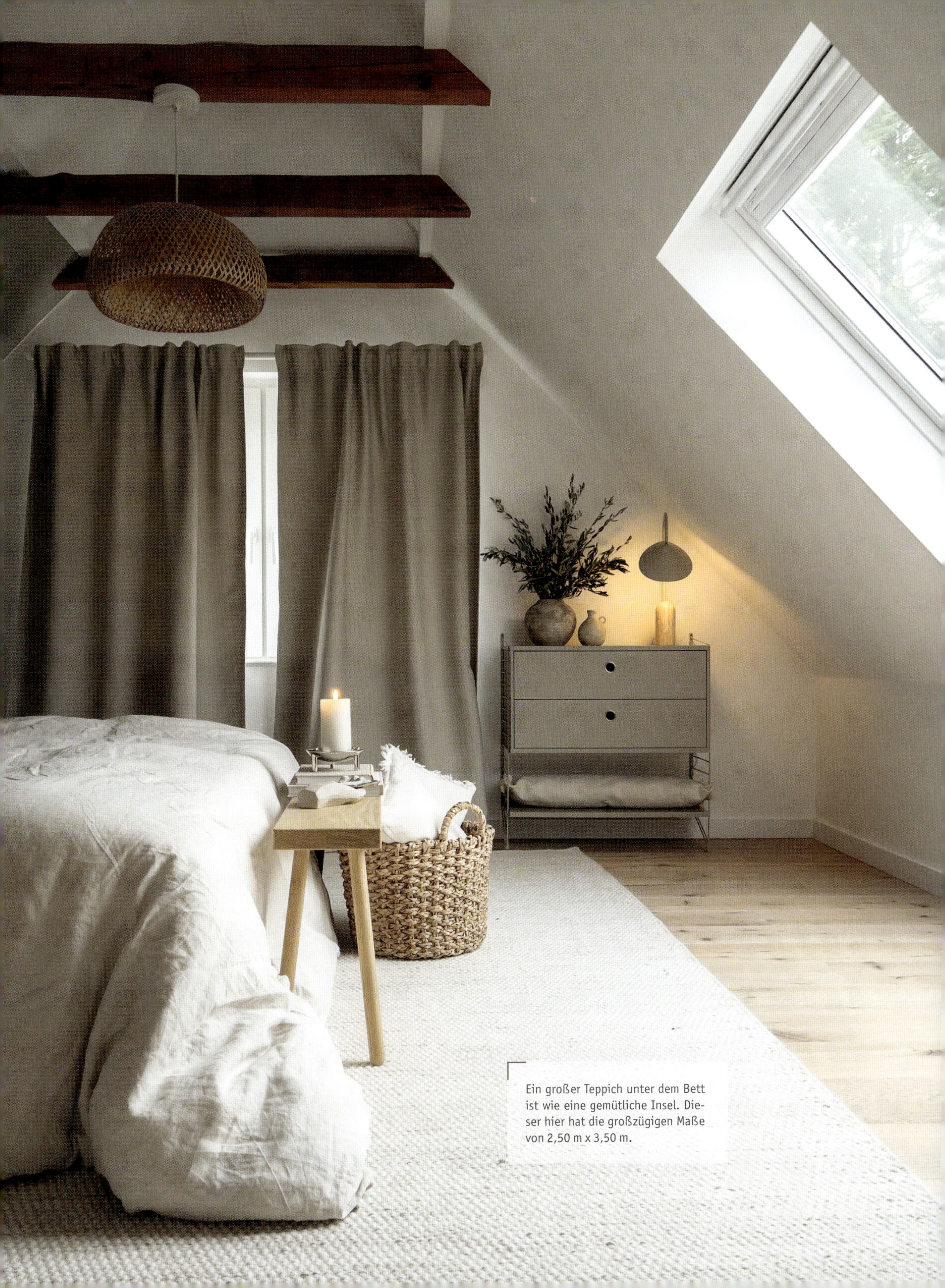

Ein großer Teppich unter dem Bett ist wie eine gemütliche Insel. Dieser hier hat die großzügigen Maße von 2,50 m x 3,50 m.

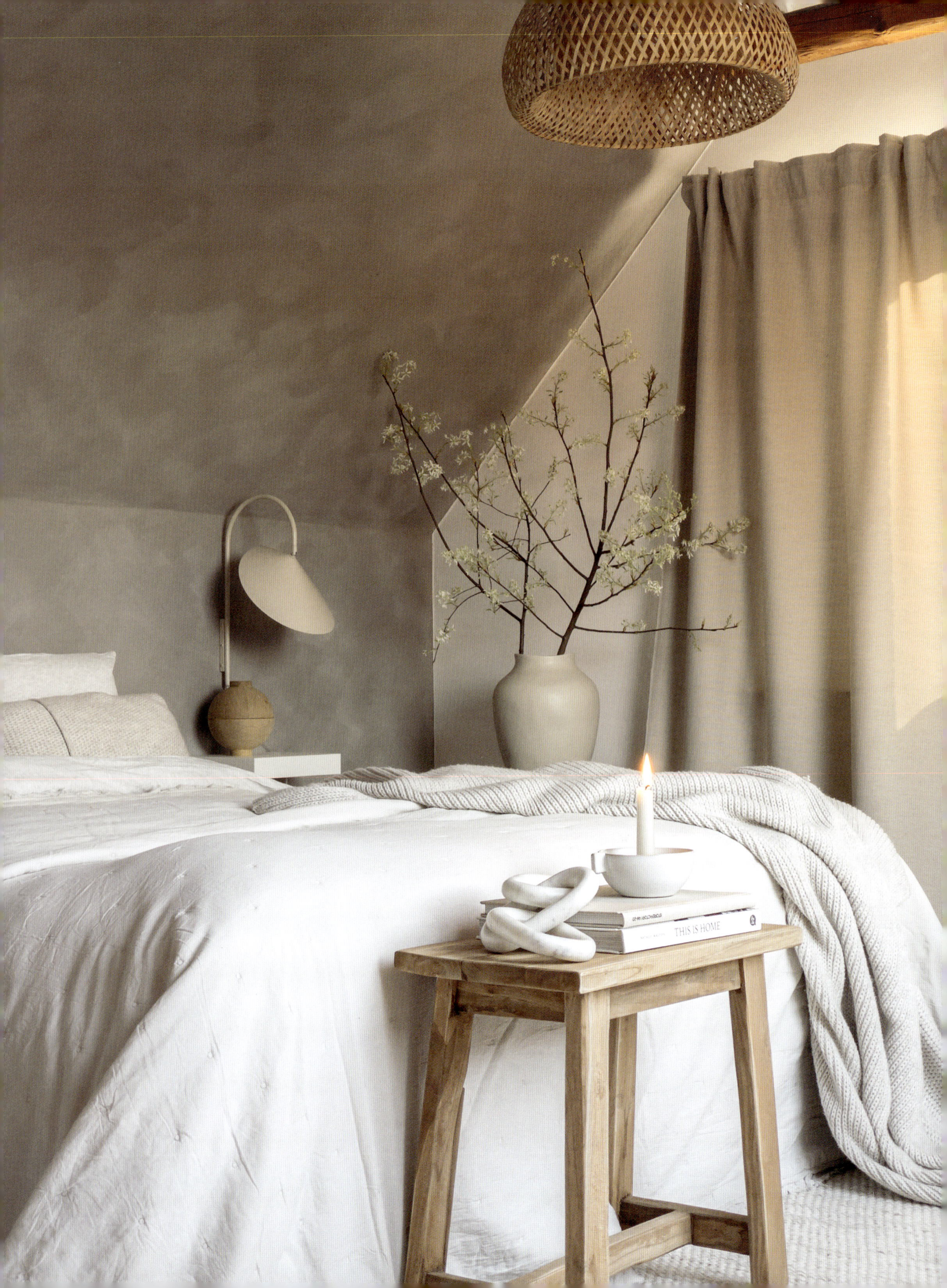
THIS IS HOME

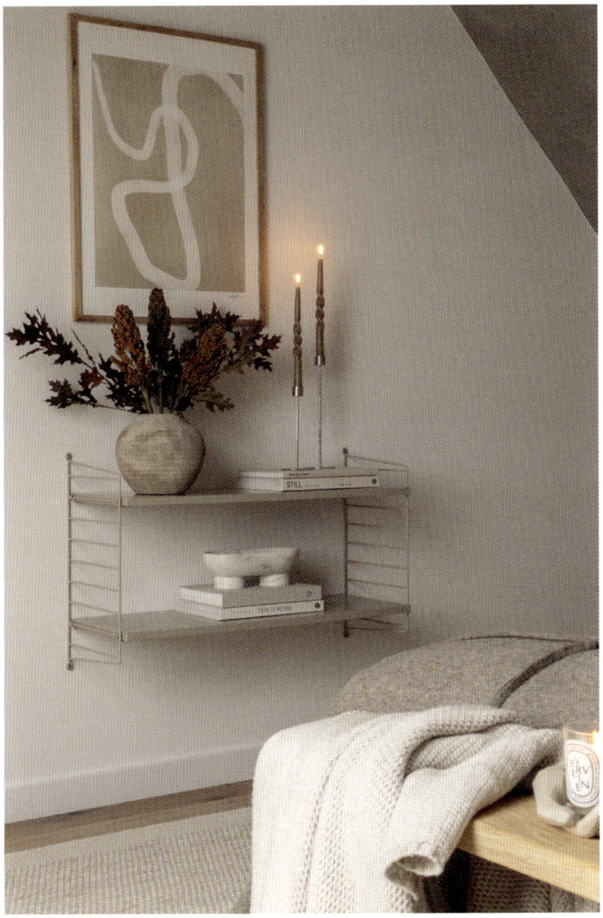

Gedeckte Farben mit warmem Unterton wirken beruhigend und fördern die Entspannung im Schlafzimmer.

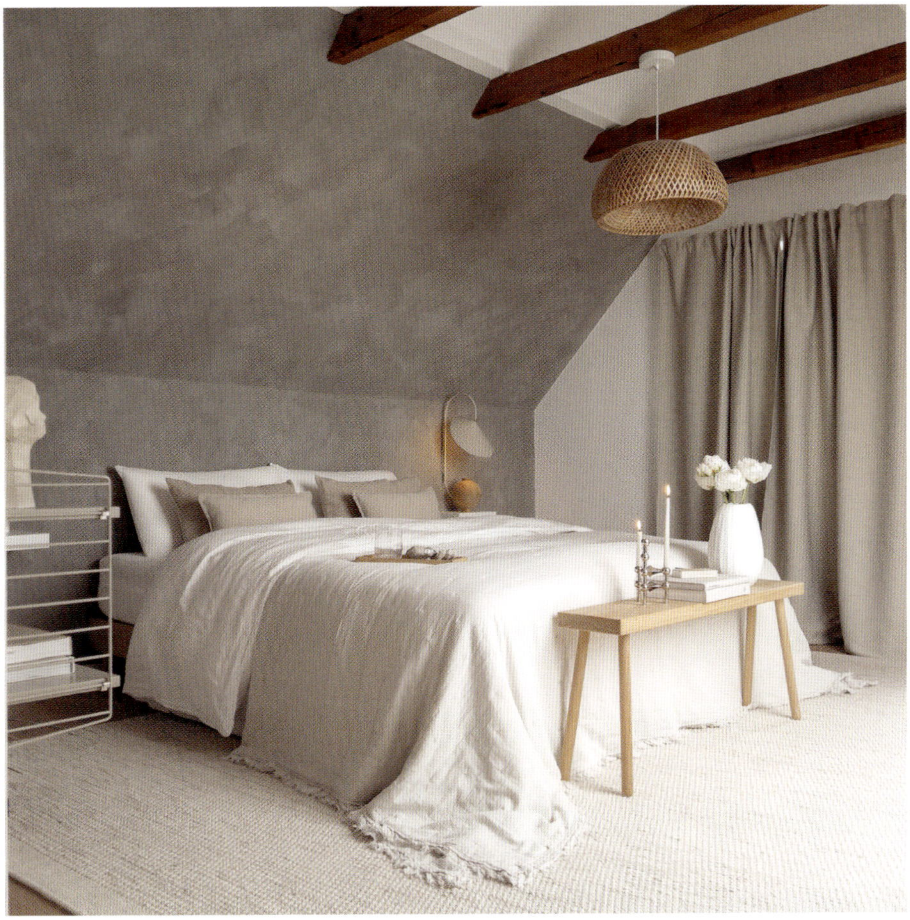

Überdecken aus Wolle, Leinen oder Baumwolle sind dekorativ und spenden im Herbst und Winter extra Wärme.

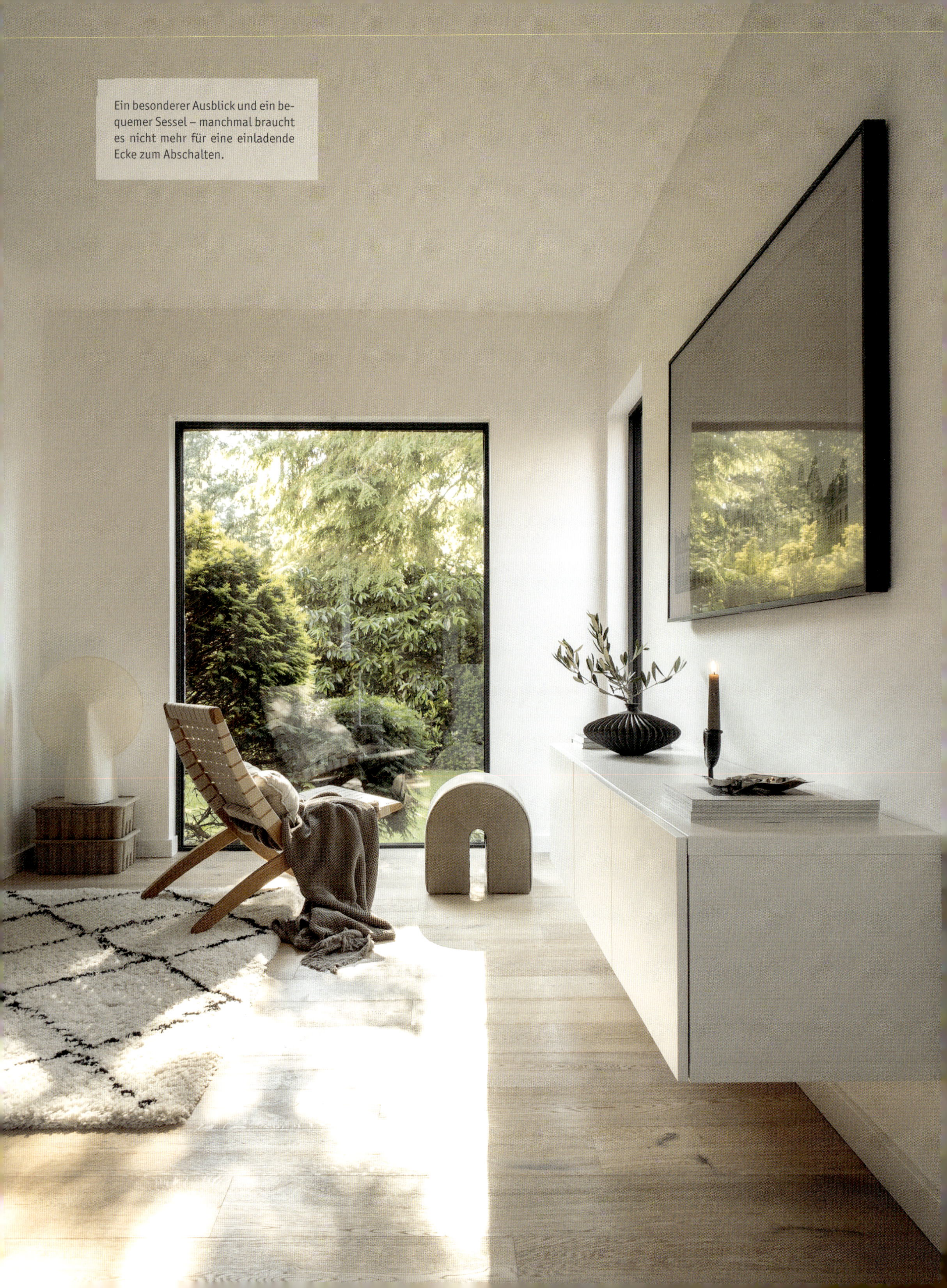

Ein besonderer Ausblick und ein bequemer Sessel – manchmal braucht es nicht mehr für eine einladende Ecke zum Abschalten.

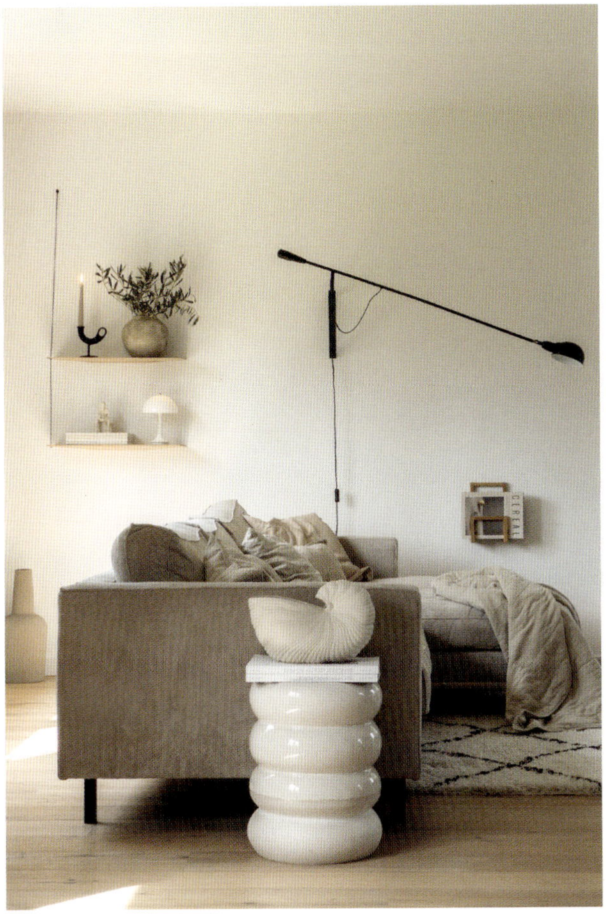

Ein stimmiges Verhältnis von dekorierten zu freien Flächen gibt jedem Stück an der Wand seinen eigenen Raum zum Wirken.

PERFEKT PLATZIERT

Die Einrichtung im skandinavischen Wohnstil ist ebenso wie das Design der Möbel von Funktionalität und Minimalismus geprägt. Das Motto lautet hier: Lieber wenige, ausgewählte Möbelstücke als viele, überflüssige, die dem Raumgefühl die Leichtigkeit nehmen.

Die Reduzierung auf die Möbel, die man wirklich benötigt, hat den Vorteil, dass jedes einzeln für sich besser wirken kann. Den gleichen Effekt kann man auch mit der Platzierung der Möbel erzielen: Statt jedes Möbelstück direkt an die Wand zu stellen, dürfen beispielsweise im Wohnzimmer Couch, Sessel und Beistelltische gerne auch weiter zur Raummitte wandern. Vor allem große, quadratische Räume werden so gekonnt in einzelne Bereiche geteilt, was im Gesamtbild optisch besonders ansprechend wirkt.

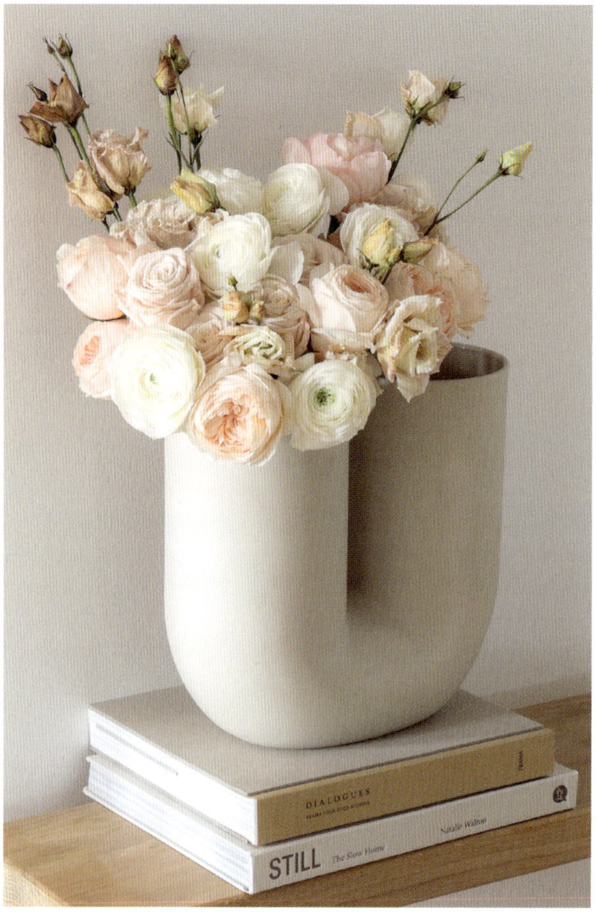

Außergewöhnlich geformte Vasen bilden einen schönen Kontrast zu eher klassischen Blumen wie den roséfarbenen Rosen.

HOW TO

UMGANG MIT SCHNITTBLUMEN

Die richtige Pflege von Schnittblumen ist entscheidend für eine möglichst lange Haltbarkeit. Grundsätzlich sollten sie in saubere Vasen gestellt werden und man sollte das Wasser alle 1–2 Tage wechseln. Dabei die Blumen immer auch frisch anschneiden und die verschiedenen Ansprüche beachten:

- Blumen und Zweige mit festem oder holzigem Stiel wie Flieder, Hortensien, Magnolien und Pfingstrosen mögen warmes Wasser und müssen möglichst schräg angeschnitten werden. Bei holzigen Stielen zudem das Ende etwas plattklopfen oder spalten, um eine bessere Wasseraufnahme zu fördern, oder die Stiele kurz in heißes Wasser tauchen.
- Blumen mit weichem, fleischigem oder hohlem Stiel wie Tulpen, Ranunkeln oder Amaryllis werden gerade angeschnitten und bevorzugen kühles Wasser, das nicht zu hoch stehen sollte, damit die Stiele nicht aufweichen.
- Blumen wie Mohn, die beim Anschneiden Milchsaft absondern, sollten nach dem Anschneiden versiegelt werden. So wird verhindert, dass sich die Blumen im Wasser selbst vergiften. Dafür die Stiele einfach in heißes Wasser tauchen oder kurz über eine Flamme halten.

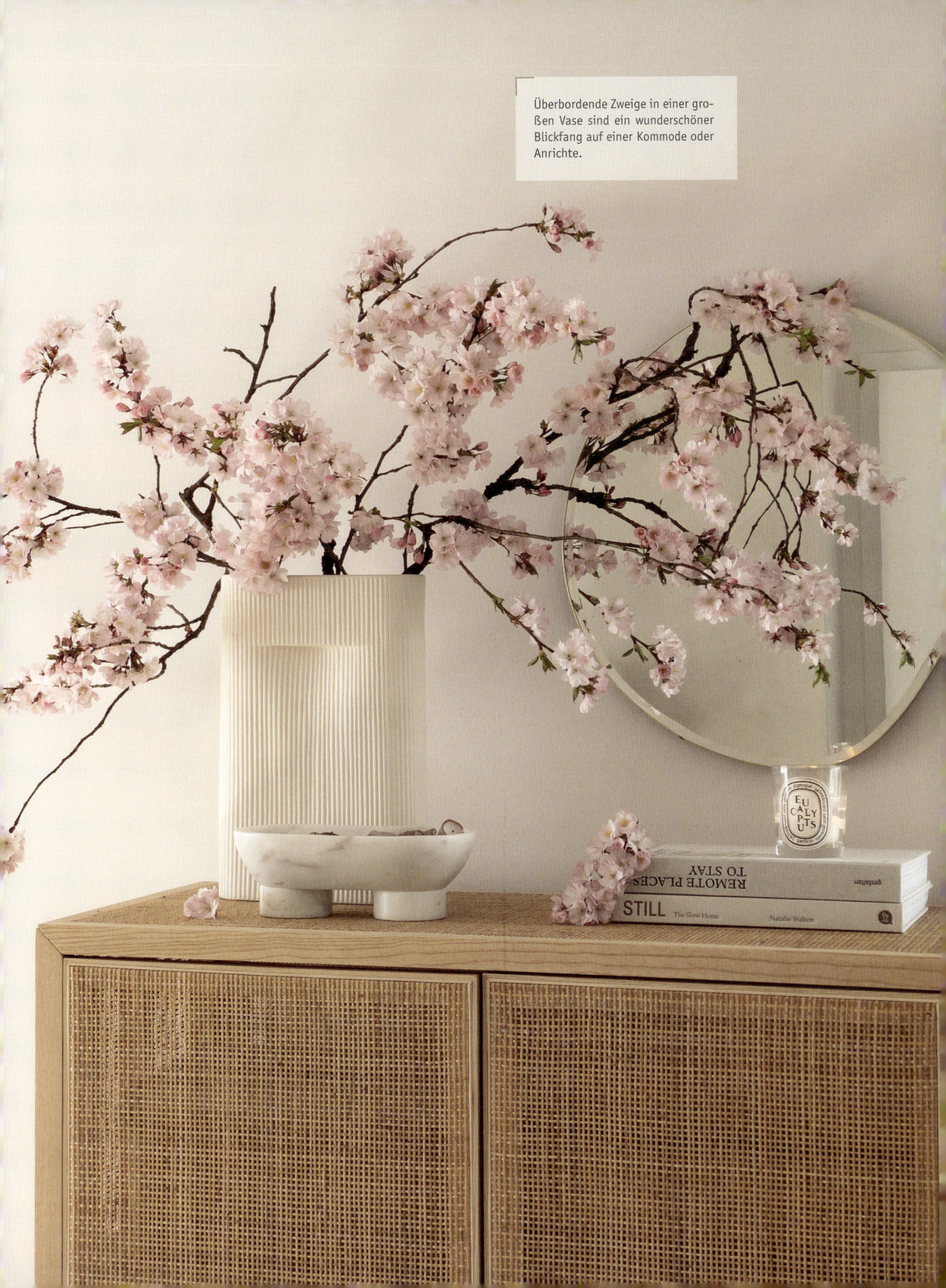

Überbordende Zweige in einer großen Vase sind ein wunderschöner Blickfang auf einer Kommode oder Anrichte.

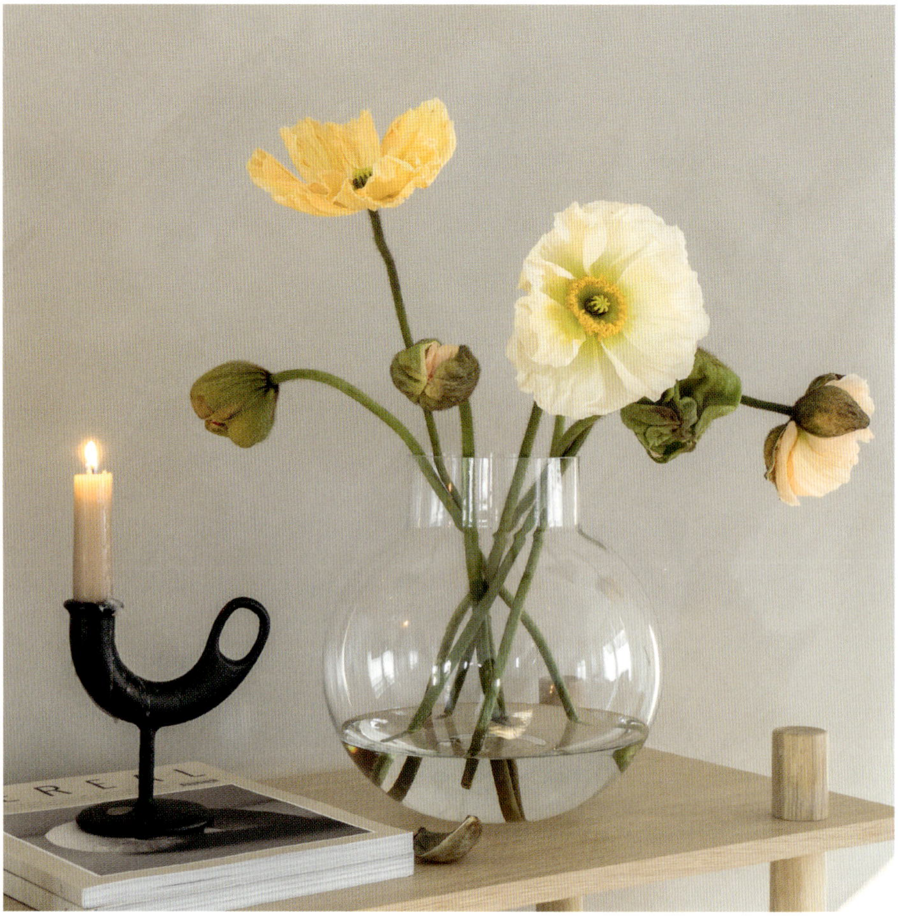

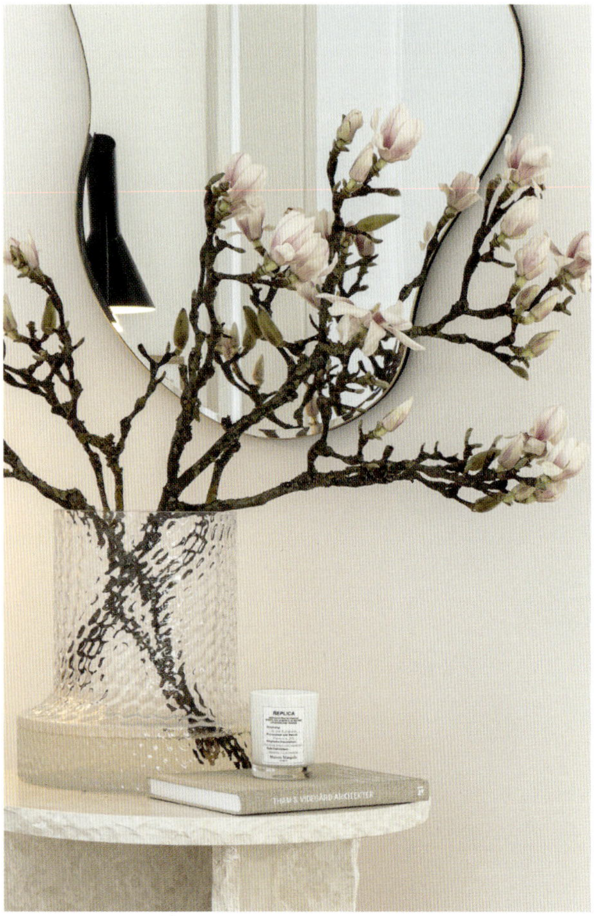
REPLICA

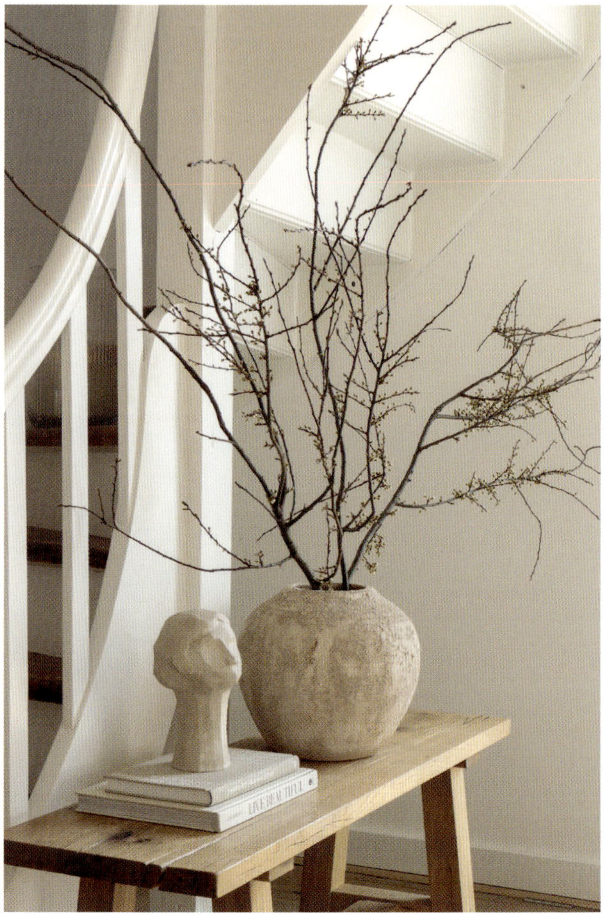

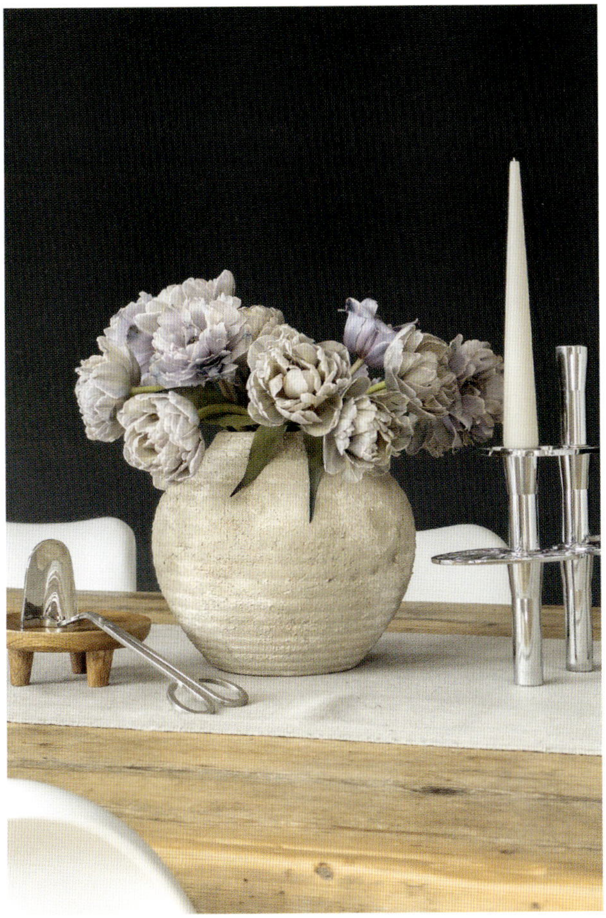

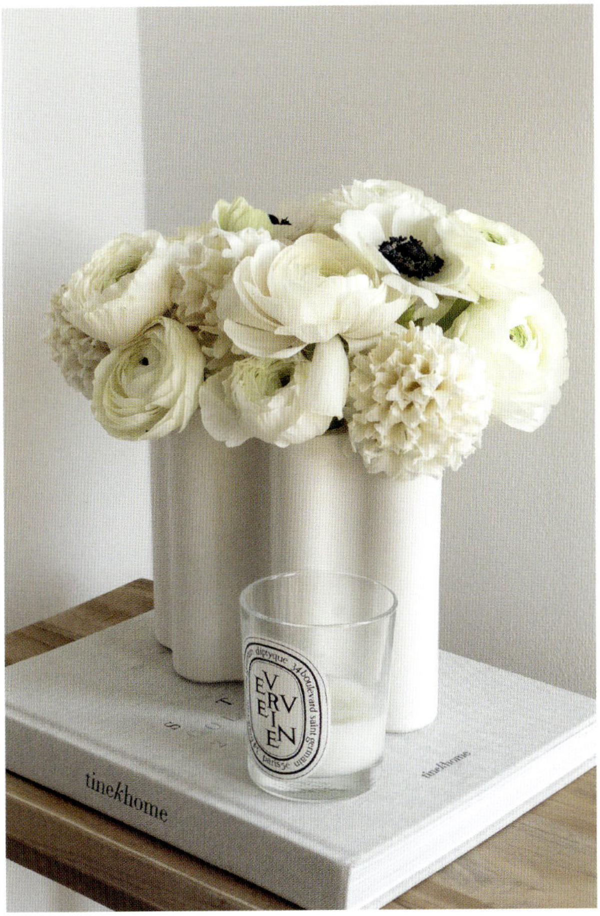
tinekhome

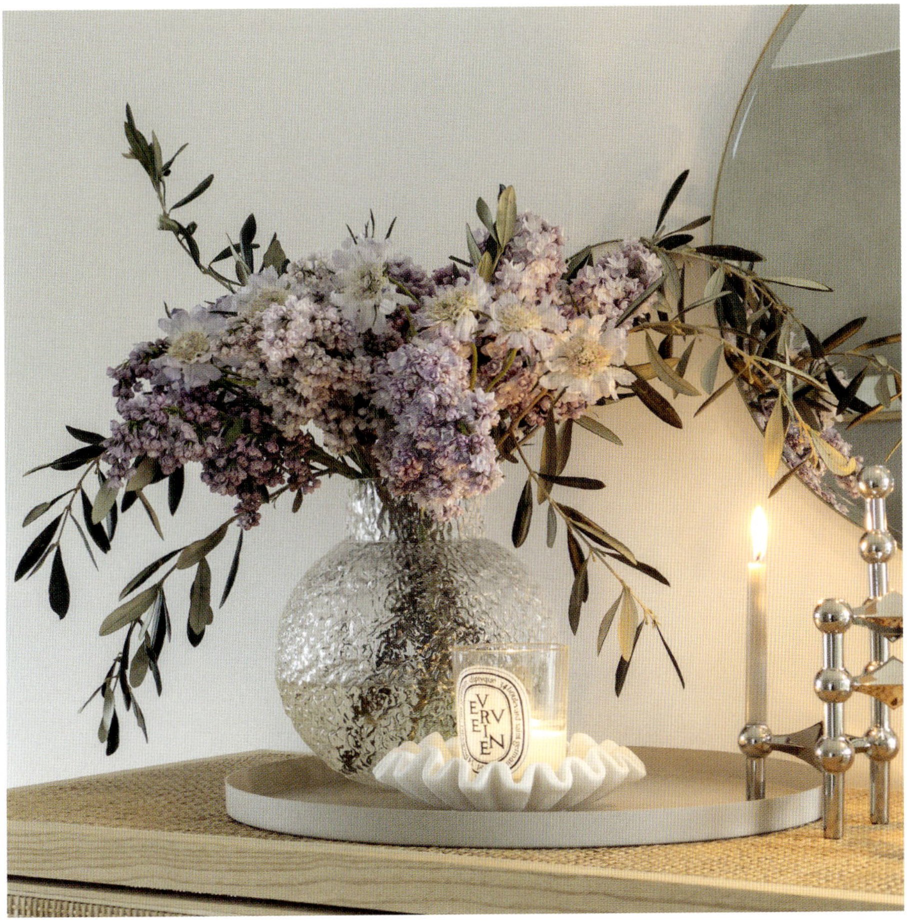

DEKORIEREN

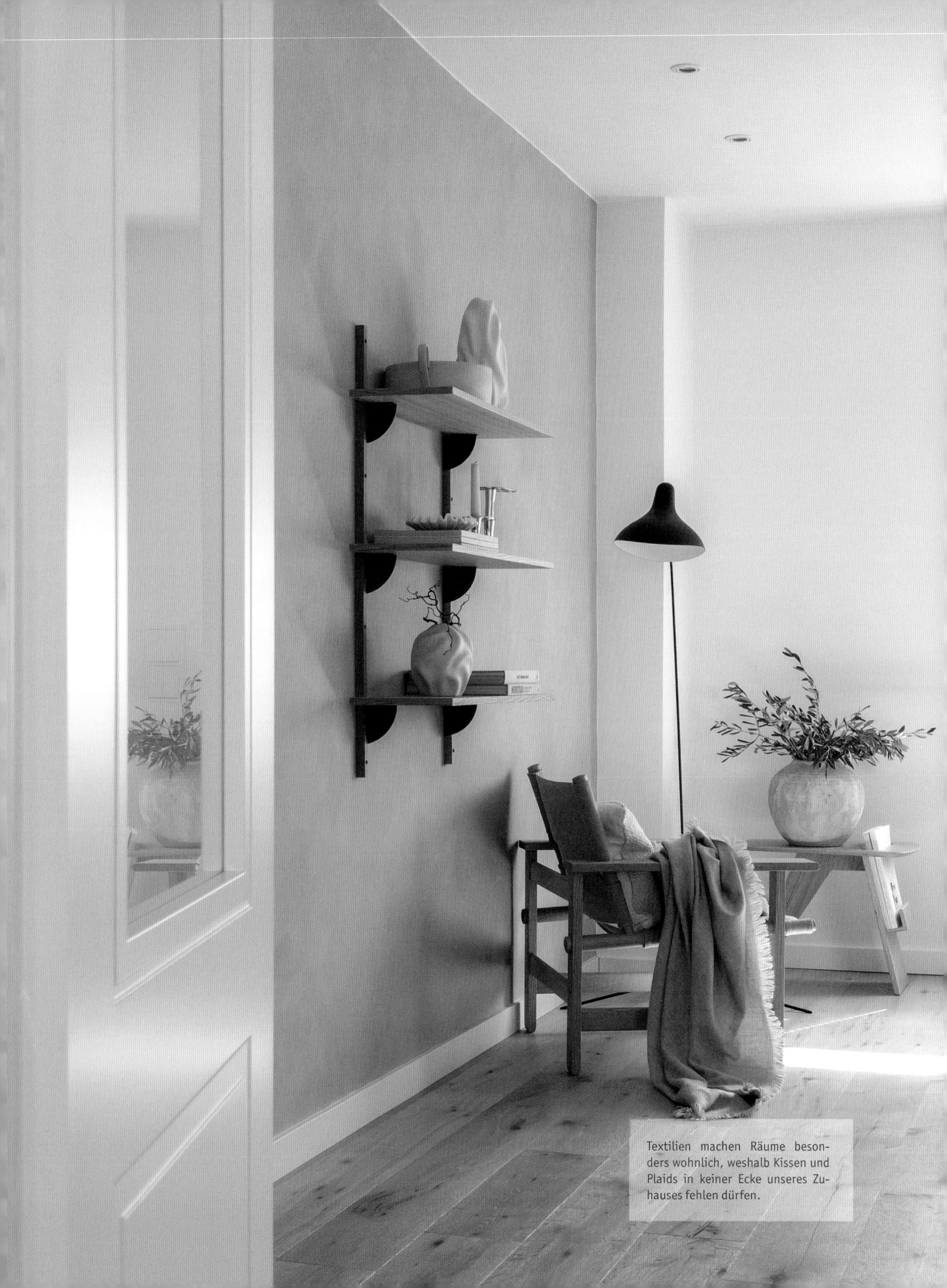

Textilien machen Räume besonders wohnlich, weshalb Kissen und Plaids in keiner Ecke unseres Zuhauses fehlen dürfen.

WENIGER IST MEHR

Die Grundlage des skandinavischen Wohnens ist die Einrichtung, den gemütlichen Feinschliff schafft die Dekoration. Die Elemente, die beim Dekorieren zum Einsatz kommen, entsprechen ebenfalls der Designlinie des nordischen Stils. „Weniger ist mehr" gilt dabei sowohl für die Dekogegenstände an sich als auch für deren Platzierung. Vasen, Kerzenhalter und andere Accessoires bekommen ihren großen Auftritt dann, wenn sie in kleinen Gruppen von maximal drei Stück zusammenstehen.

Besonders ansprechend sehen die kleinen Gruppen aus, wenn sie Objekte mit verschiedenen Höhen und unterschiedlichen Materialien versammeln. Alltime-Favorite: ein liegendes Coffee Table Book, darauf ein Kerzenständer oder eine Schale und daneben eine Vase mit frischen Blumen.

Regale und ein Beistelltisch sind die Bühnen für eine immer wechselnde Auswahl an Dekogegenständen und kleinen Lampen.

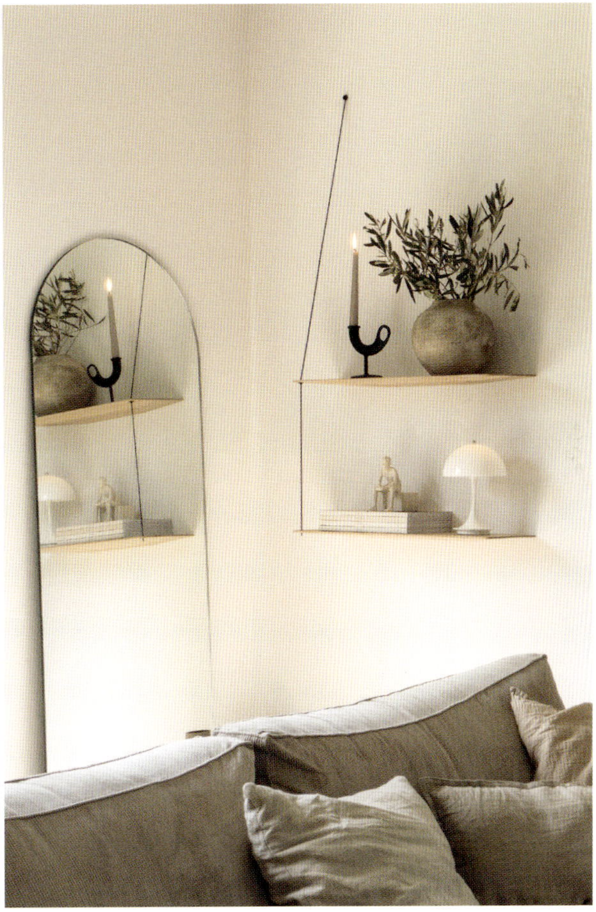

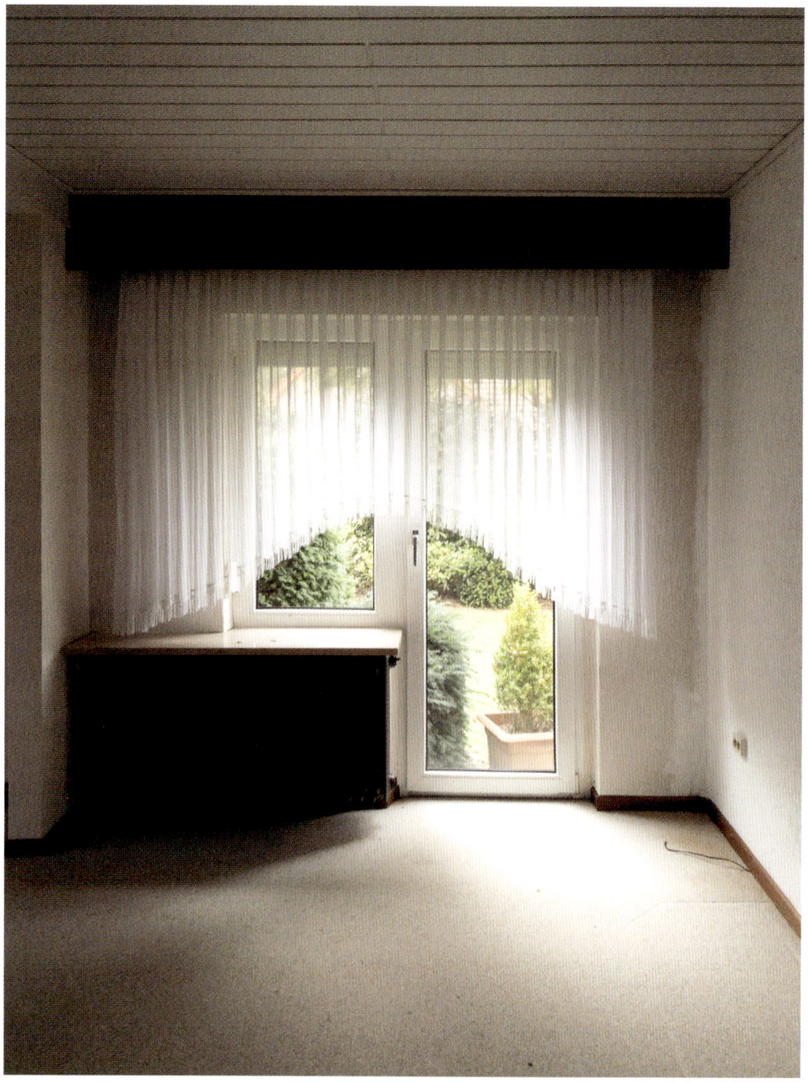

ROOMTOUR WOHNZIMMER

Wohnfläche: 47,7 m²
Deckenhöhe: 2,60 m

Unser Wohnzimmer bestand ehemals aus Wohnstube, Esszimmer und Flur. Als Raumtrenner zwischen dem vorderen und dem hinteren Bereich haben wir einen offenen Kamin gewählt. Auch wenn er als Kamin nur noch selten zum Einsatz kommt, ist er doch ein schönes altes Element, das dem Raum einen besonderen Charme verleiht und einen tollen Kontrast zu den modernen Festverglasungen mit den schmalen Alurahmen darstellt.

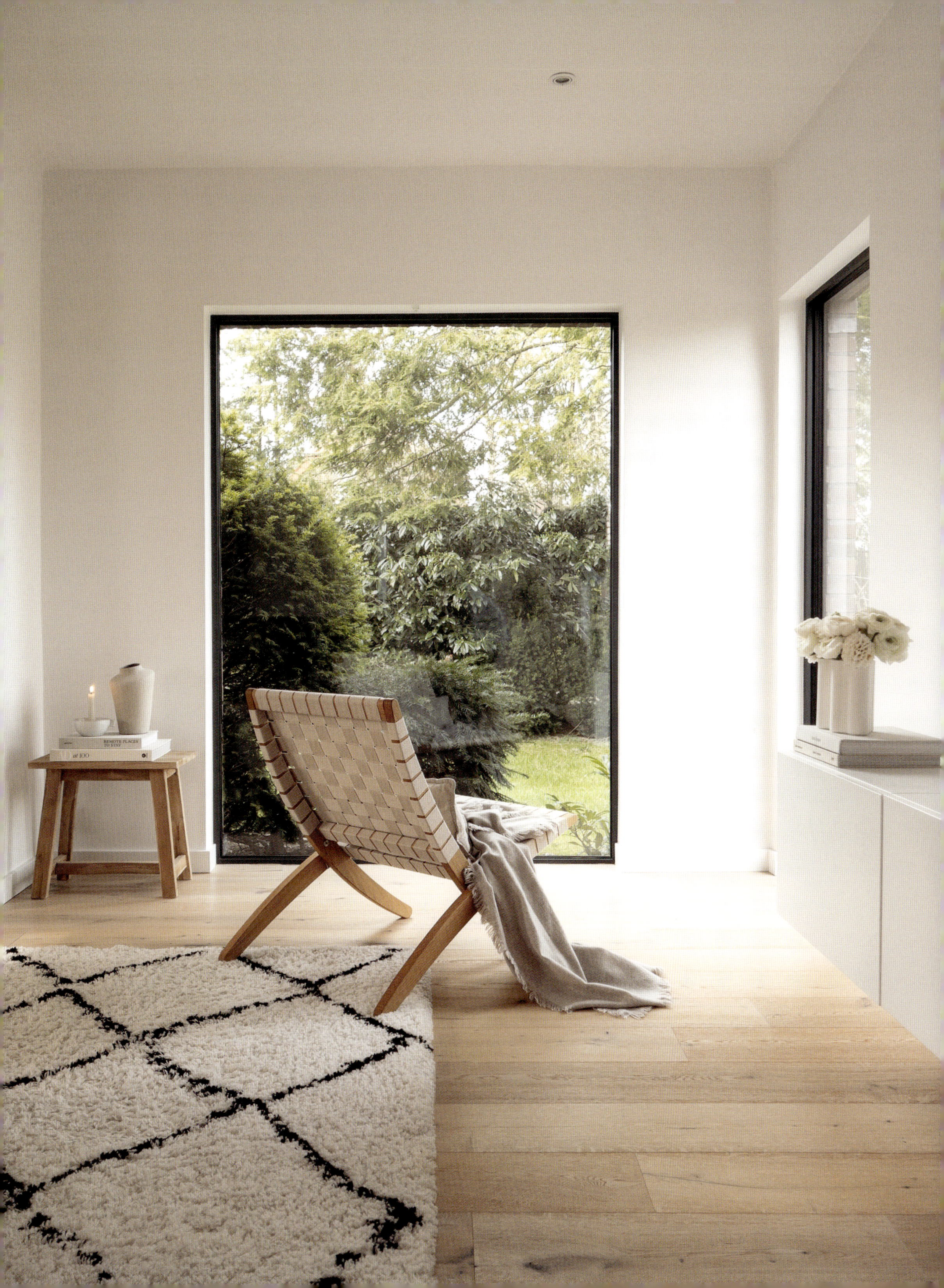

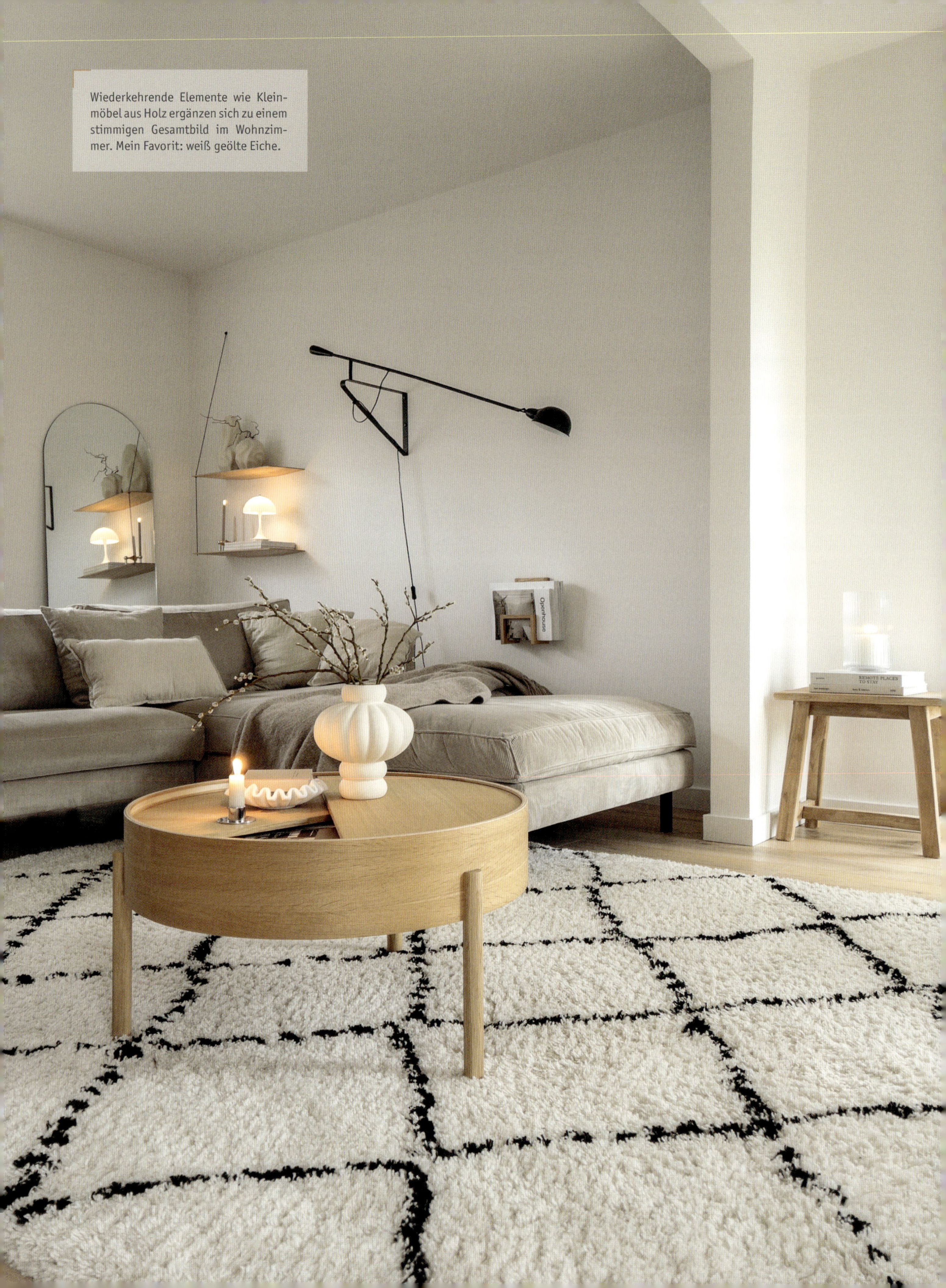

Wiederkehrende Elemente wie Kleinmöbel aus Holz ergänzen sich zu einem stimmigen Gesamtbild im Wohnzimmer. Mein Favorit: weiß geölte Eiche.

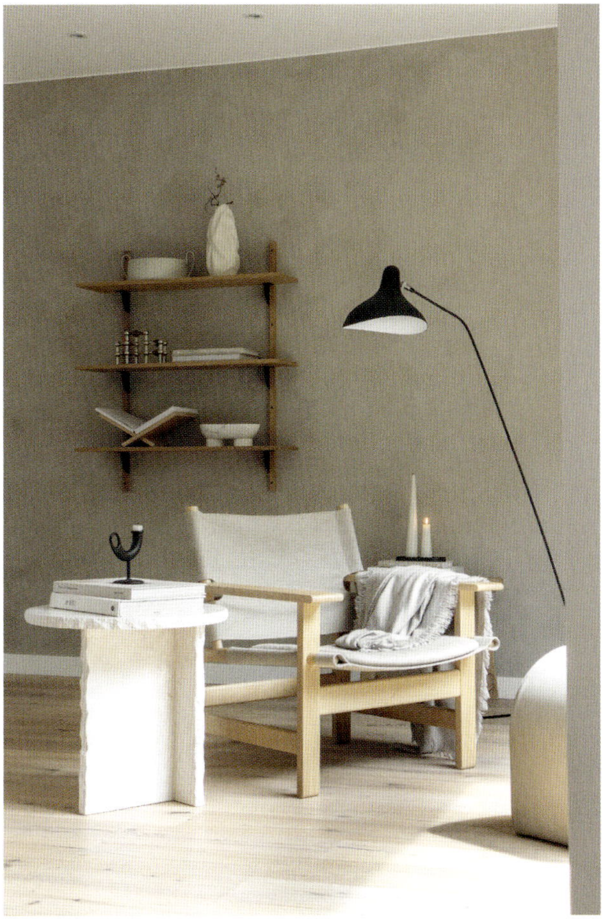

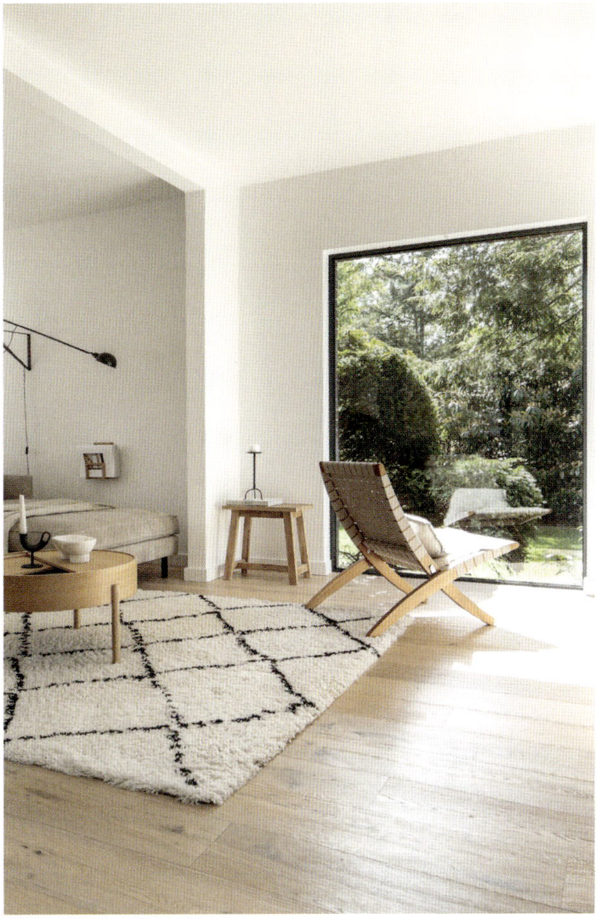

Auf fast 50 m² Fläche geben verschiedene kleine Ecken dem Raum Struktur und ein heimeliges Wohngefühl.

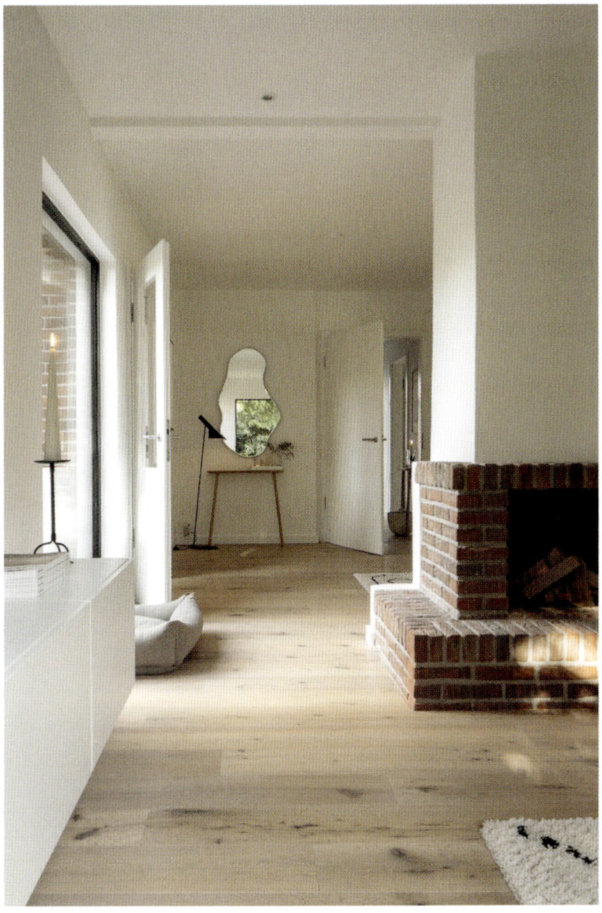

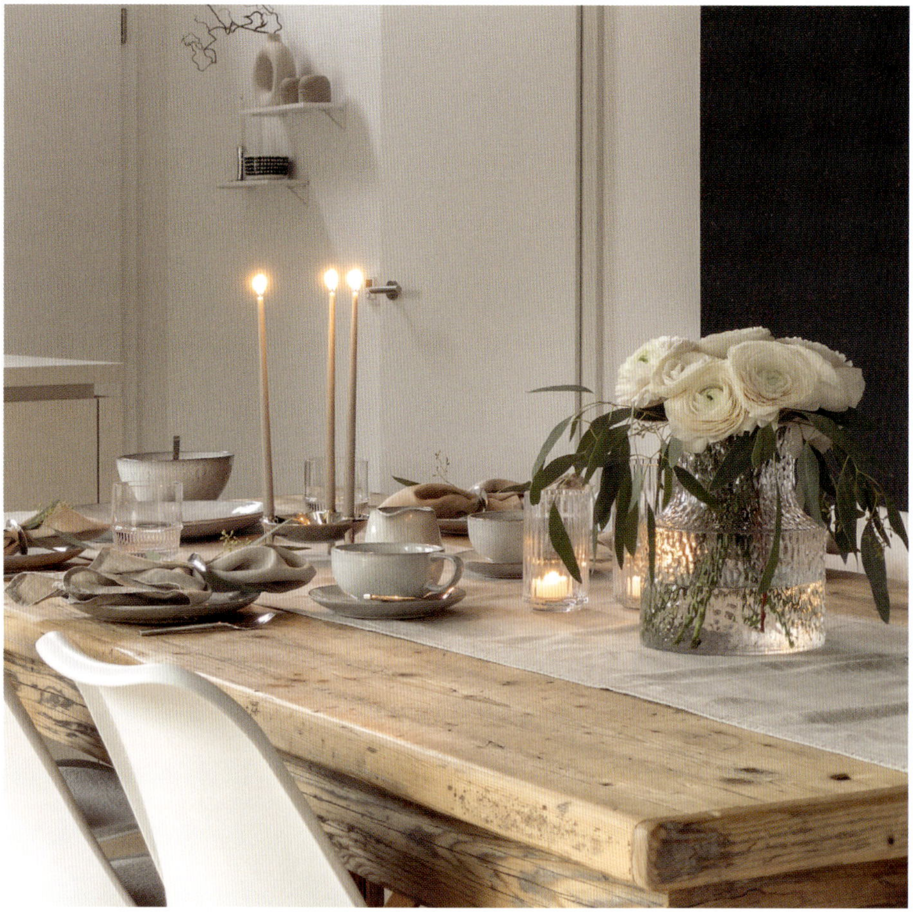

Fester Bestandteil einer jeden Tischdeko im Haus Tannenkamp: Kerzen sowie Blumen oder andere Naturmaterialien.

HOW TO

TISCH DECKEN

Tischdekorationen sind eine tolle Möglichkeit, sich kreativ auszutoben – erlaubt ist, was gefällt. Dennoch gibt es ein paar Basics, die eine gelungene Deko ausmachen:

- Besteck und Gläser haben bei Tisch klassisch einen festen Platz: Gabeln links, Messer und Löffel rechts. Besteck für das Dessert liegt quer über dem Teller. Gläser stehen rechts: Weingläser innen, Wassergläser außen.
- Teller werden am Platz der Größe nach aufeinander platziert oder nebeneinander gestellt. Teller für die Hauptspeise kommen in die Mitte, Brot- oder Salatteller auf die linke Seite.
- Servietten und Tischdecken oder Läufer aus Stoff lassen einen gedeckten Tisch hochwertig erscheinen und sind besonders dekorativ.

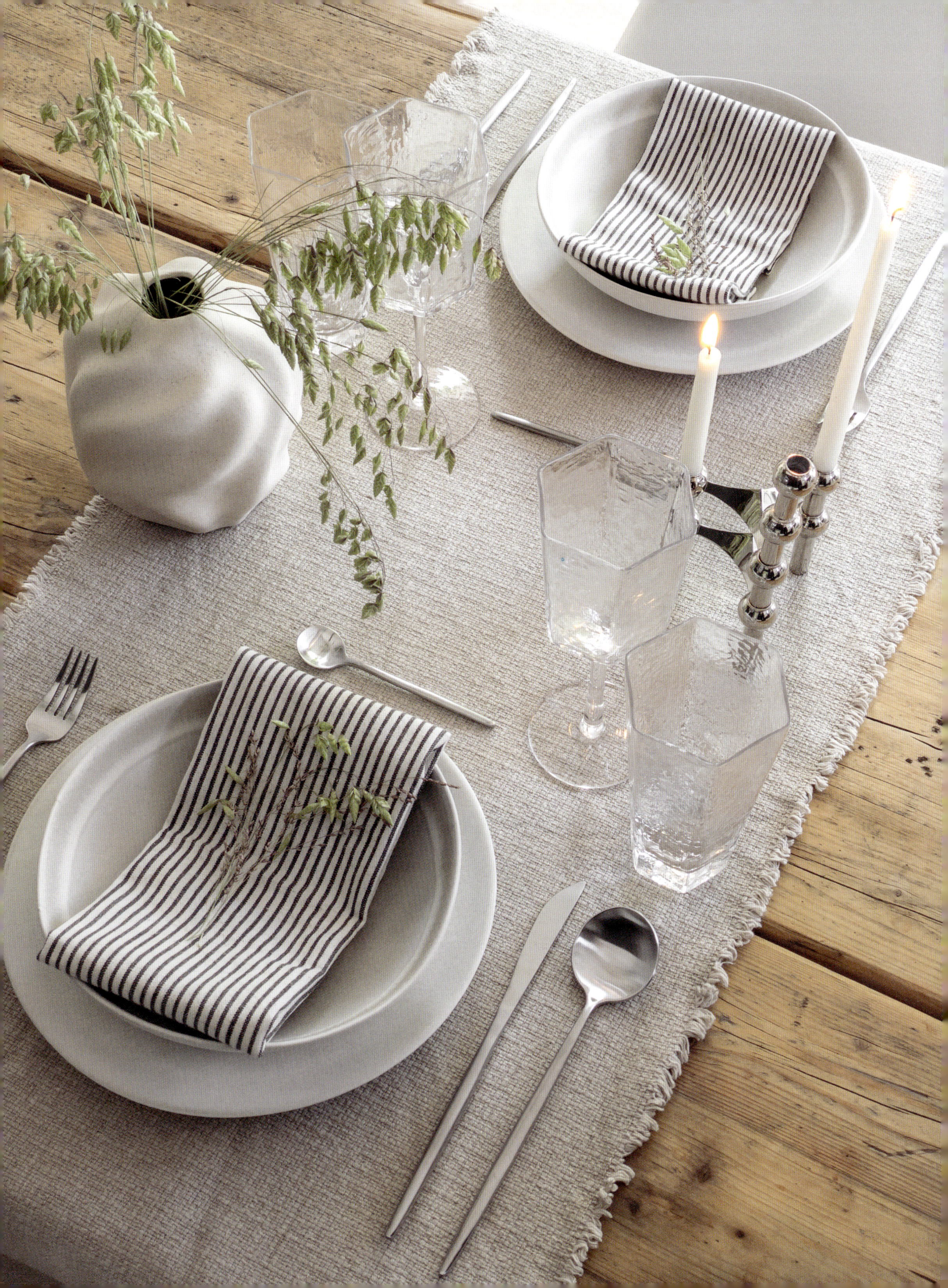

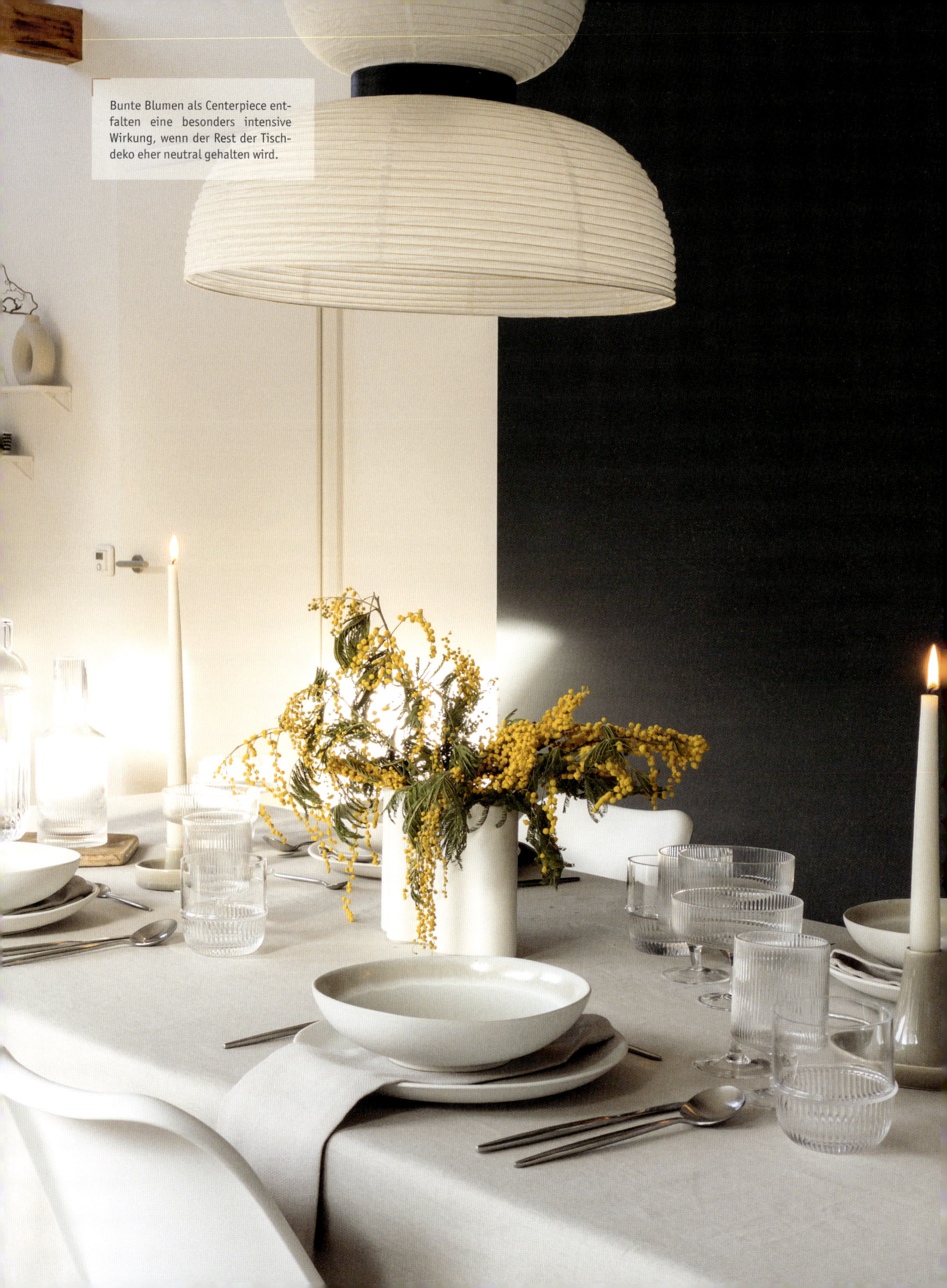

Bunte Blumen als Centerpiece entfalten eine besonders intensive Wirkung, wenn der Rest der Tischdeko eher neutral gehalten wird.

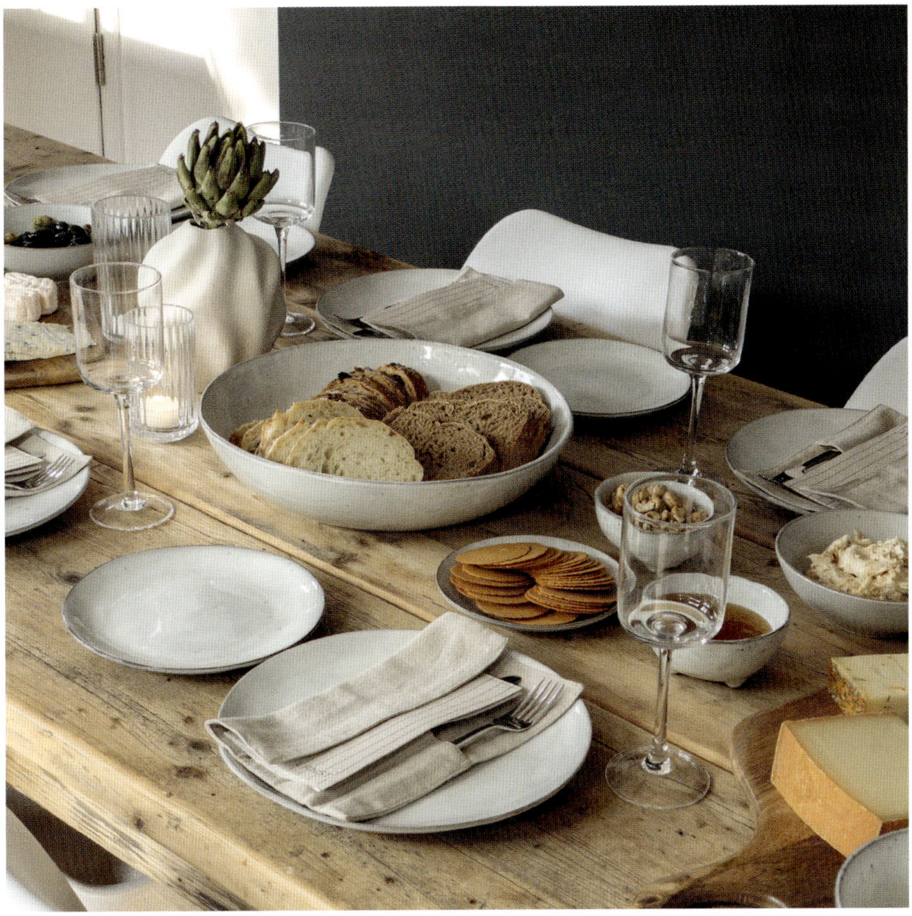

Bei einer geselligen Brotzeit darf die Tischdeko legerer ausfallen, sodass der rustikale Eichentisch ganz pur ohne Sets oder Tischdecke wirken kann.

TISCHDEKO DURCHS GANZE JAHR

Den Tisch für Gäste einladend herzurichten, ist eine große Leidenschaft von mir. Die Basis bilden Geschirr, Gläser und Besteck. Hier habe ich mittlerweile eine Auswahl von drei bis vier Sorten, aus denen ich je nach Anlass und Laune auswähle. Beim Eindecken arrangiere ich Teller, Wein- und Wassergläser und Besteck klassisch. Unverzichtbar sind zudem Textilien – Servietten, Tischdecken oder Läufer aus Leinen oder Baumwolle wirken besonders wertig. Um die Tischplatte zu schützen, sind auch Platzsets eine gute Wahl.

Je nach Jahreszeit finden in der Tischmitte Blumen und Zweige, aber auch kleine Zierkürbisse, Nüsse, Zapfen und Eier ihren Platz. Für ein gemütliches Licht am Abend nutze ich echte Kerzen, LED-Kerzen oder eine Mischung aus beidem. Und noch ein Tipp: Damit sich die Gäste am Tisch gegenüber und auch diagonal problemlos in die Augen sehen können, sollte die Deko in der Mitte nicht zu hoch sein oder am Tischende platziert werden.

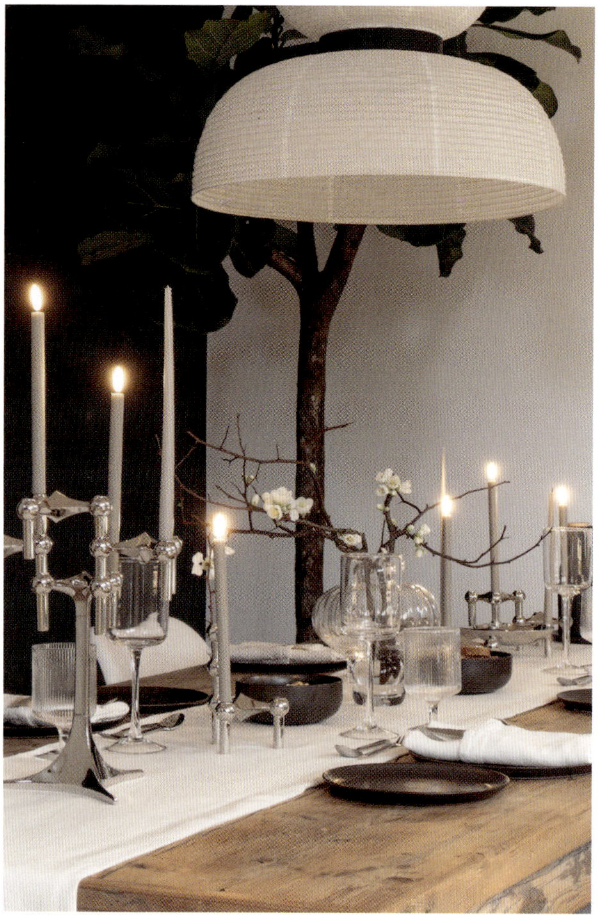

Zweige, Blumen oder Kürbisse: Saisonale Materialien können Menü und Anlass gekonnt unterstreichen.

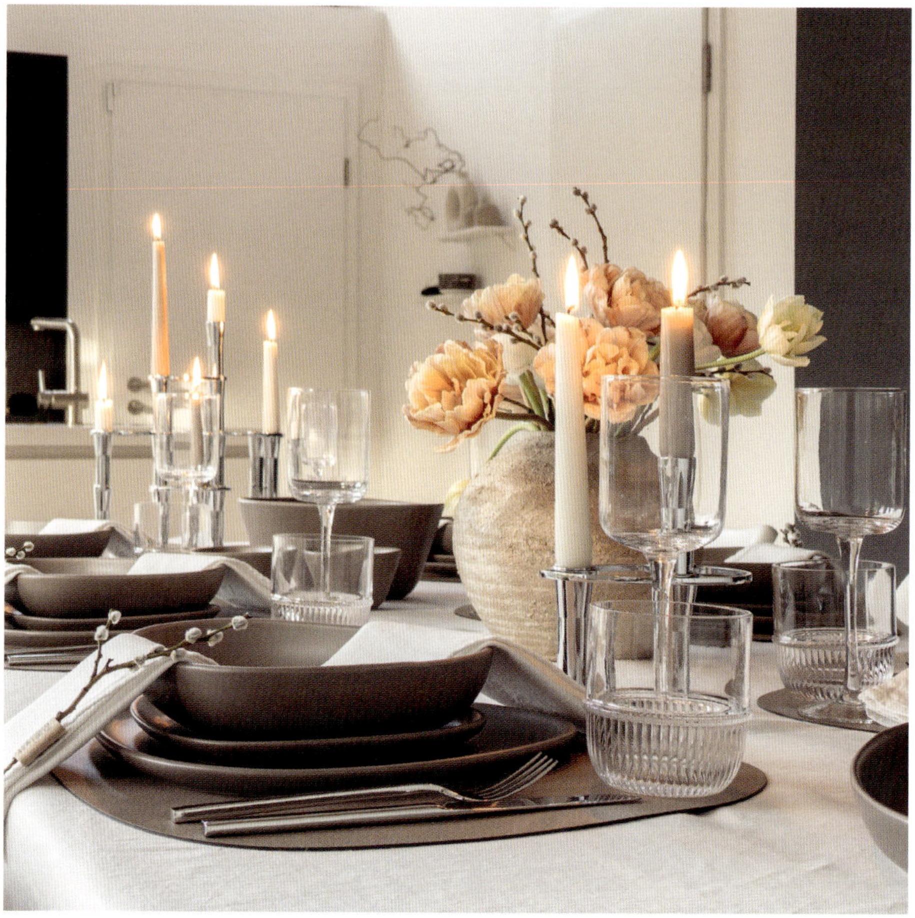

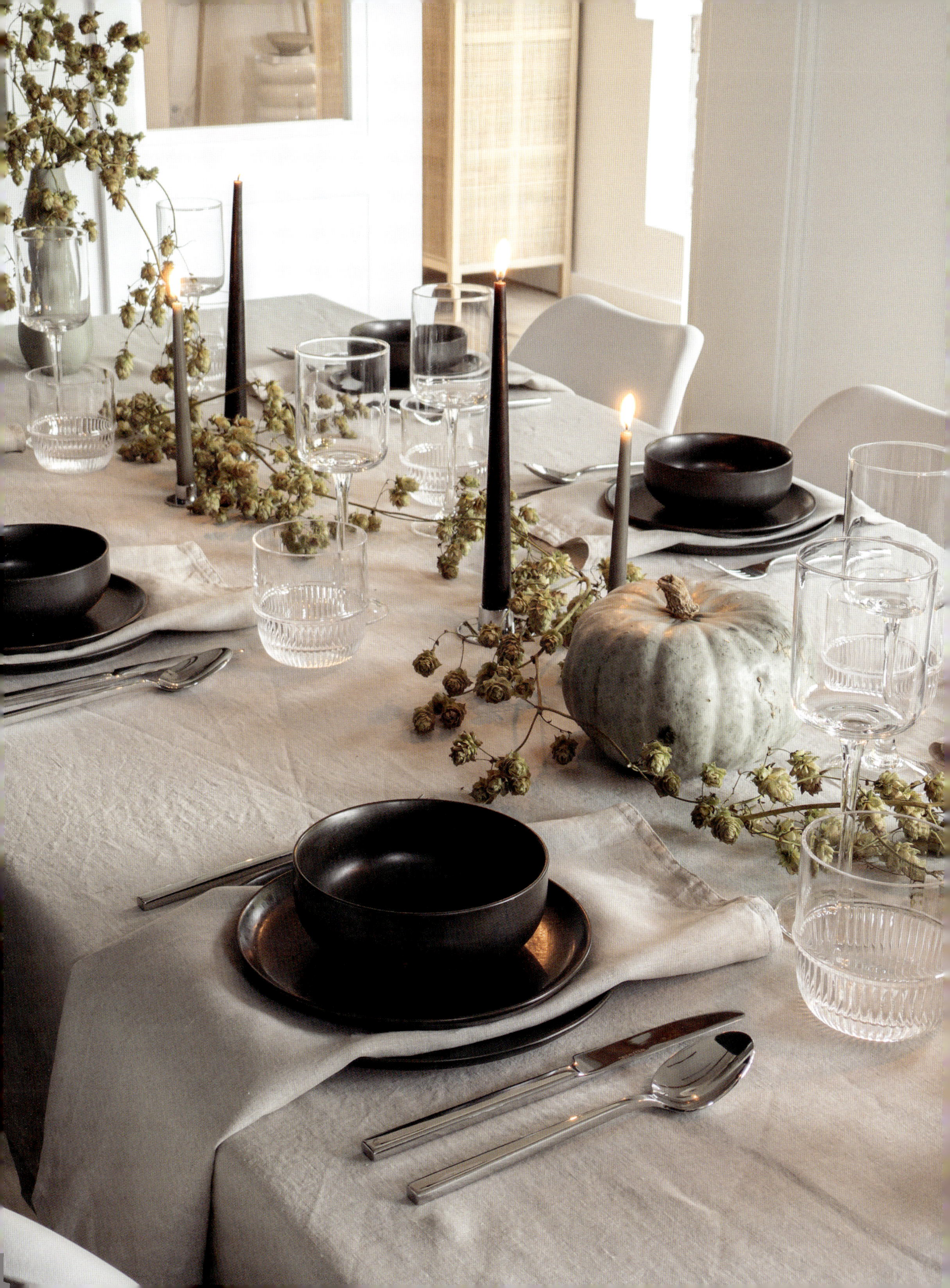

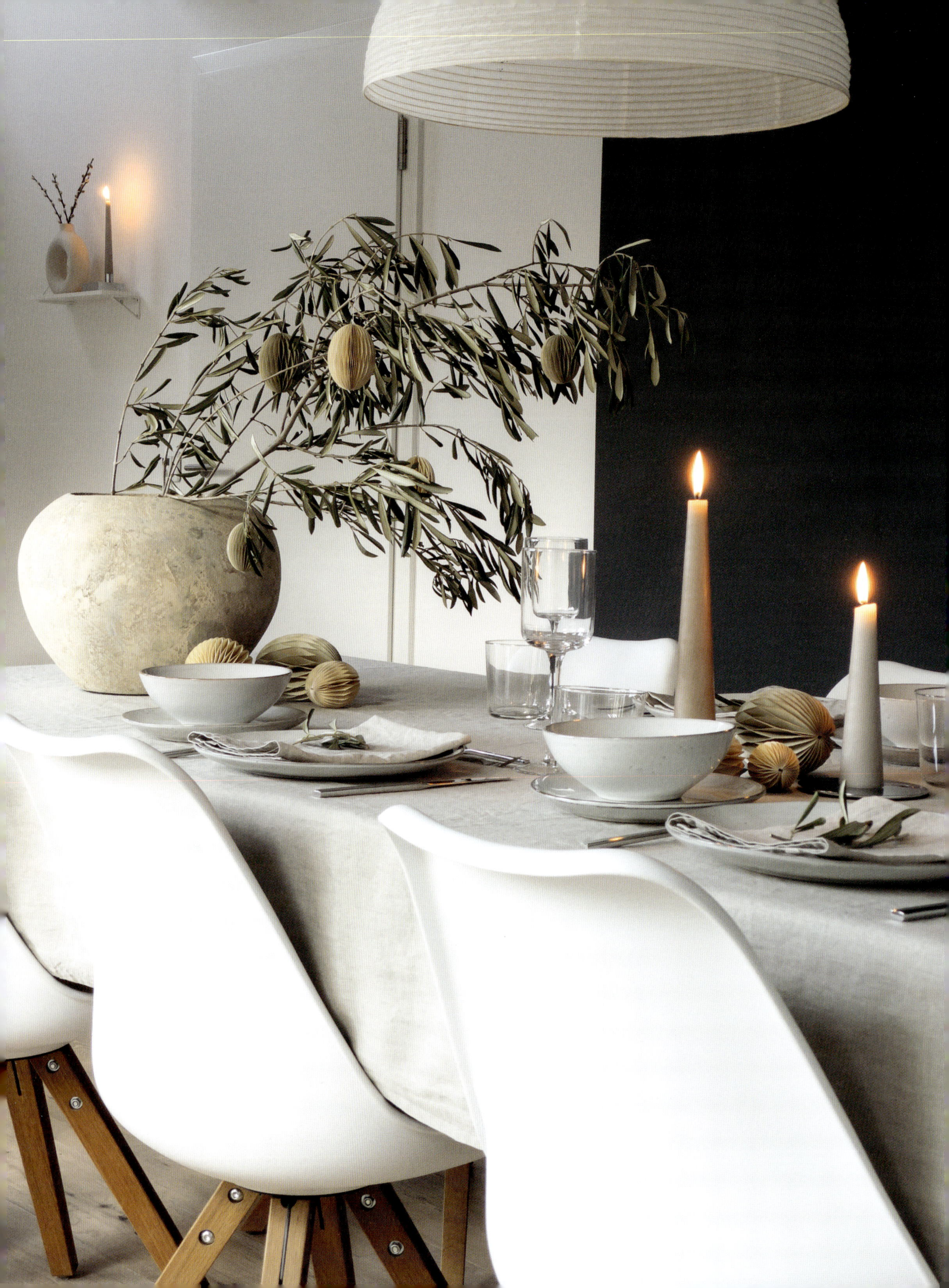

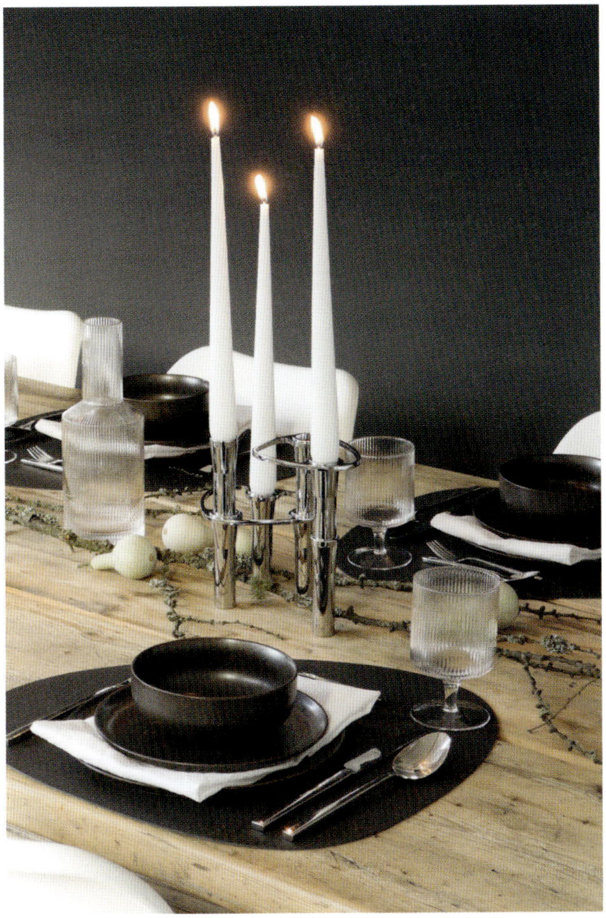

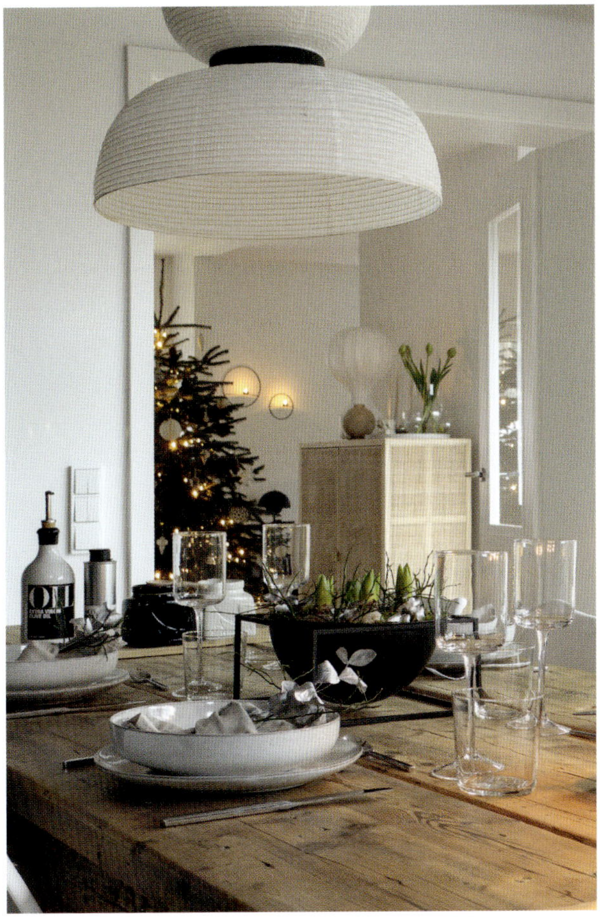

Egal ob üppig oder dezent – mit einem dekorierten Tisch möchte ich die Gäste in unserem Zuhause besonders herzlich willkommen heißen.

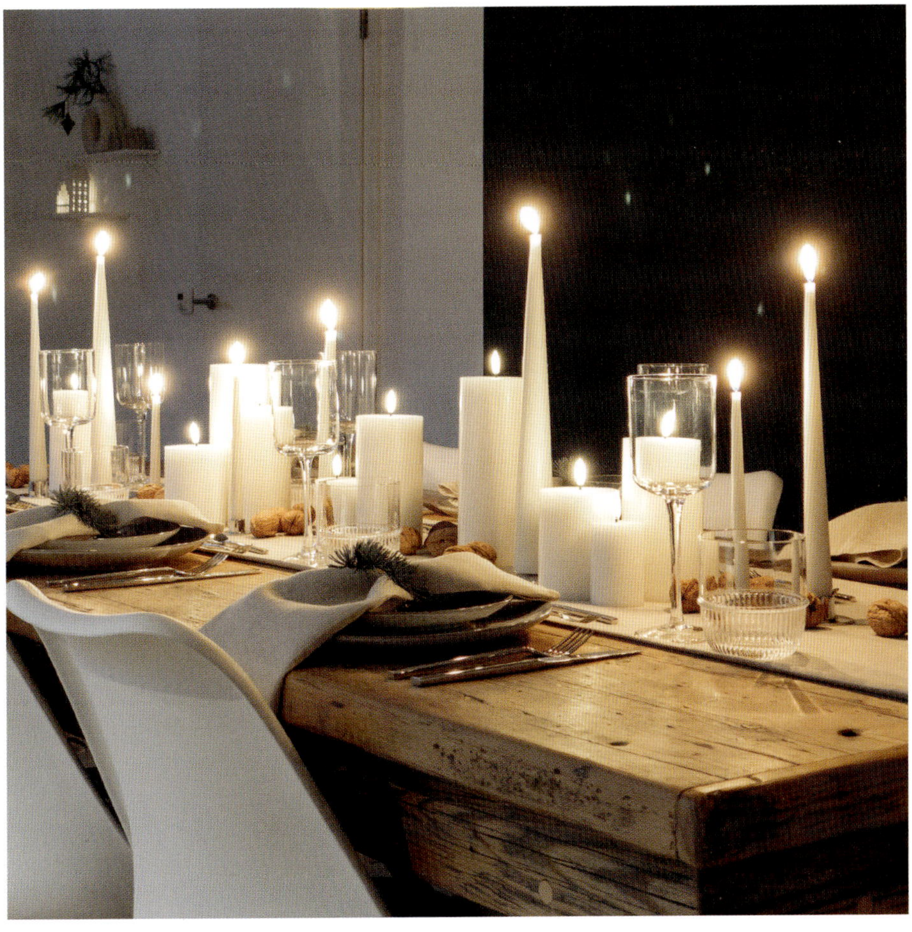

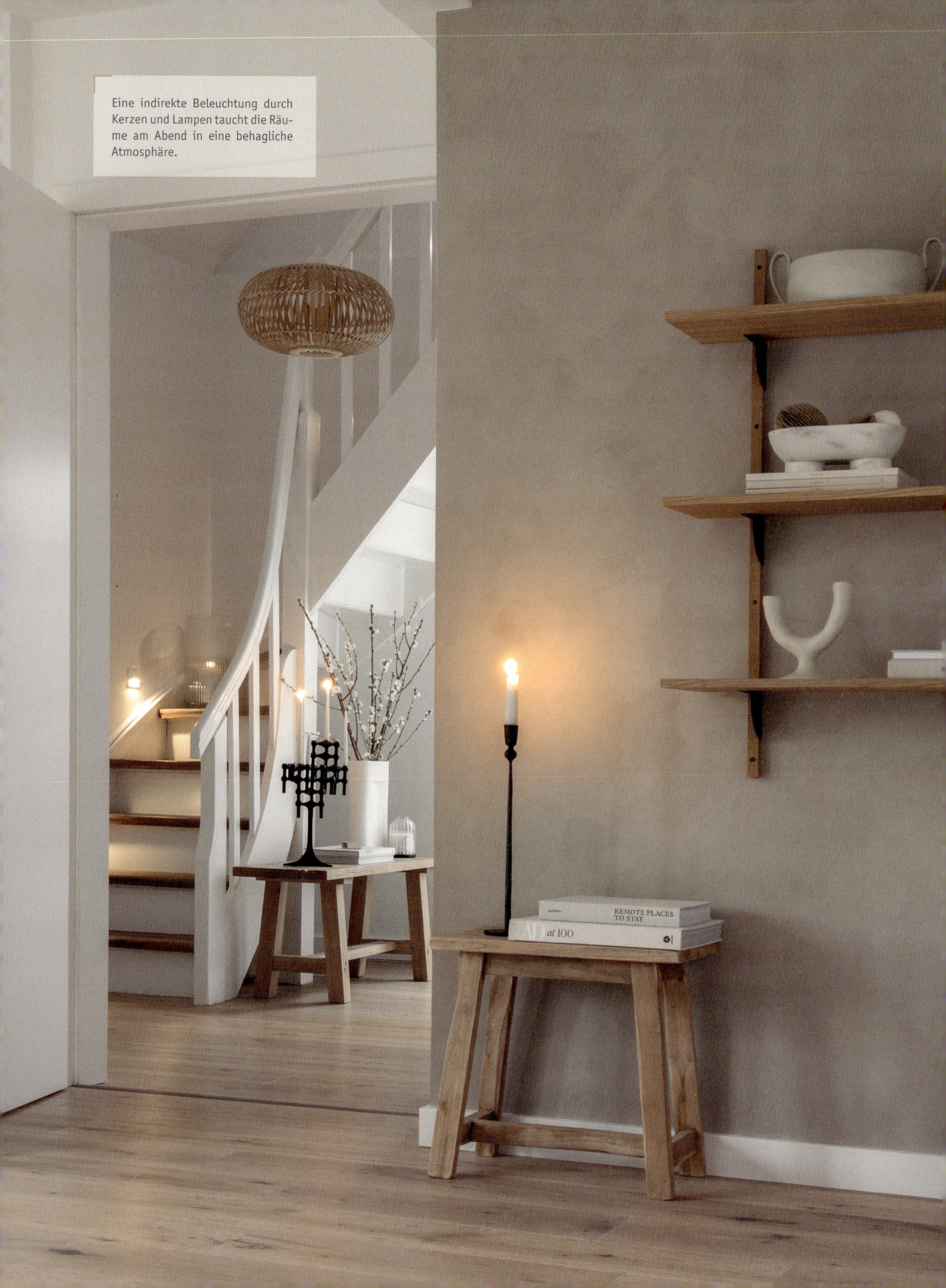

Eine indirekte Beleuchtung durch Kerzen und Lampen taucht die Räume am Abend in eine behagliche Atmosphäre.

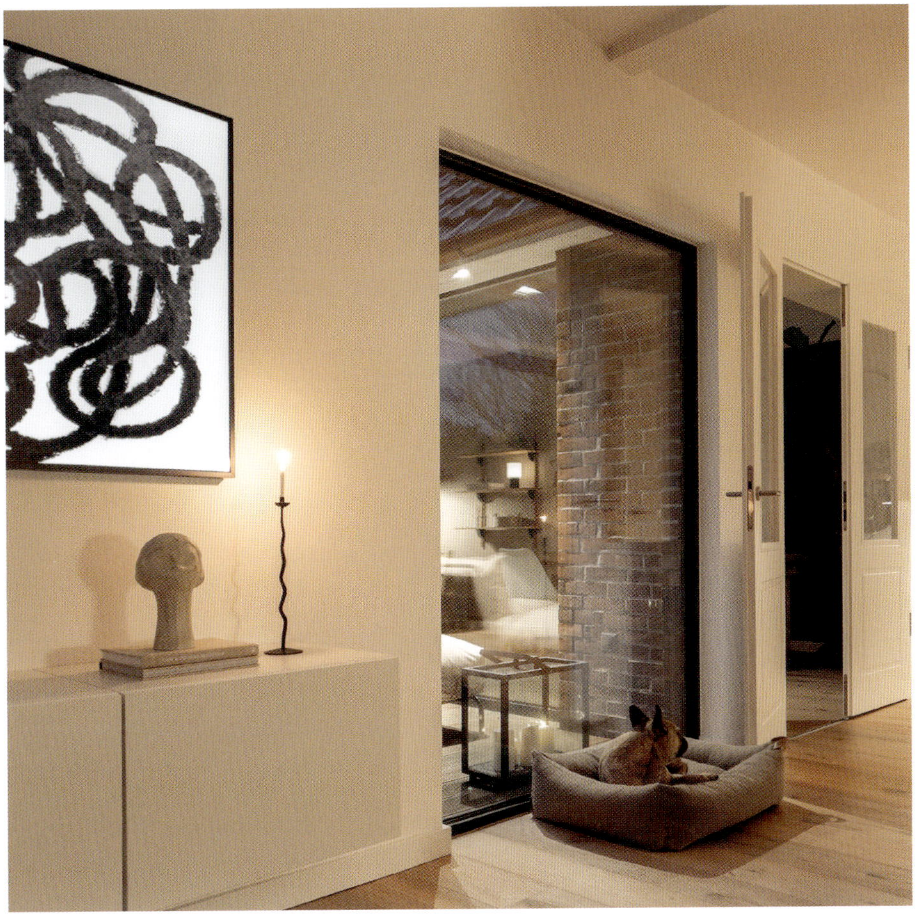

ES WERDE LICHT

Neben der Dekoration ist auch das Licht ein elementarer Bestandteil des nordischen Einrichtungsstils. Idealerweise gibt es in allen Wohnräumen möglichst viel Tageslicht. In der dunklen Jahreszeit oder bei ungünstigen Wohnbedingungen ist das jedoch nicht immer gegeben. Bei kleinen und eher dunklen Räumen sollte man daher auf das helle Spektrum der skandinavischen Farbwelt setzen und beispielsweise Teppiche und Vorhänge in Weiß, Creme, Beige und Hellgrau auswählen. Und natürlich dürfen auch verschiedene Lampen nicht fehlen. Sie fungieren nicht nur als Lichtquelle, sondern auch als Designobjekt, welches die Einrichtung unterstreicht.

Mehrere Lampen, stehend auf dem Boden, auf Konsolen und in Regalen oder als klassische Deckenvariante schaffen mit indirekter Beleuchtung eine behagliche Atmosphäre. Ergänzend liebe ich auch Kerzen für das extra Hygge-Feeling.

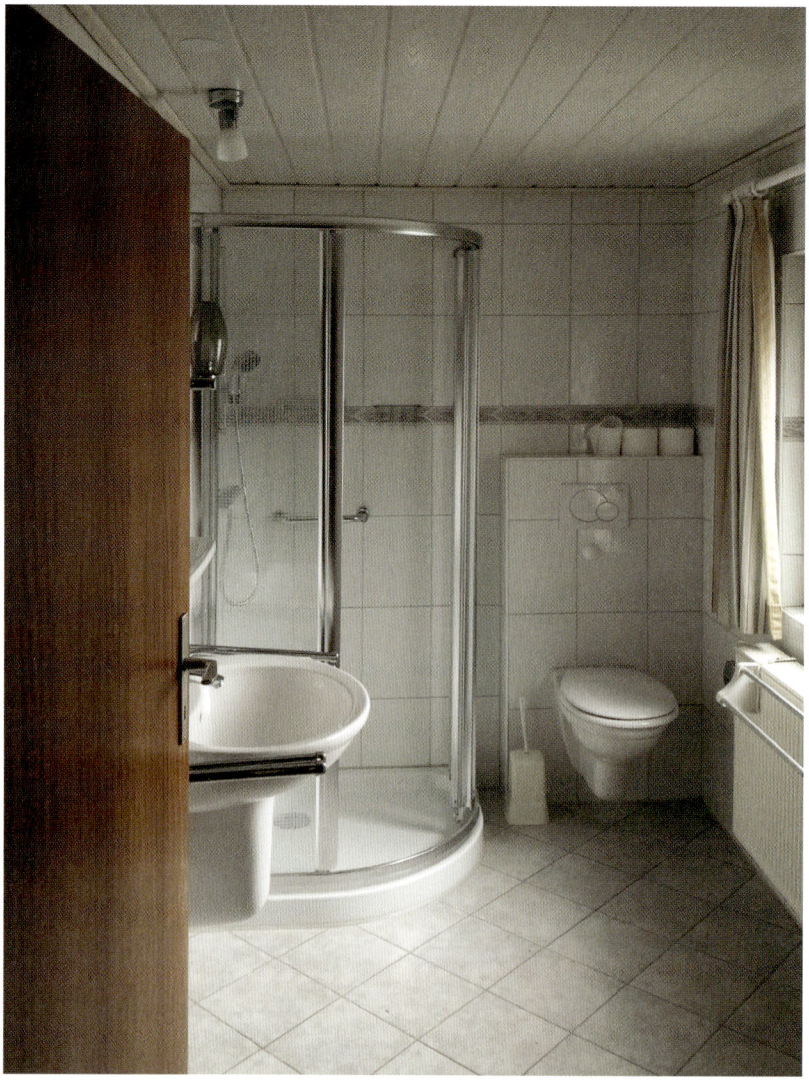

ROOMTOUR GÄSTEBADEZIMMER

Wohnfläche: 4,7 m^2
Deckenhöhe: 2,10 m

Beim Badezimmer im Erdgeschoss stehen Wärme und Wohnlichkeit an erster Stelle. Während die Aufteilung gleichgeblieben ist, haben wir mit einer anderen Materialwahl ein komplett neues Raumgefühl geschaffen. Wo vorher Fliesen Boden und Wände bedeckten, sorgen nun Dielen aus geöltem Eichenholz und nur wenige großformatige Fliesen in der Dusche für Gemütlichkeit.

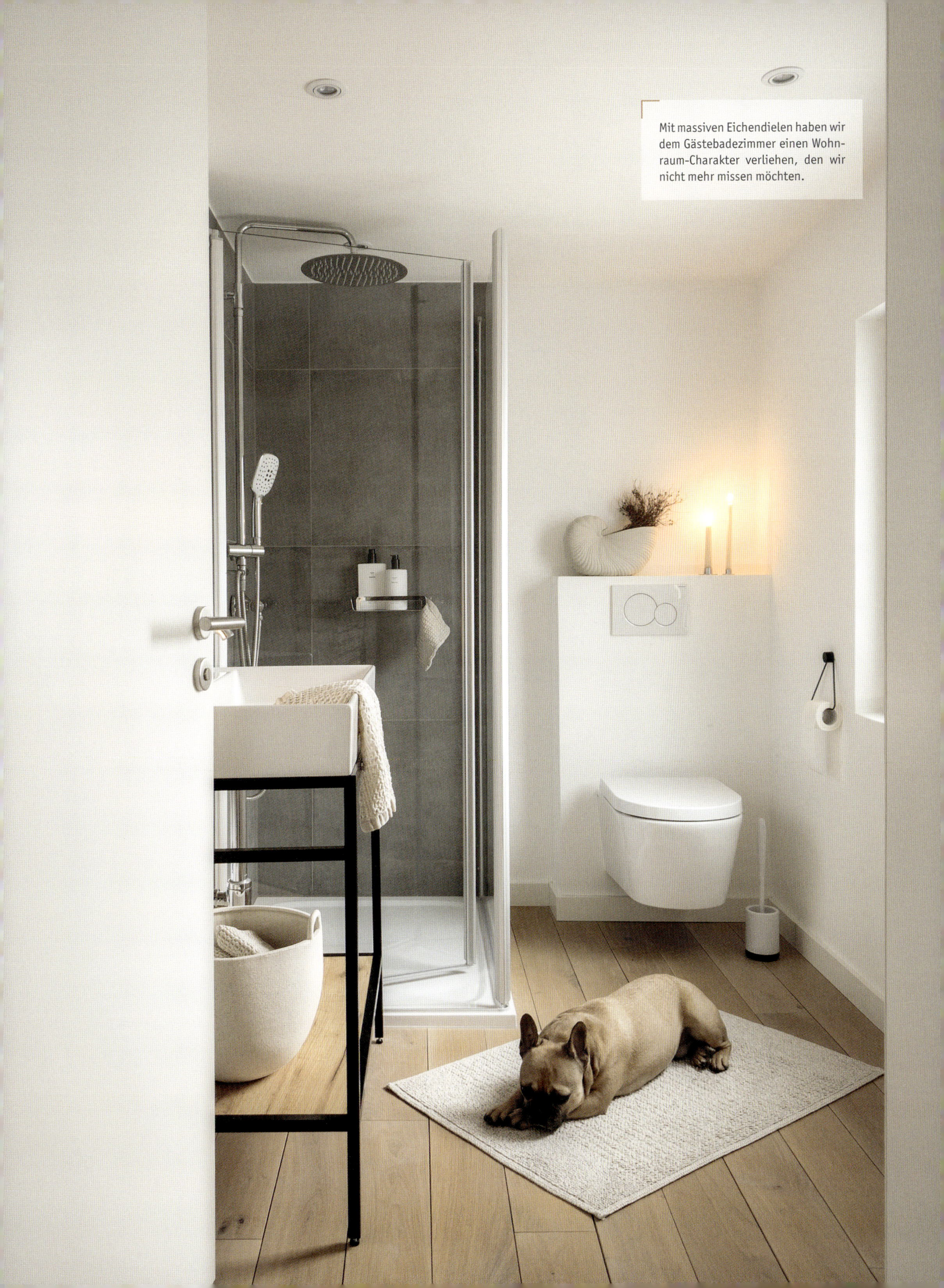

Mit massiven Eichendielen haben wir dem Gästebadezimmer einen Wohnraum-Charakter verliehen, den wir nicht mehr missen möchten.

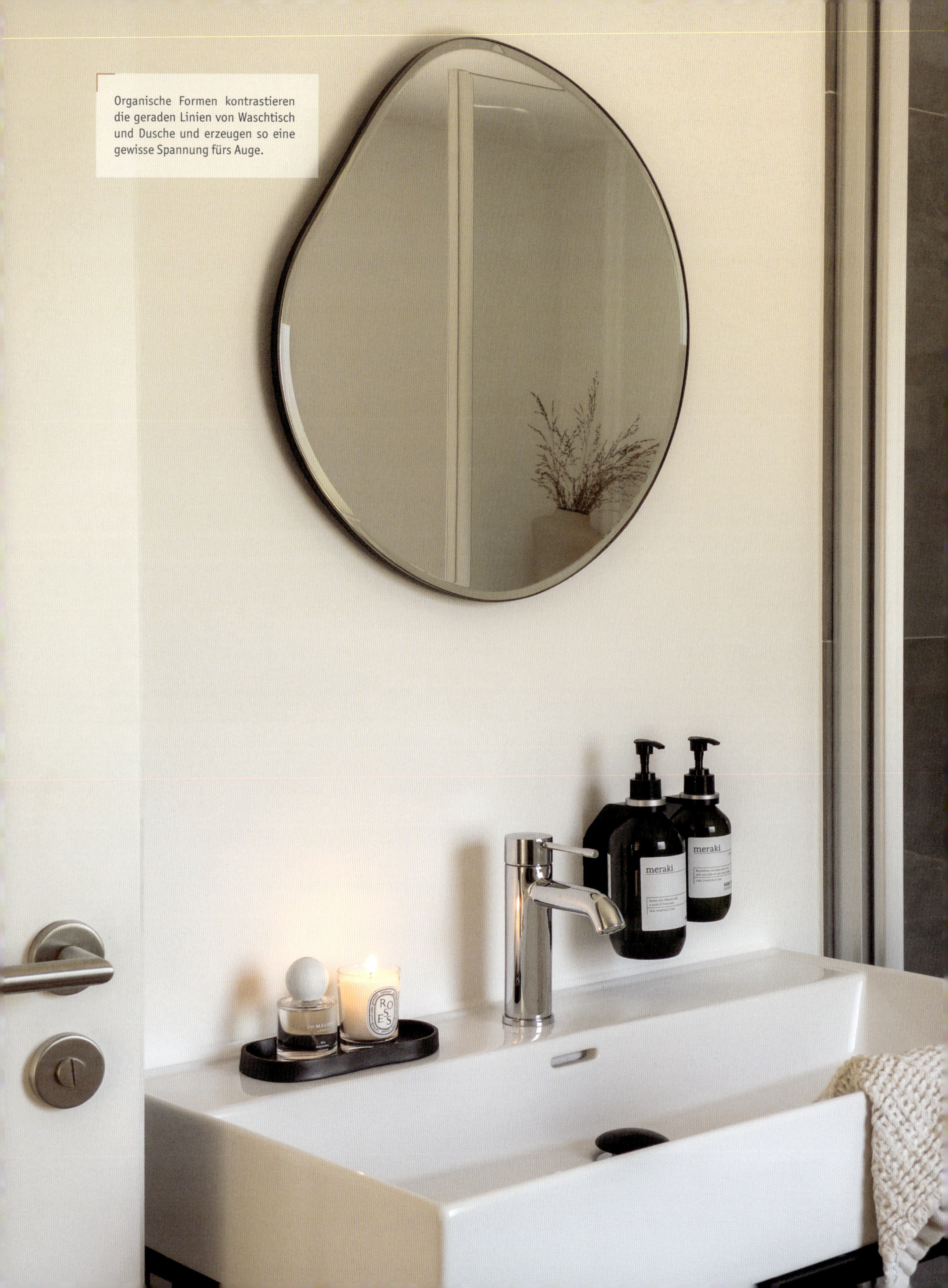

Organische Formen kontrastieren die geraden Linien von Waschtisch und Dusche und erzeugen so eine gewisse Spannung fürs Auge.

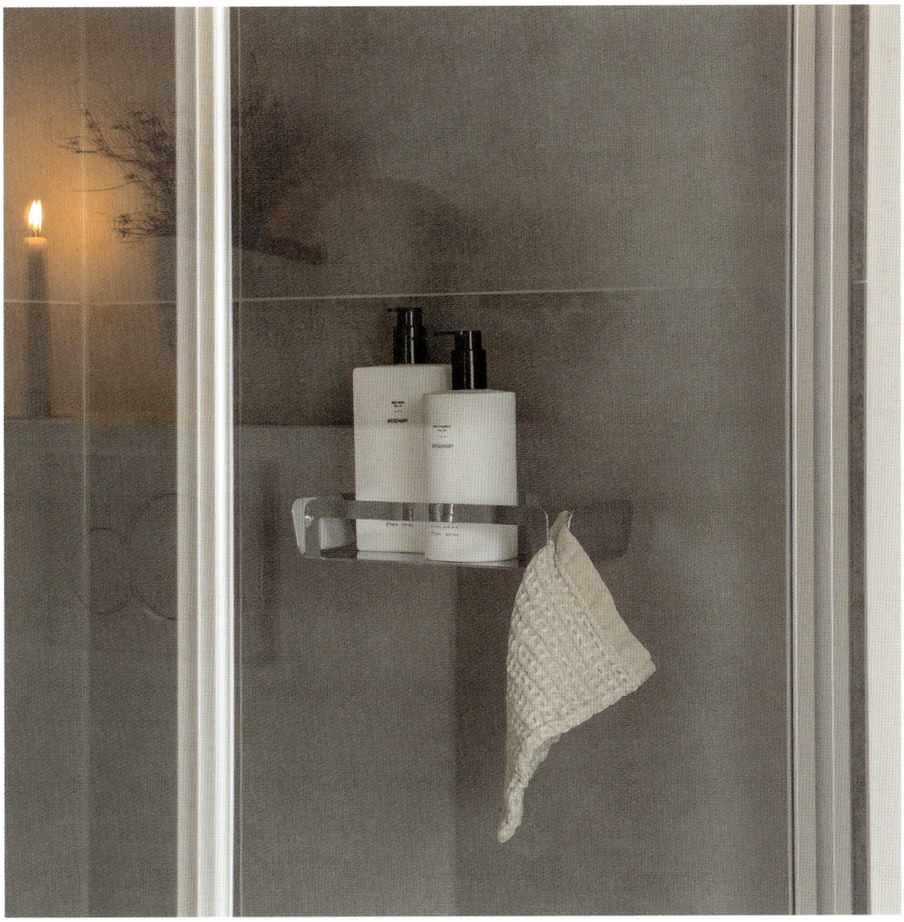

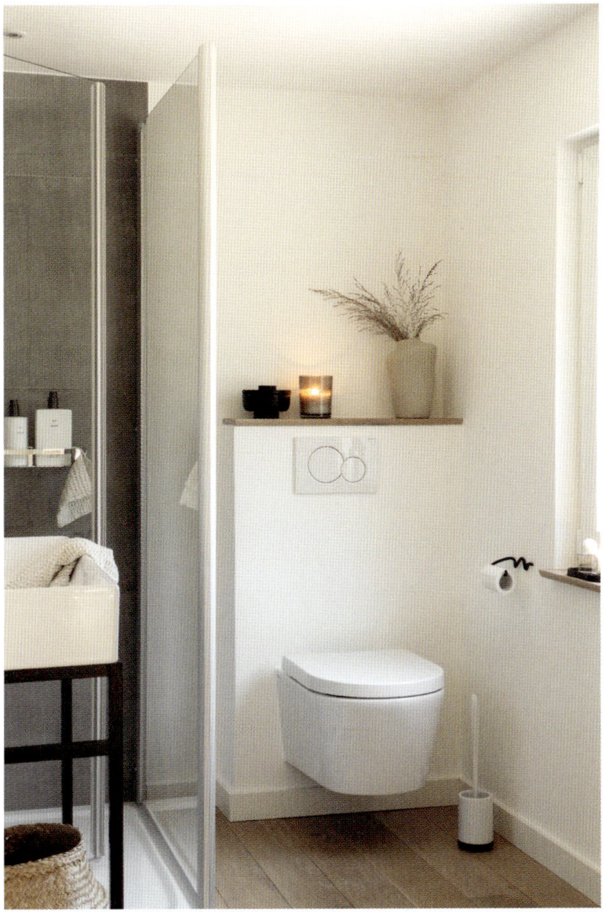

Auch im Bad darf Deko nicht fehlen. Ich setze dort auf Duftkerzen und hübsche Vasen mit getrockneten Gräsern.

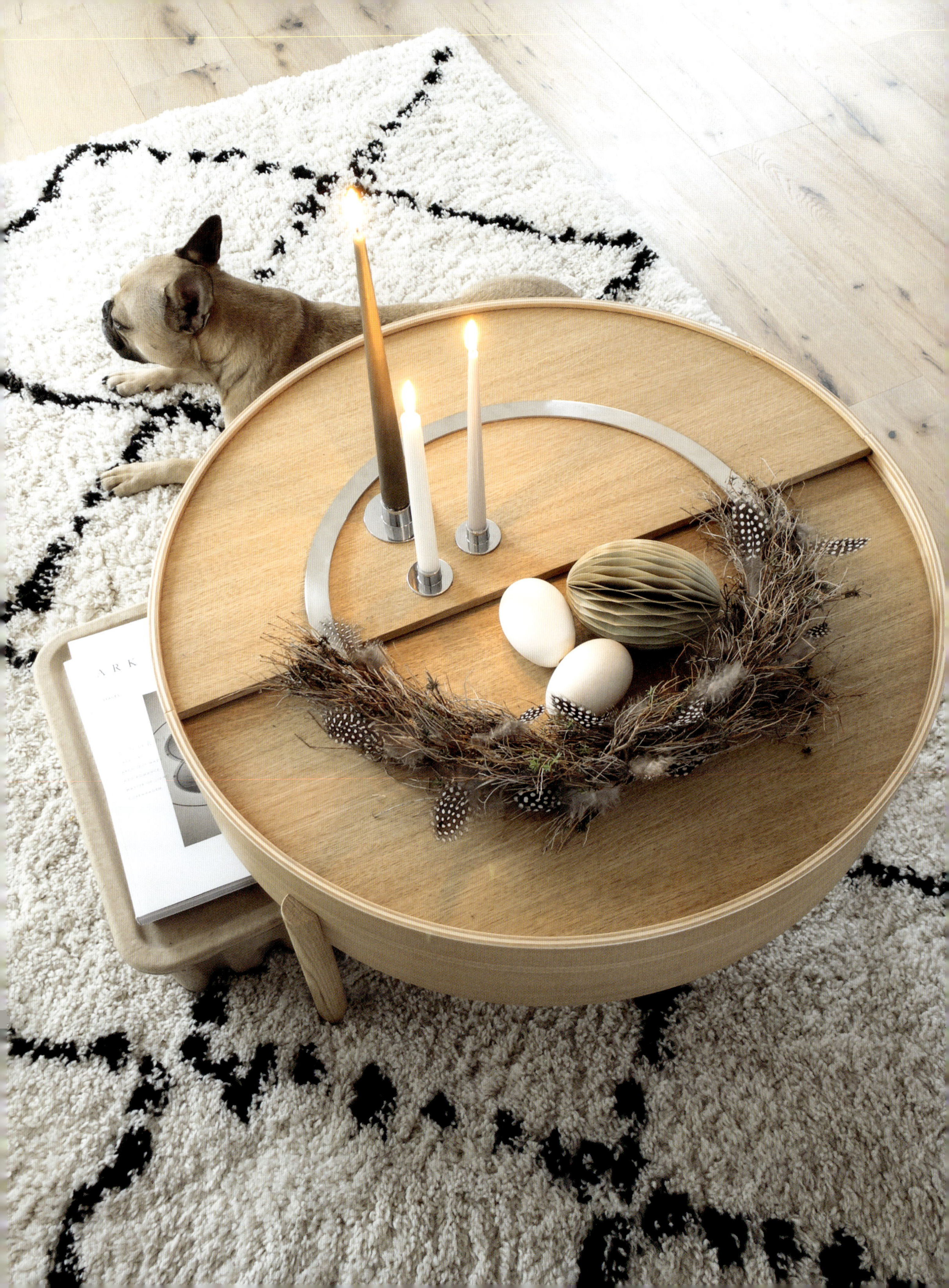

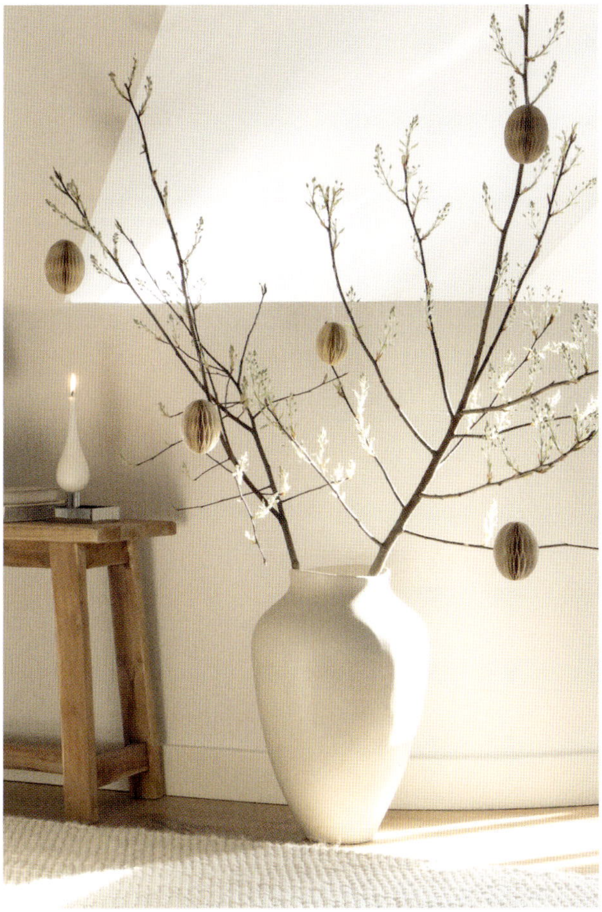

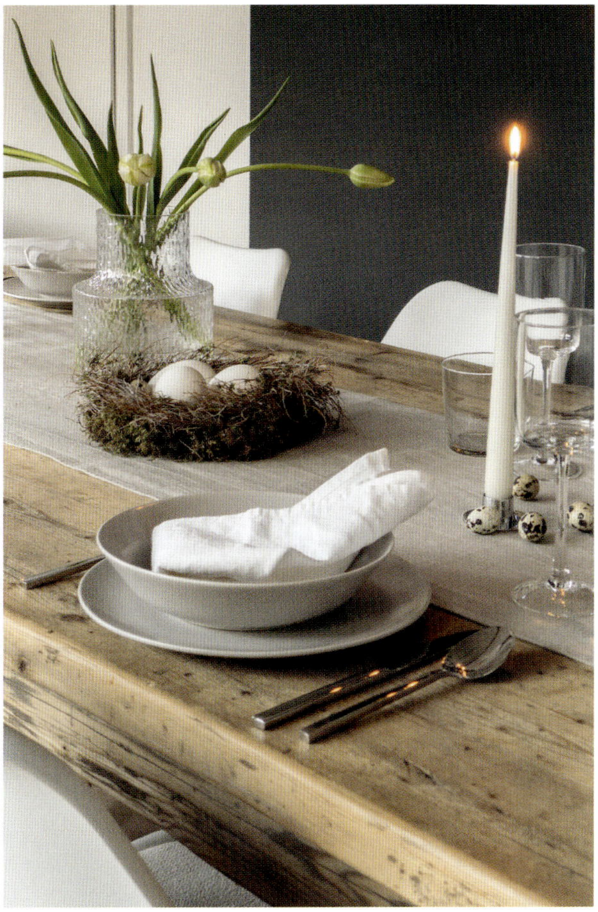

OSTERN FEIERN

Ebenso wie zur Weihnachtszeit ist meine skandinavisch inspirierte Dekoration zum Osterfest schlicht und einfach. Für eine minimalistische Osterdeko im skandinavischen Stil benötigt man dabei nur wenige Zutaten, die dennoch einen großartigen Effekt erzielen. Hierzu gehören selbstverständlich Eier und Naturmaterialien wie Federn vom Perlhuhn und zum Frühling passende Zweige und Moose. Am liebsten nutze ich Eier von Wachteln, Hühnern und Gänsen, aber auch solche aus Papier in unterschiedlichen Größen und Farben.

An Zweige gehängt, in Schalen drapiert oder als Teil eines stilisierten Nestes assoziiert man sie mit dem Osterfest, ohne dass es kitschig wirkt. Als frische Ergänzung dürfen blühende Zweige von Felsenbirne und Marille, Weidenkätzchen, Olive, aber auch Moose und Euphorbia Spinosa die Deko vervollständigen.

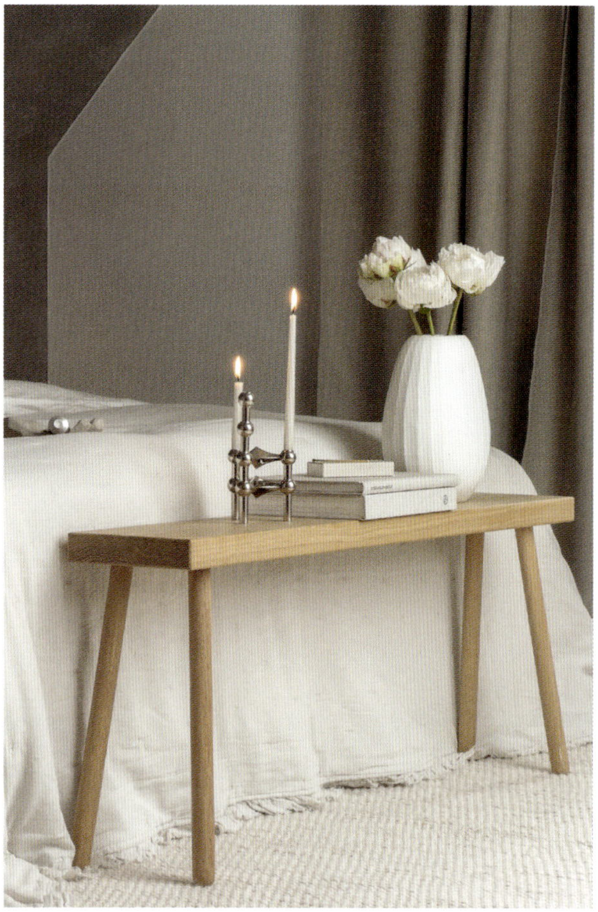

HOW TO

MIT COFFEE TABLE BOOKS DEKORIEREN

Coffee Table Books und Magazine gehören zu meinen liebsten Accessoires und auch dieses Buch darf, wenn es nicht gerade gelesen wird, gerne als hübsches Dekoobjekt dienen. Hier drei Ideen, wie man Coffee Table Books in Szene setzen kann:

- Aufgeklappt auf einem Buchständer. So kann man sich nicht nur am hübschen Einband, sondern auch an Fotos im Inneren erfreuen.
- Alternativ zum Tablett werden sie zur schönen Bühne für Kerzenständer, Vasen und Co.
- Ganz klassisch gestapelt oder mit einer Buchstütze aufgestellt fungieren sie als stilvolles Dekoelement auf Beistelltischen, Konsolen, Fensterbänken und Regalen.

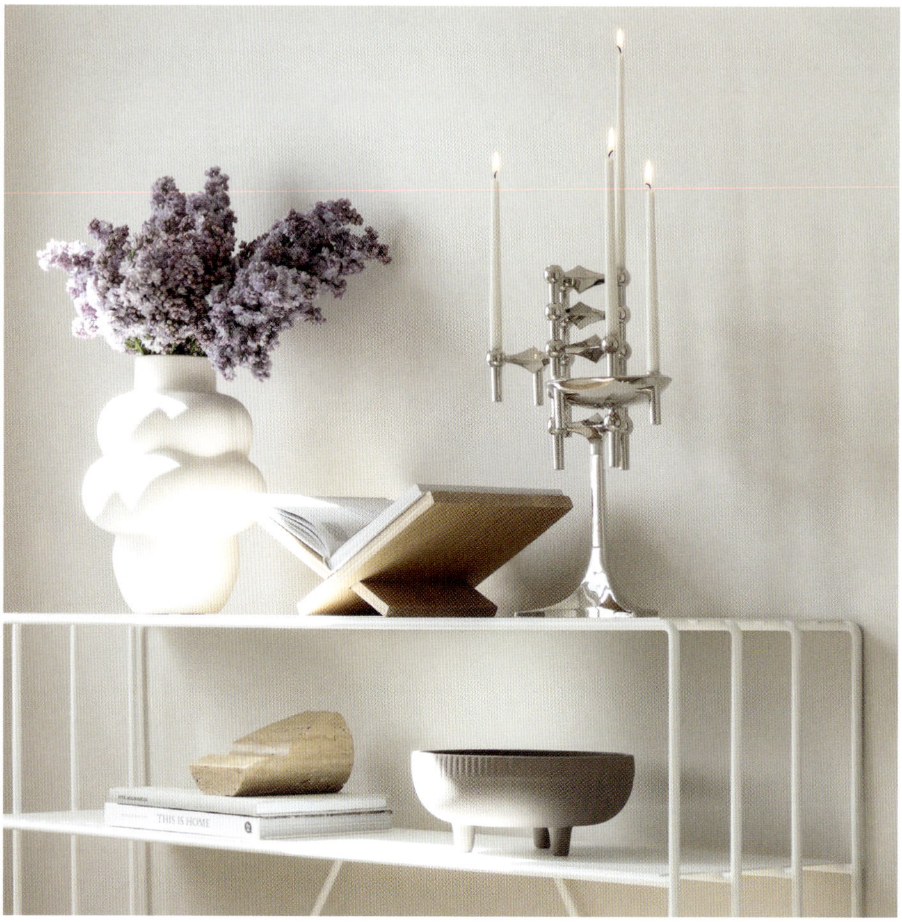

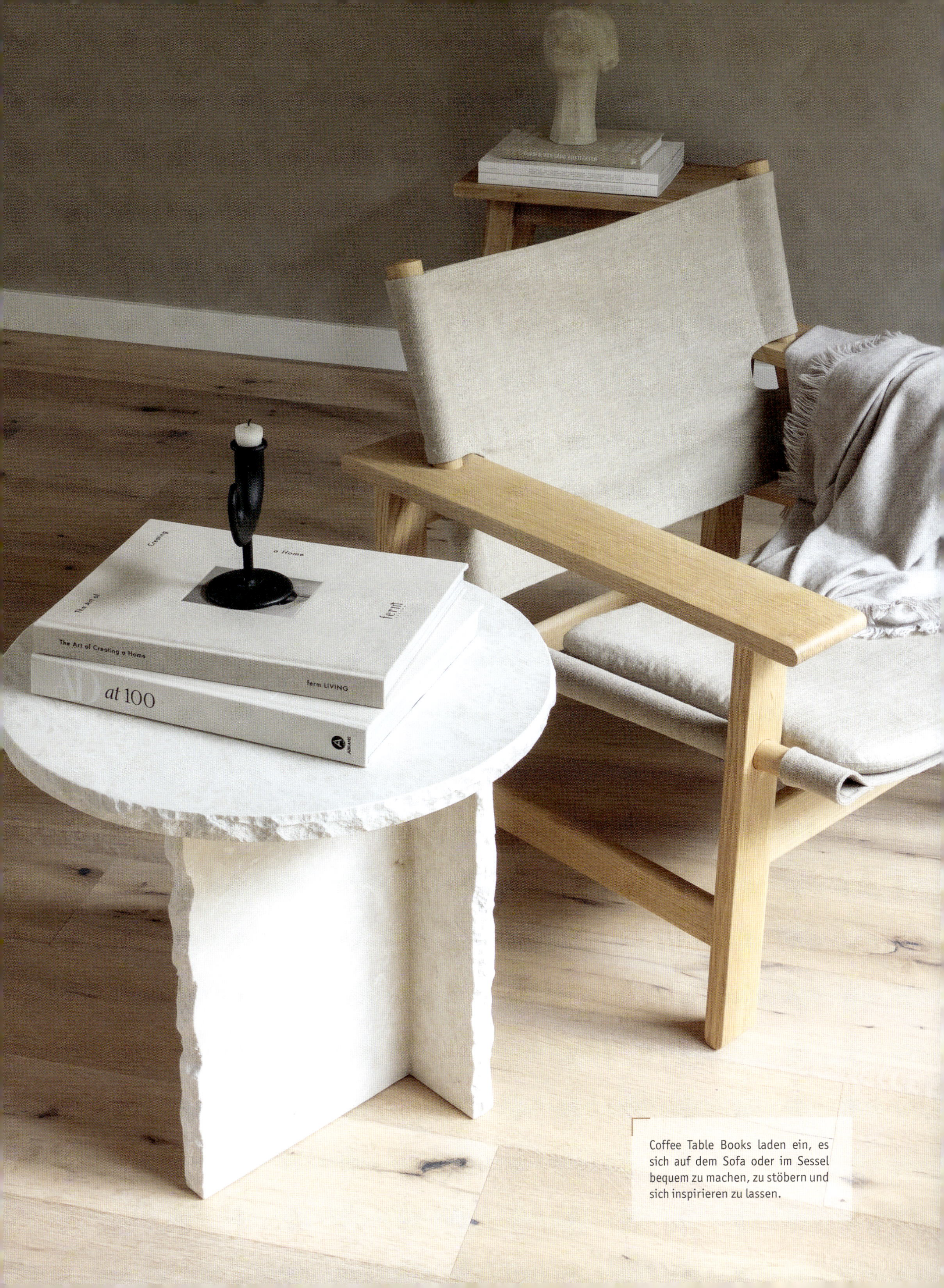

Coffee Table Books laden ein, es sich auf dem Sofa oder im Sessel bequem zu machen, zu stöbern und sich inspirieren zu lassen.

SKANDINAVISCH WEIHNACHTEN FEIERN

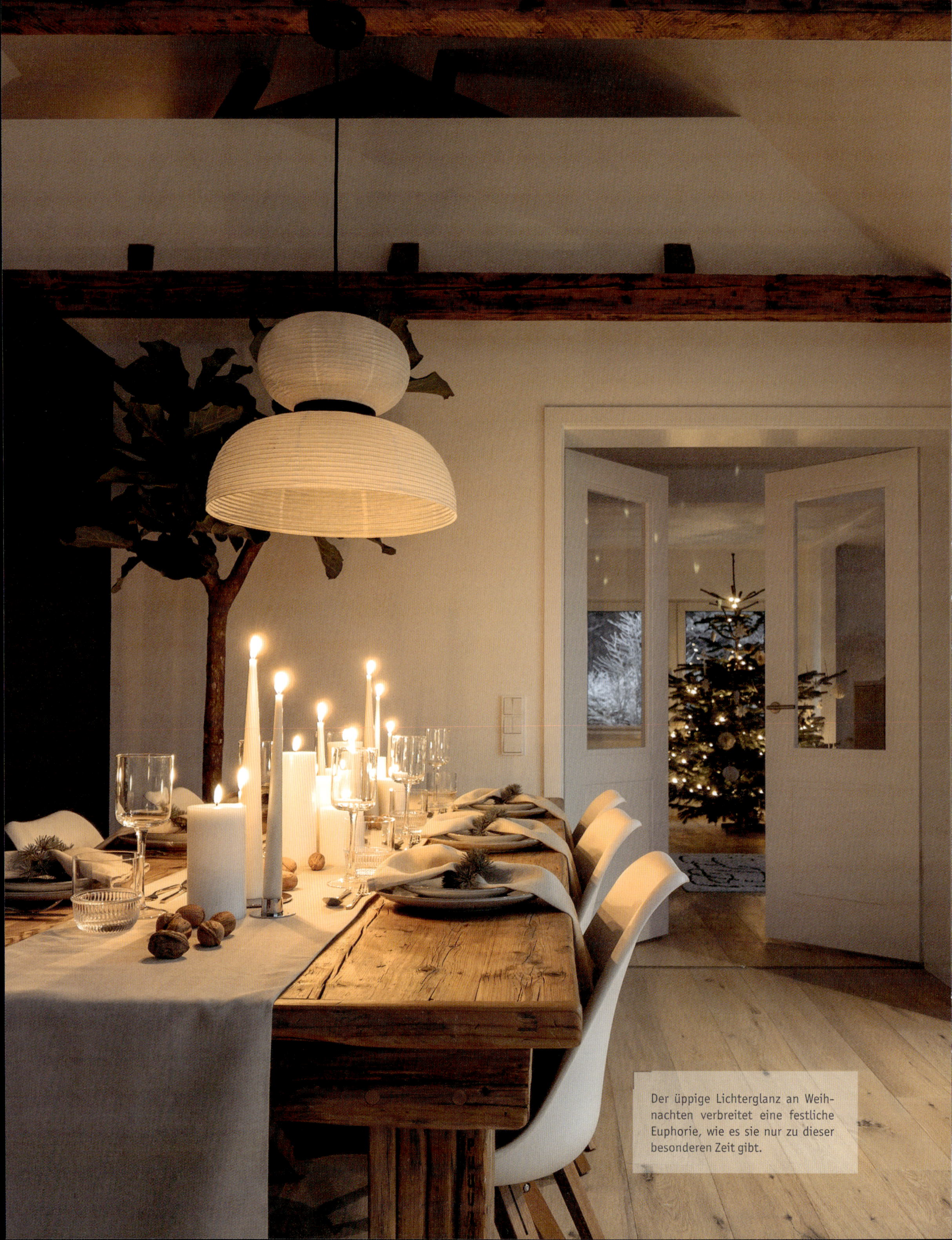

Der üppige Lichterglanz an Weihnachten verbreitet eine festliche Euphorie, wie es sie nur zu dieser besonderen Zeit gibt.

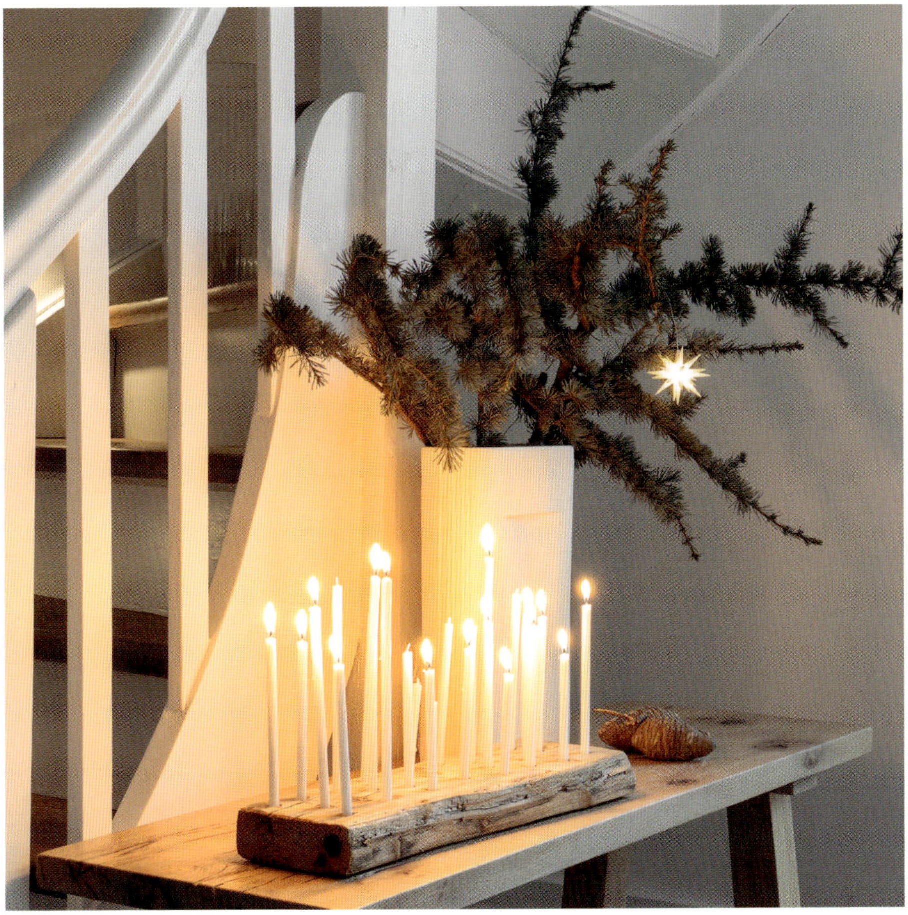

VORFREUDE IST DIE SCHÖNSTE FREUDE

Weihnachten ist für mich schon immer die schönste Zeit des Jahres gewesen und gerade in der besinnlichen Vorweihnachtszeit nehme ich mir gerne besonders viel Zeit zum Dekorieren. In der Regel starte ich einige Wochen vor dem Totensonntag mit einer Bestandsaufnahme der Weihnachtsdeko aus den letzten Jahren und der Überlegung, wie sie in diesem Jahr werden soll.

Da meine Vorliebe für Farben und Materialien feststeht, ändere ich meist nur kleine Details. Das ein oder andere neue Stück darf gerne etwas Abwechslung bringen, im Großen und Ganzen besteht die Weihnachtsdeko aber aus Gegenständen, die uns schon seit mehreren Weihnachtsfesten begleiten. Ideen zu sammeln und mir Gedanken über den Adventskranz und den Weihnachtsbaumschmuck zu machen, gehört zu meiner kleinen Hygge-Zeit.

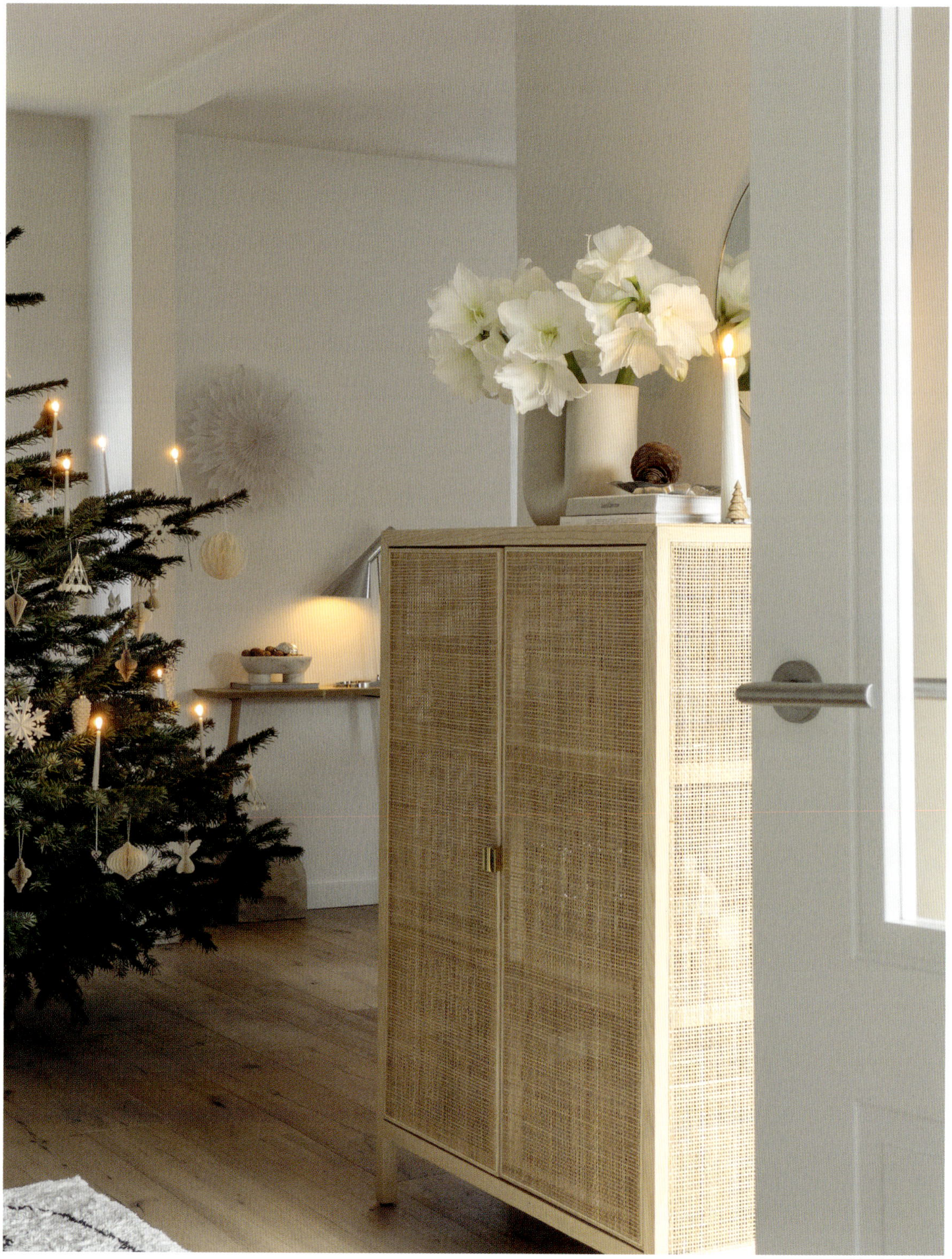

Nicht nur Tannenzweige, sondern auch Amaryllis und Misteln sind eine perfekte Naturdekoration in der Weihnachtszeit.

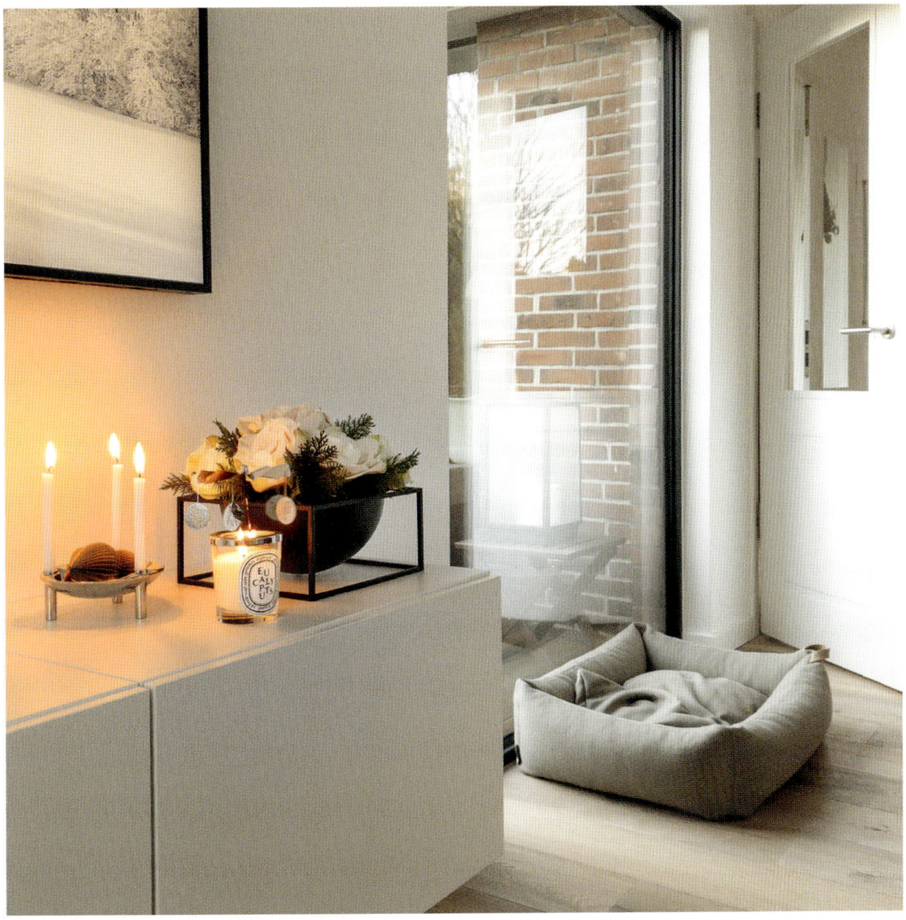

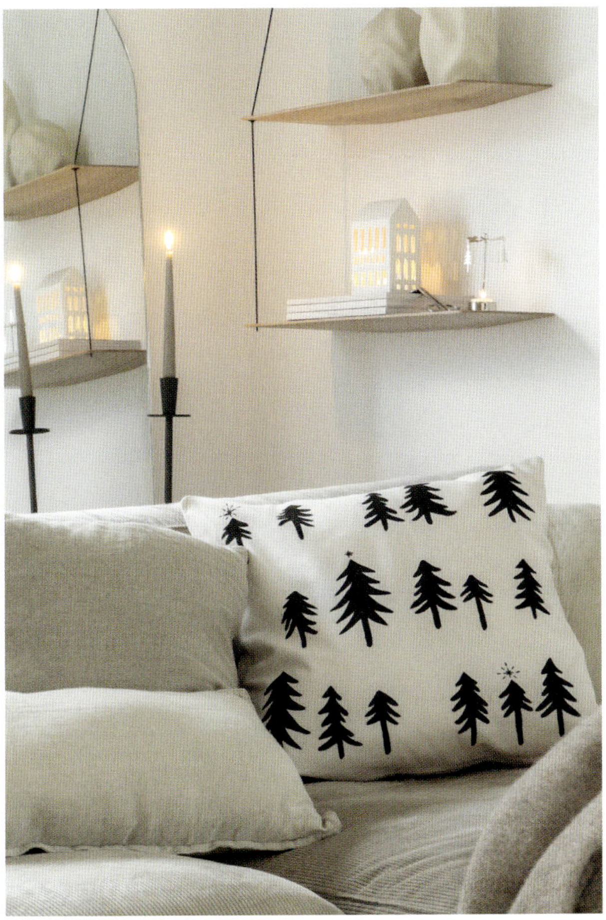

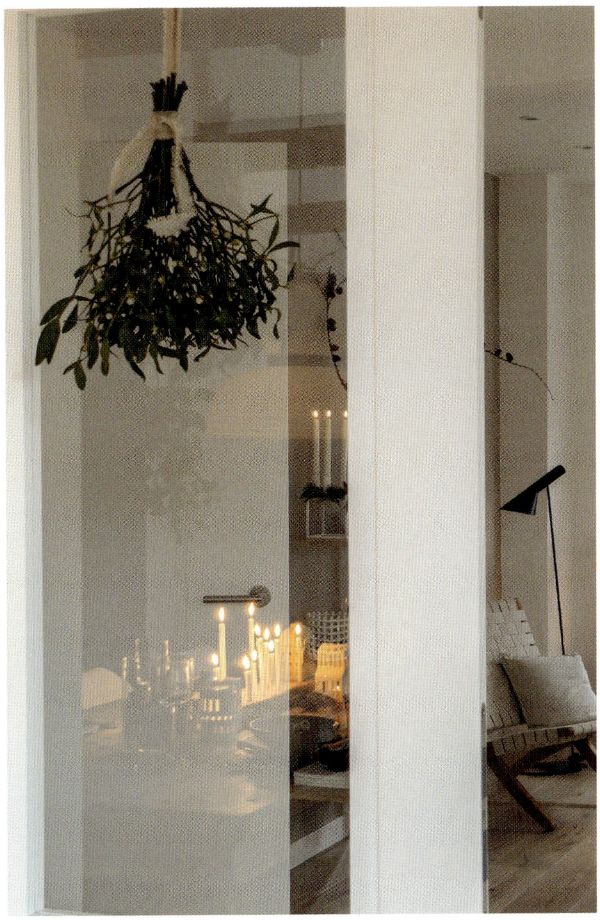

NATURMATERIALIEN UND KERZEN

Mit der Dekoration im Haus sowie draußen beginne ich erst am Sonntag vor dem 1. Advent. An diesem Tag nehme ich mir zuallererst Zeit, den Adventskranz zu binden. Ganz traditionell liebe ich grüne Kränze aus Nadelzweigen. Diese ergänze ich gerne mit weiteren Naturmaterialien wie Zapfen, Eukalyptus und Olive, Flechtenzweigen, Moos und Brunia. Abschließend wähle ich die passenden Kerzen aus.

Hier mag ich es, jedes Jahr zwischen verschiedenen Formen, Höhen und Farbnuancen zu variieren. Stab- und Stumpenkerzen, gerade oder konisch geformt, lang oder kurz, mit echter Flamme oder als sichere LED-Variante – der Kreativität sind bei der Kerzenauswahl keine Grenzen gesetzt.

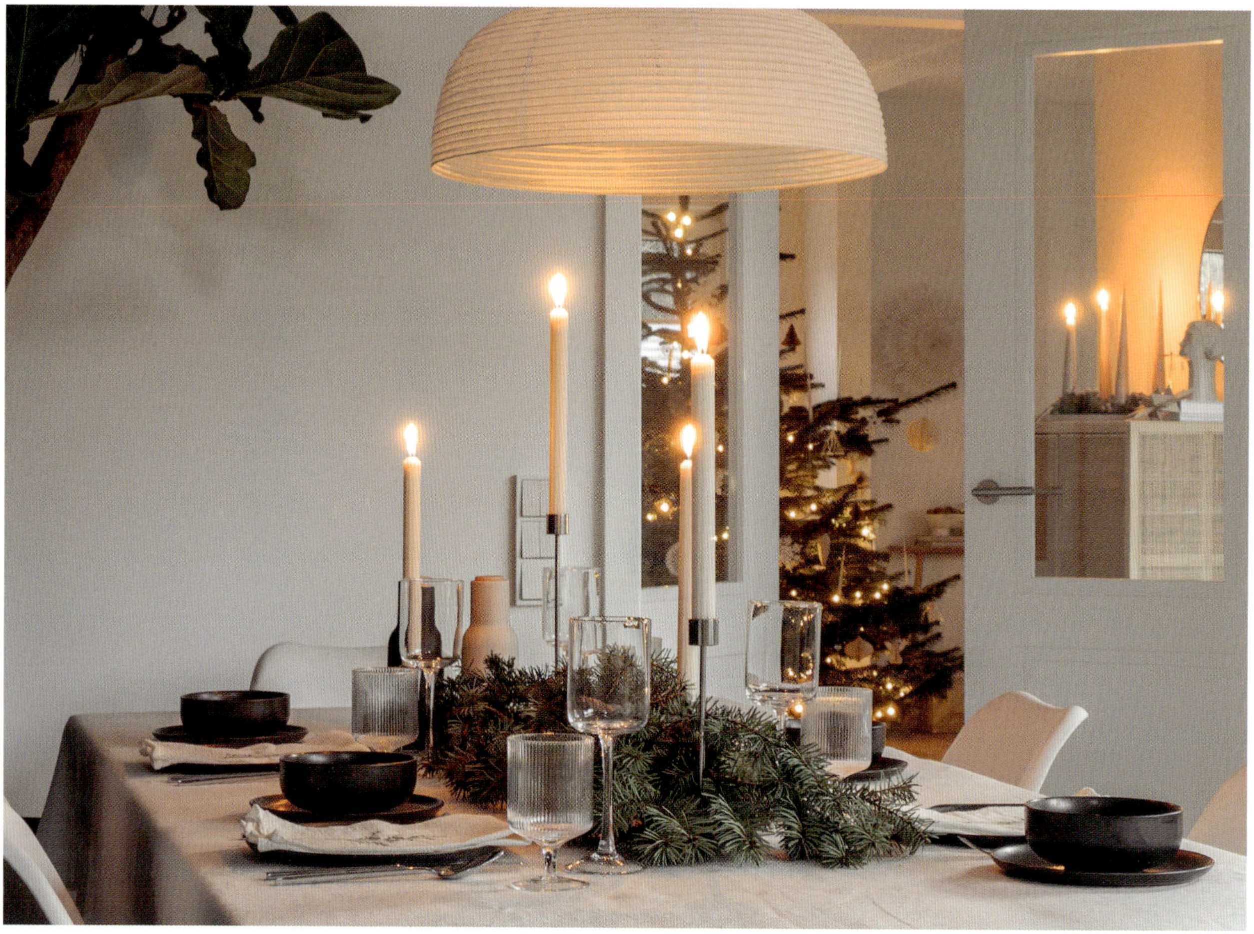

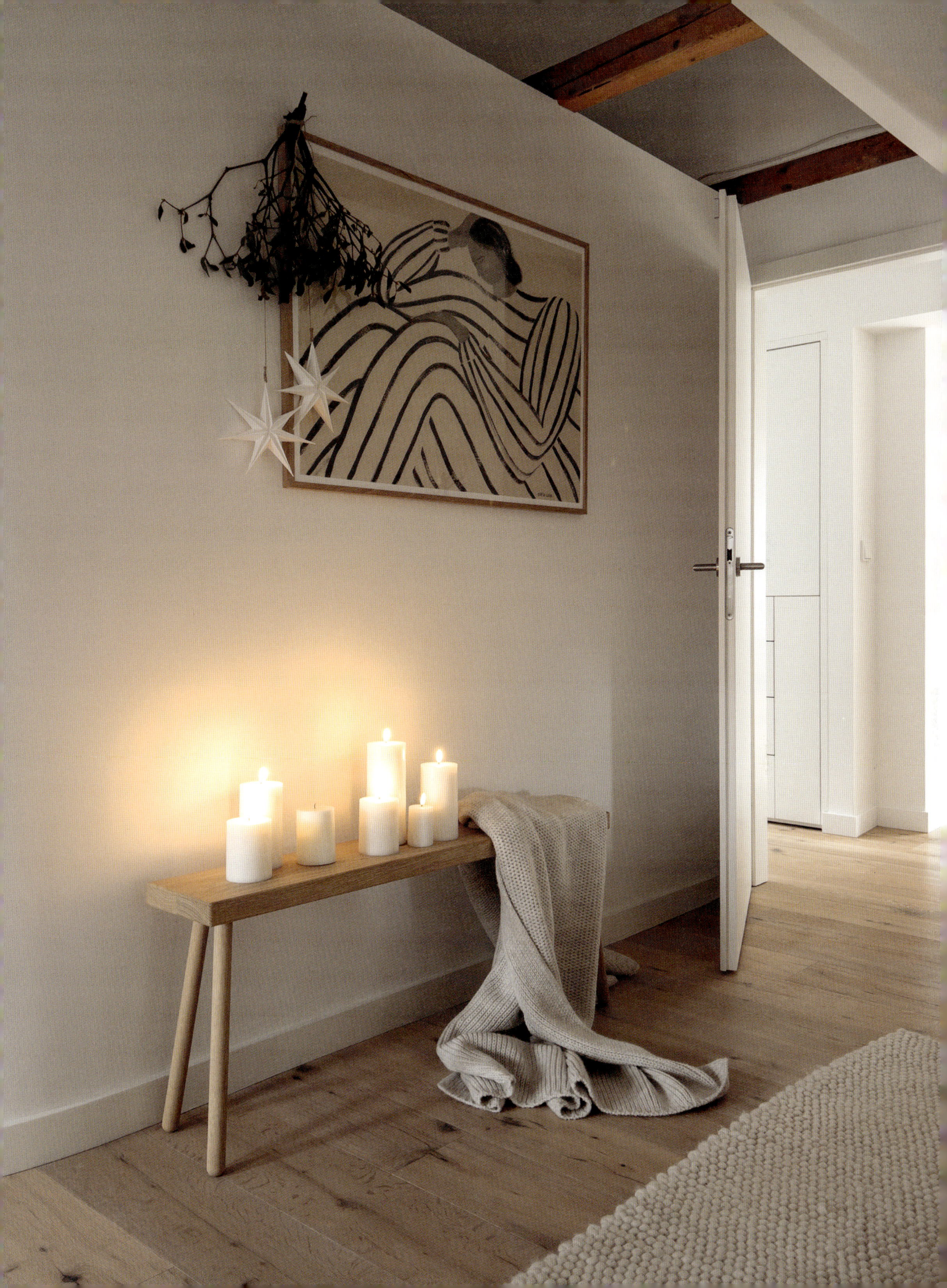

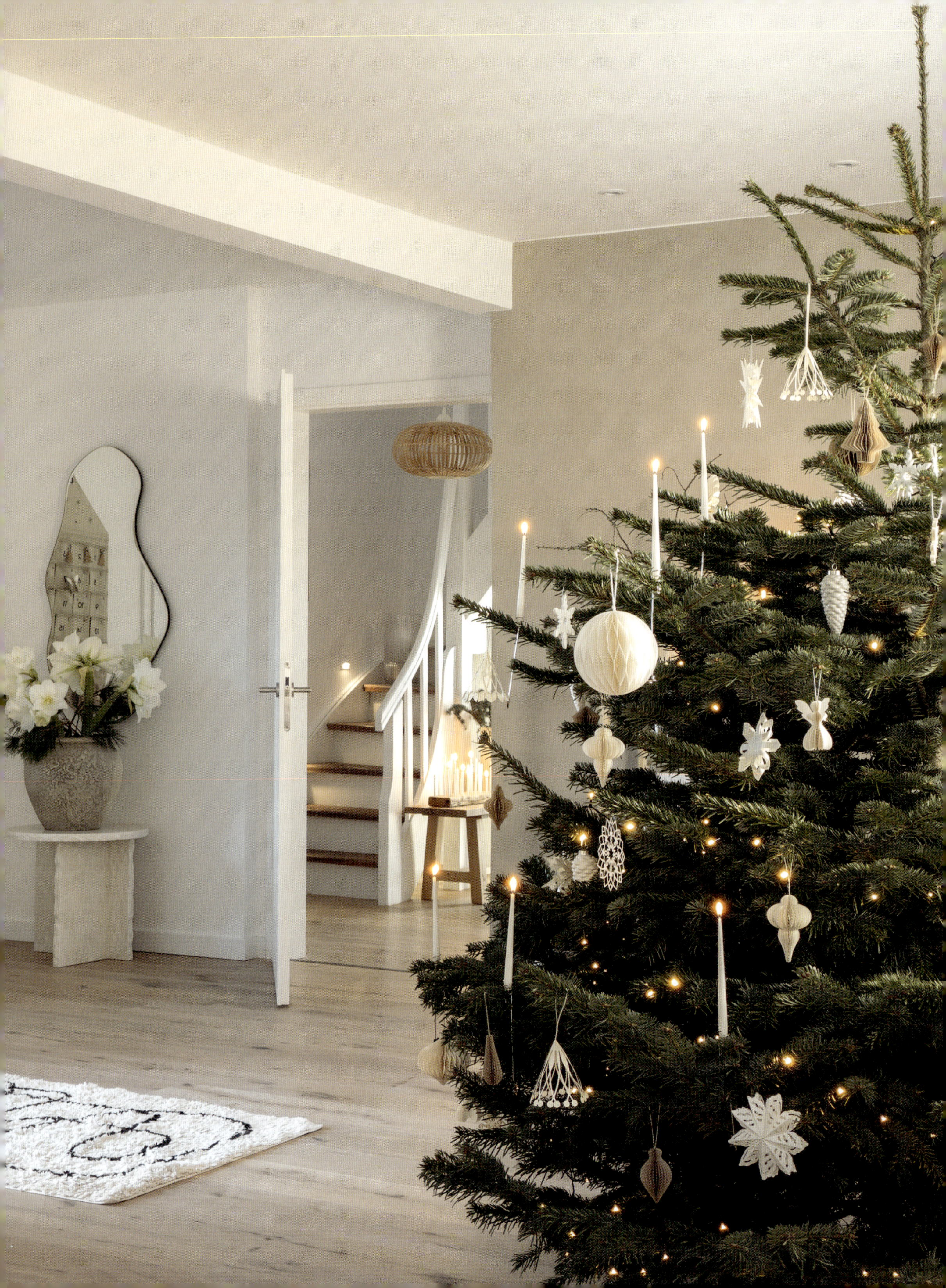

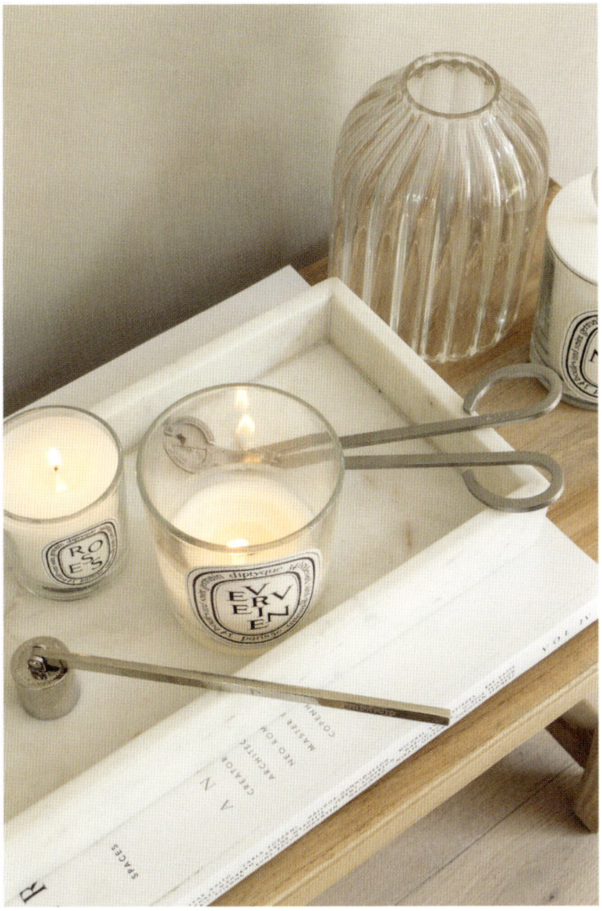

HOW TO
DUFTKERZEN PFLEGEN

- Stets, nicht nur beim ersten Anbrennen, sollten Kerzen brennen, bis die komplette Oberfläche flüssig ist. So verhindert man, dass die Kerzen einen Tunnel bilden.
- Ist doch ein Wachstunnel entstanden, kann etwas Alufolie mit einem Loch in der Mitte Abhilfe schaffen. Diese über das Glas stülpen und die Kerze brennen lassen, bis der Wachsrand geschmolzen ist.
- Um Rußbildung zu vermeiden, den Docht auf etwa 5 mm zurückschneiden. Das regelmäßige Kürzen gelingt am besten mit einem Dochttrimmer.
- Kerzen sollten nie ausgepustet, sondern immer gelöscht werden, am besten mit einem Kerzenlöscher, der die Flamme ohne Rauchbildung erstickt.

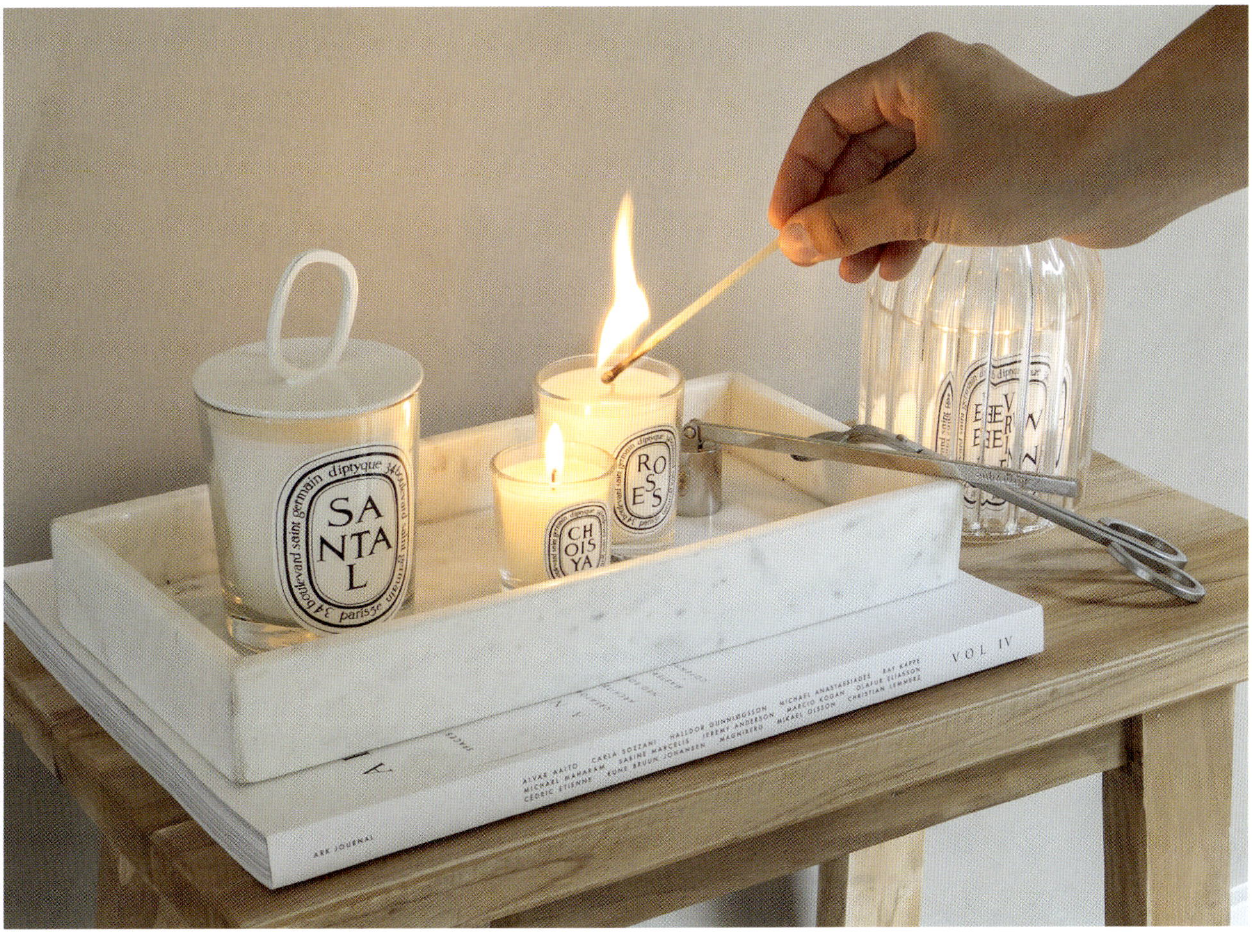

ADVENT, ADVENT ...

Da der Adventskranz meist im Wohnzimmer seinen Platz hat, ich aber immer auch in den anderen Räumen die schöne Tradition des Wartens aufs Weihnachtsfest zelebrieren möchte, gibt es bei uns meist noch einen zweiten, kleineren Adventskranz. Lucia-Kerzen oder die typische skandinavische Kalenderkerze können dafür ebenso genutzt werden wie ein schlichter Kerzenhalter für vier Kerzen.

Mit einigen Zweigen von Kiefer, Zeder, Zypresse oder Tanne geschmückt wird aus einem normalen Kerzenhalter im Handumdrehen ein schönes Deko-Piece für die Adventszeit. Die gräulichen Grüntöne passen besonders schön zum nordischen Winterthema und können zudem mit Papierornamenten oder kleinen Tannenbäumen aus Holz geziert werden.

Kerzenhalter für vier Kerzen lassen sich mit einem Lärchenzweig im Handumdrehen in einen Adventskranz verwandeln.

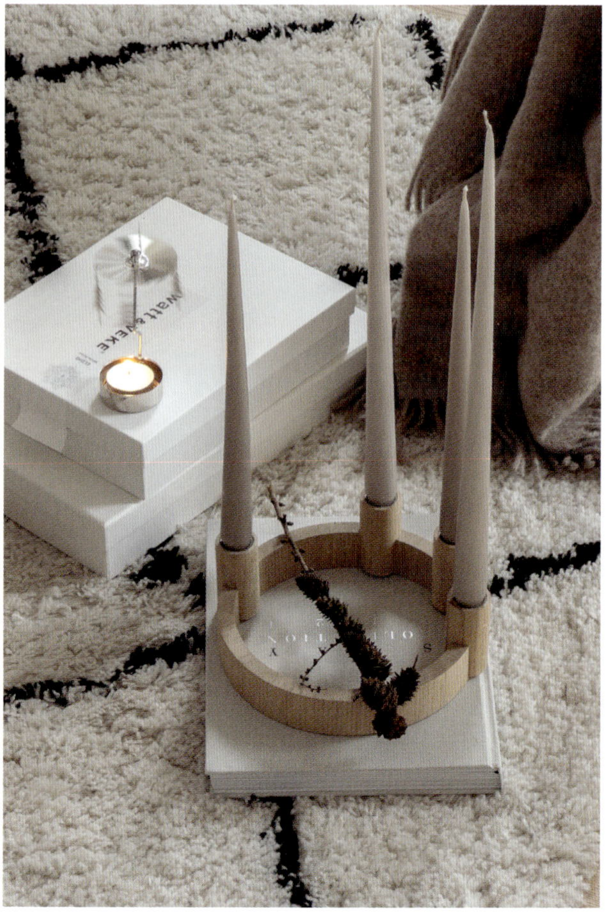

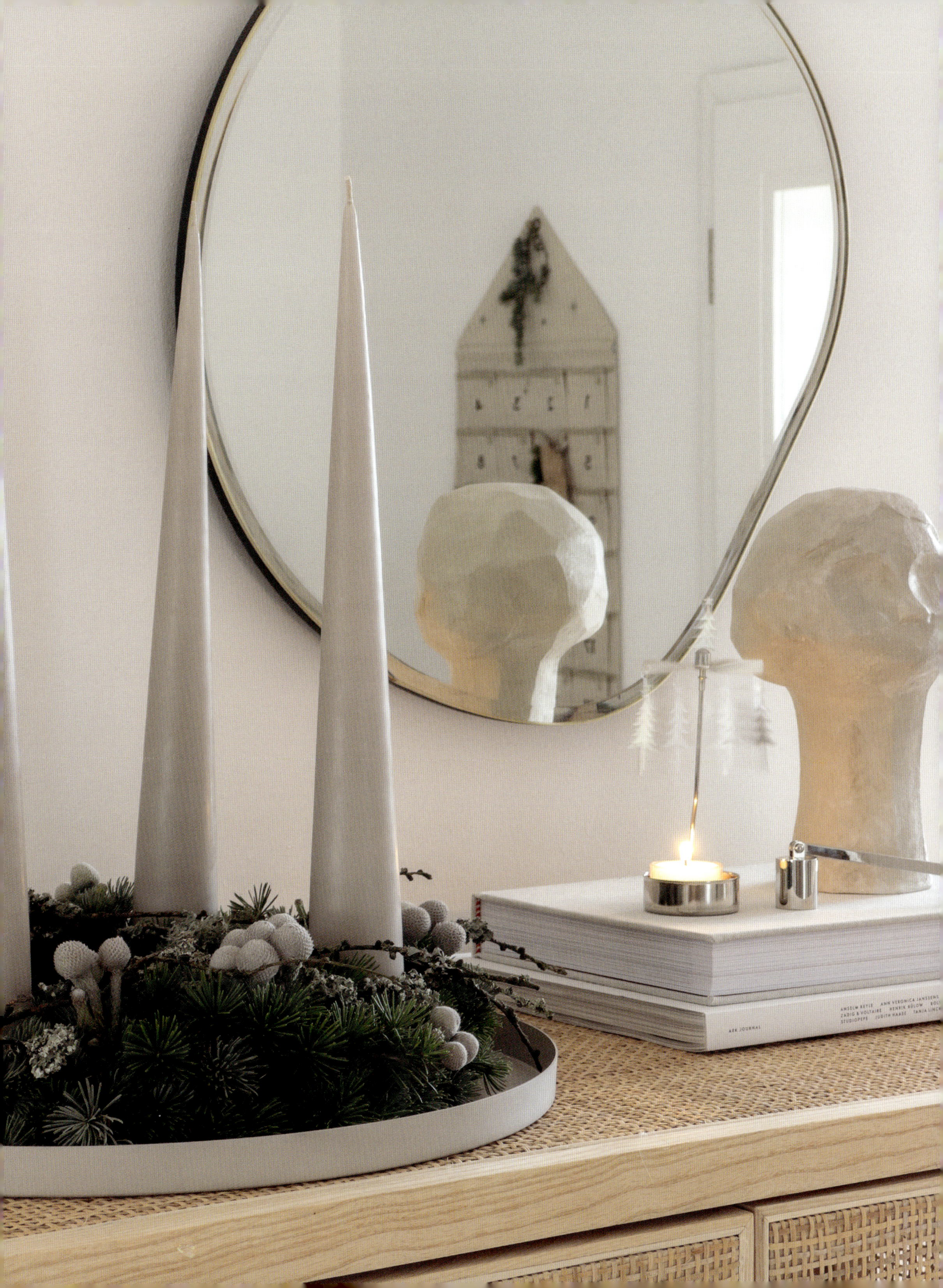
ANSELM REYLE ANN VERONICA JANSSENS
ZADIG & VOLTAIRE HENRIK BÜLOW
STUDIOPEPE JUDITH HAASE
ARK JOURNAL

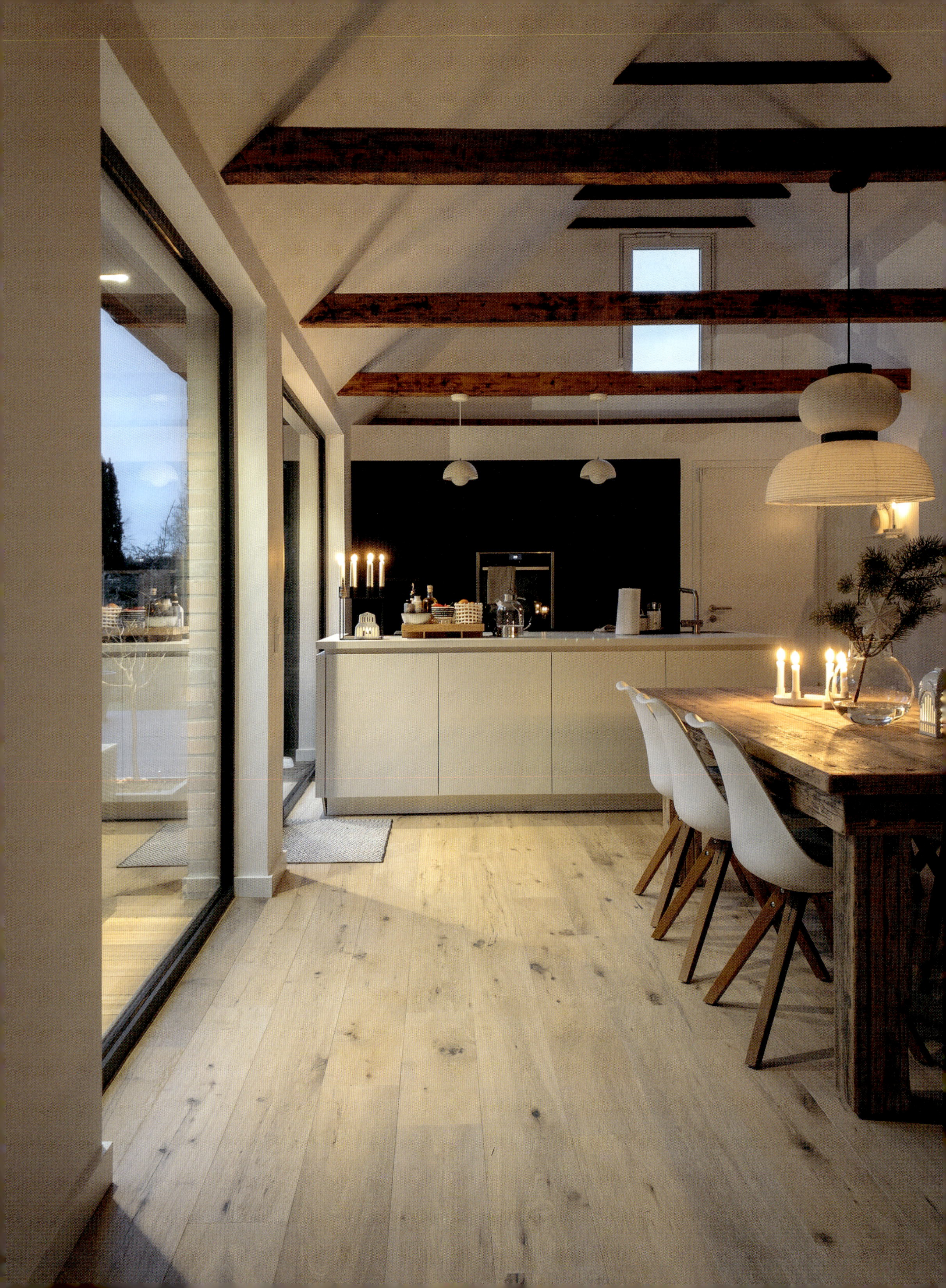

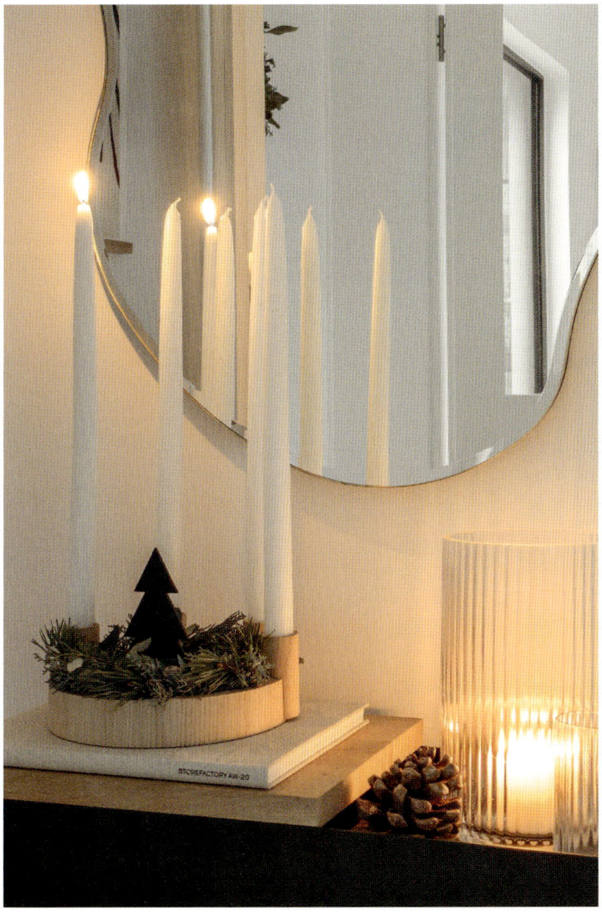

Egal ob vier oder 24 – mit Adventskränzen und Kerzenbrettern lässt sich die Vorfreude auf den Heiligabend besonders schön zelebrieren.

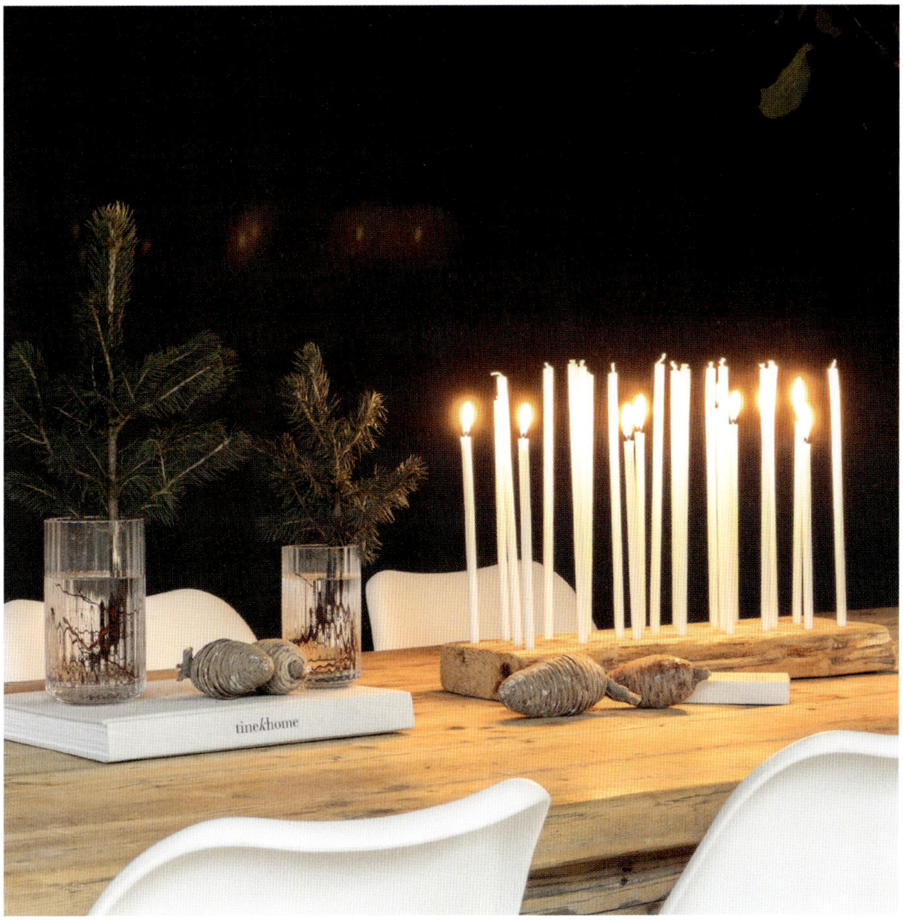

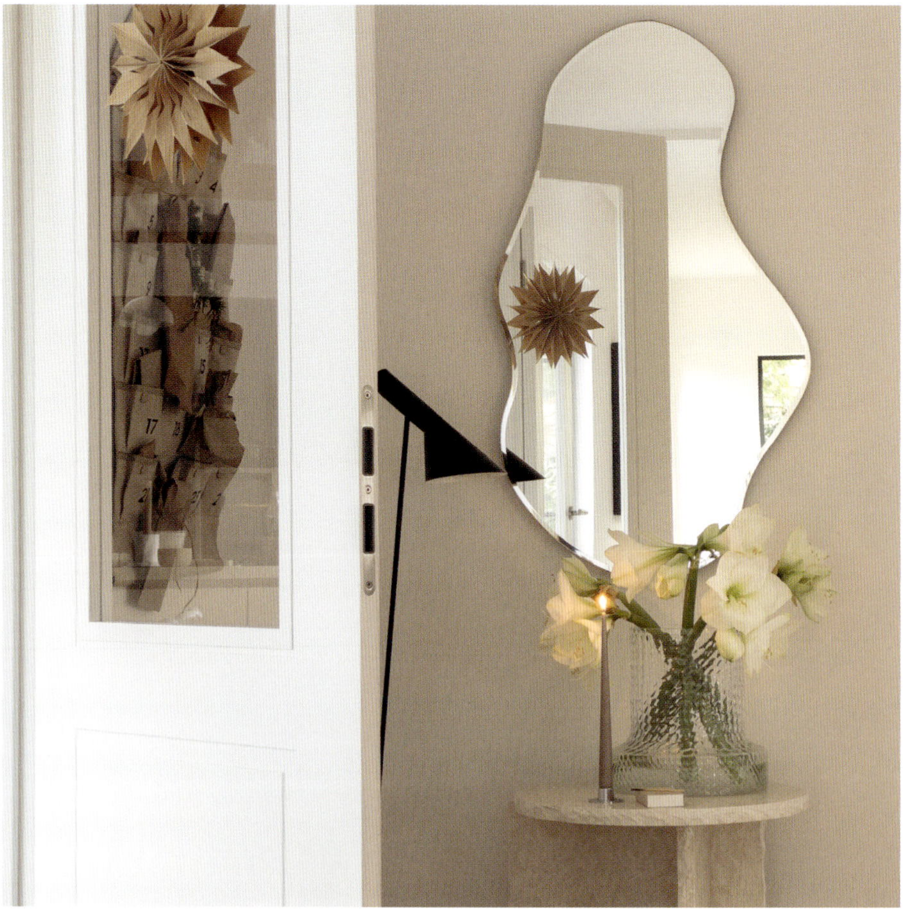

Kerzen, Lichterketten und Leuchtsterne, soweit das Auge reicht: An Weihnachten darf es gerne etwas mehr sein.

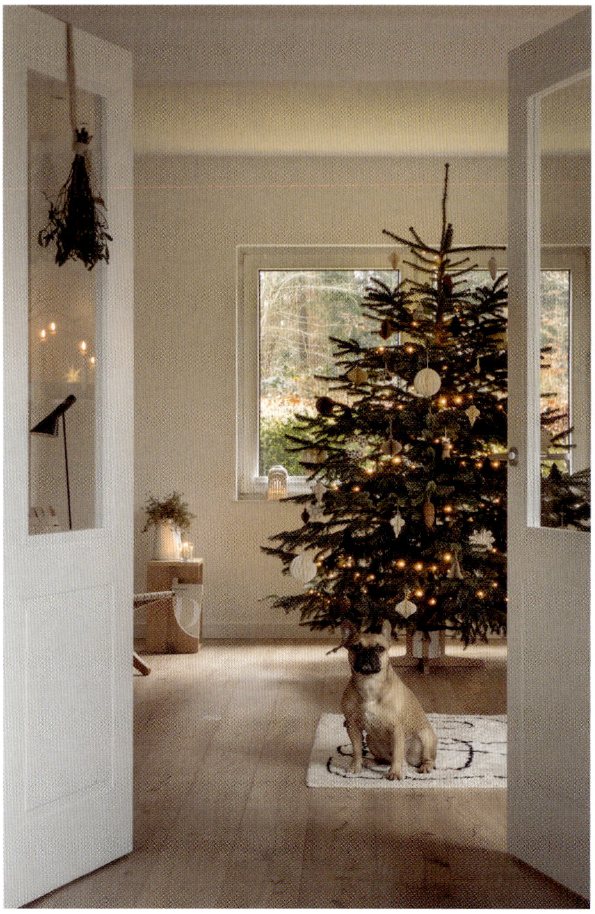

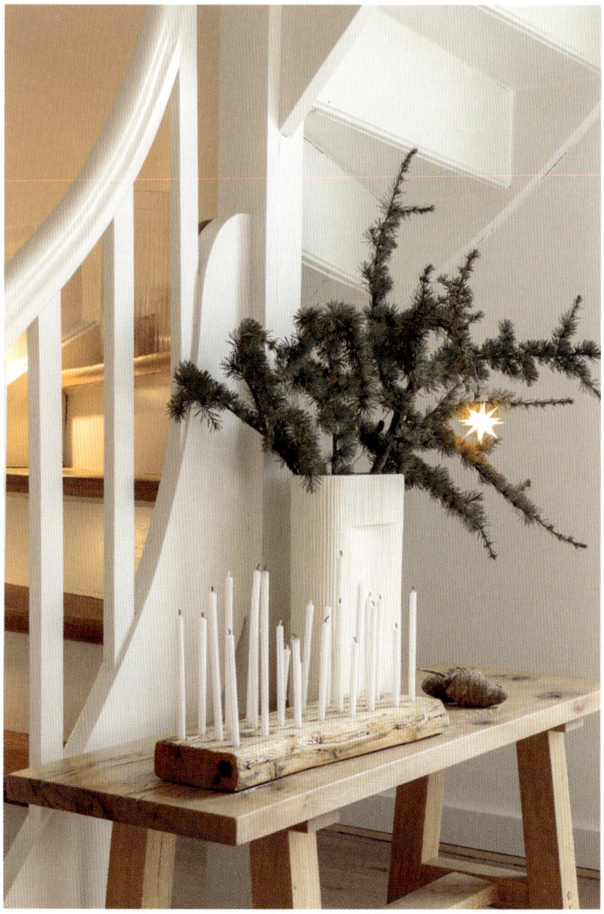

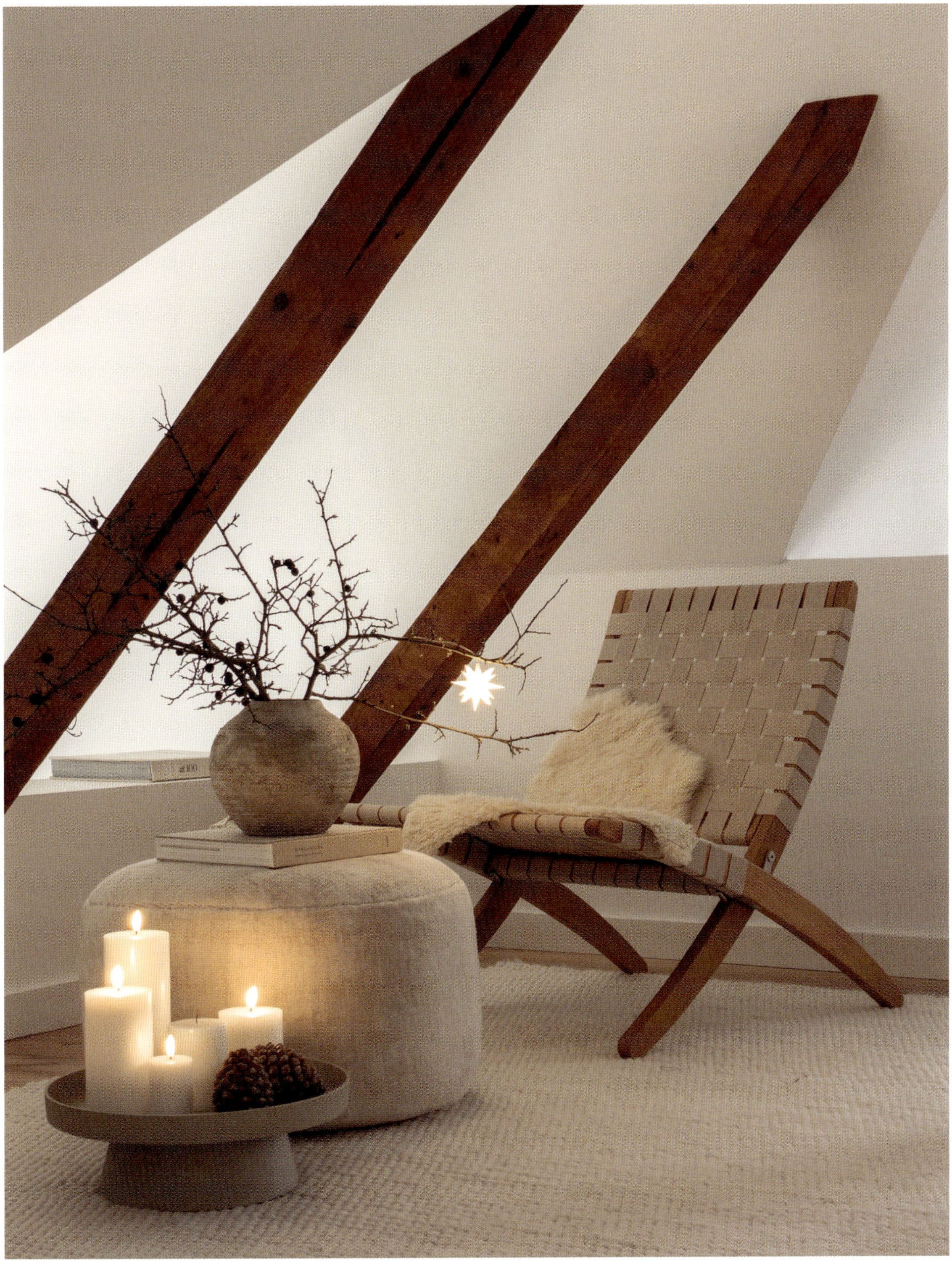

LED-Stumpenkerzen auf einem Tablett sind eine hübsche und gefahrlose Deko für den Fußboden. Die Zapfen sorgen für einen Hauch von Winterfeeling.

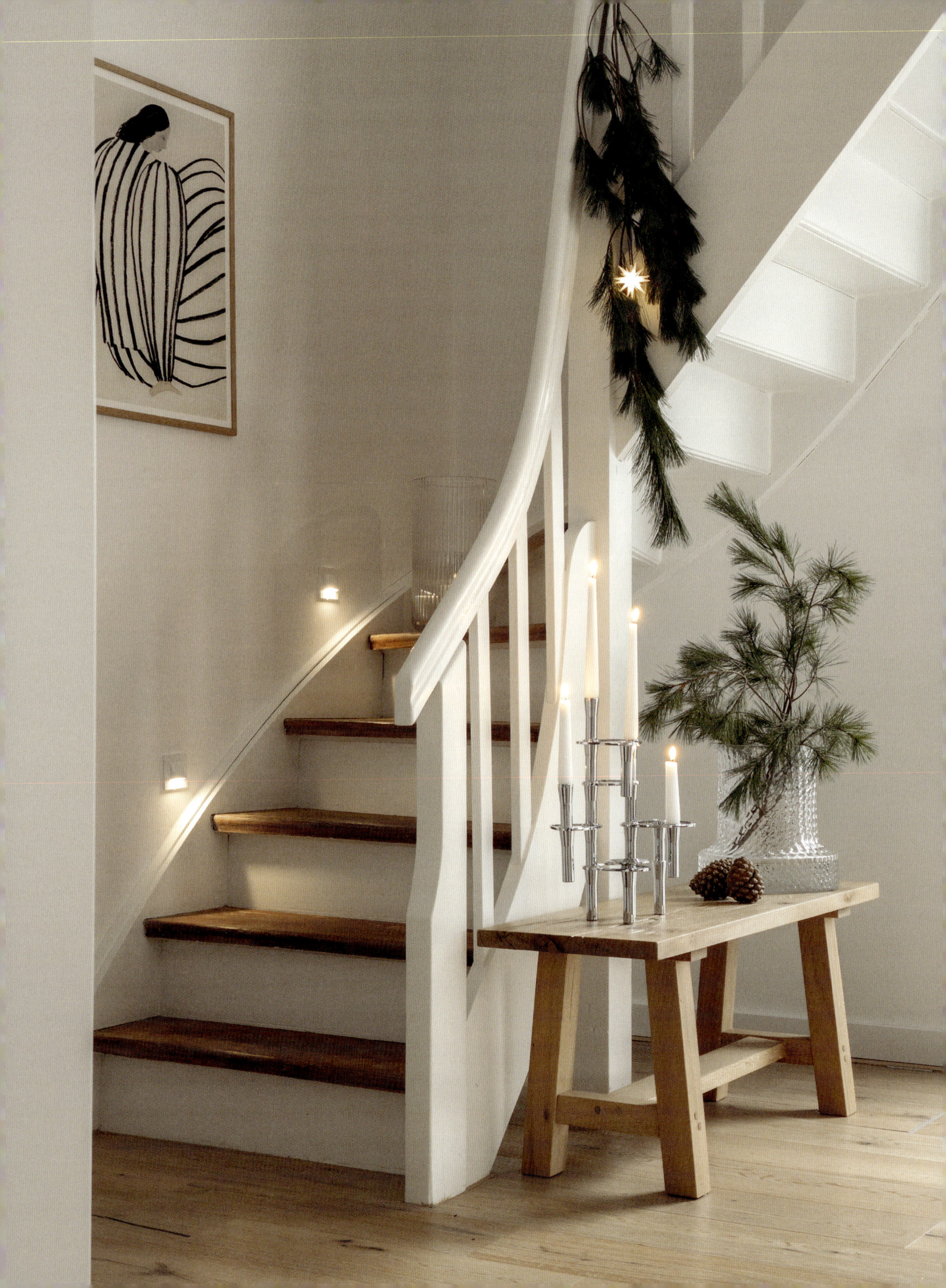

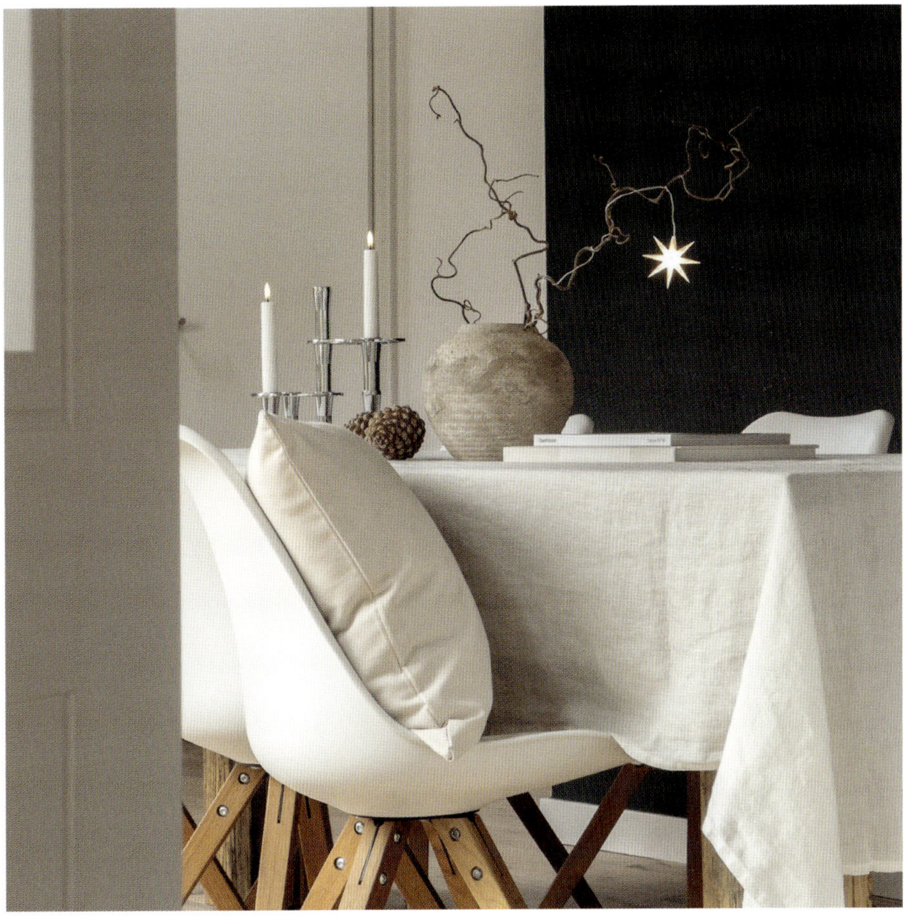

Herrnhuter Sterne gehören für viele Menschen fest zur Weihnachtstradition, so auch für uns. Ich liebe sie vor allem an Zweigen von Haselnuss und Seidenkiefer.

AKZENTE AUS LICHT UND STERNEN

Für eine hyggelige und besinnliche Weihnachtszeit im Inneren des Hauses wie auch im Garten setze ich neben den Adventskränzen noch auf weitere kleine und große Lichtquellen. Für eine authentisch-nordische Weihnachtsdeko ist ein leuchtender Papierstern ein Muss! Meist finden sich bei uns gleich mehrere Exemplare, die die großen Fenster im Wohnzimmer sowie im Wintergarten zieren.

Ein großer Stern, im Fenster oder an einer Tür aufgehängt, entfaltet seine Wirkung als einzelnes Statement-Piece im Raum am besten. Im Garten erhalten wetterfeste Alternativen aus Kunststoff Einzug in die Bäume und Beete sowie auf die Beistelltische. Als weitere Lichtquelle strahlen kleine Lichterhäuser in unterschiedlichen Bereichen des Hauses um die Wette und sehen auf Fensterbänken, schmalen Regalen oder kleinen Bänken ganz besonders hübsch aus.

Auch im Garten darf dezente Weihnachtsdeko einziehen. Statt Lichterketten wähle ich leuchtende Sterne und Windlichter mit Kerzen.

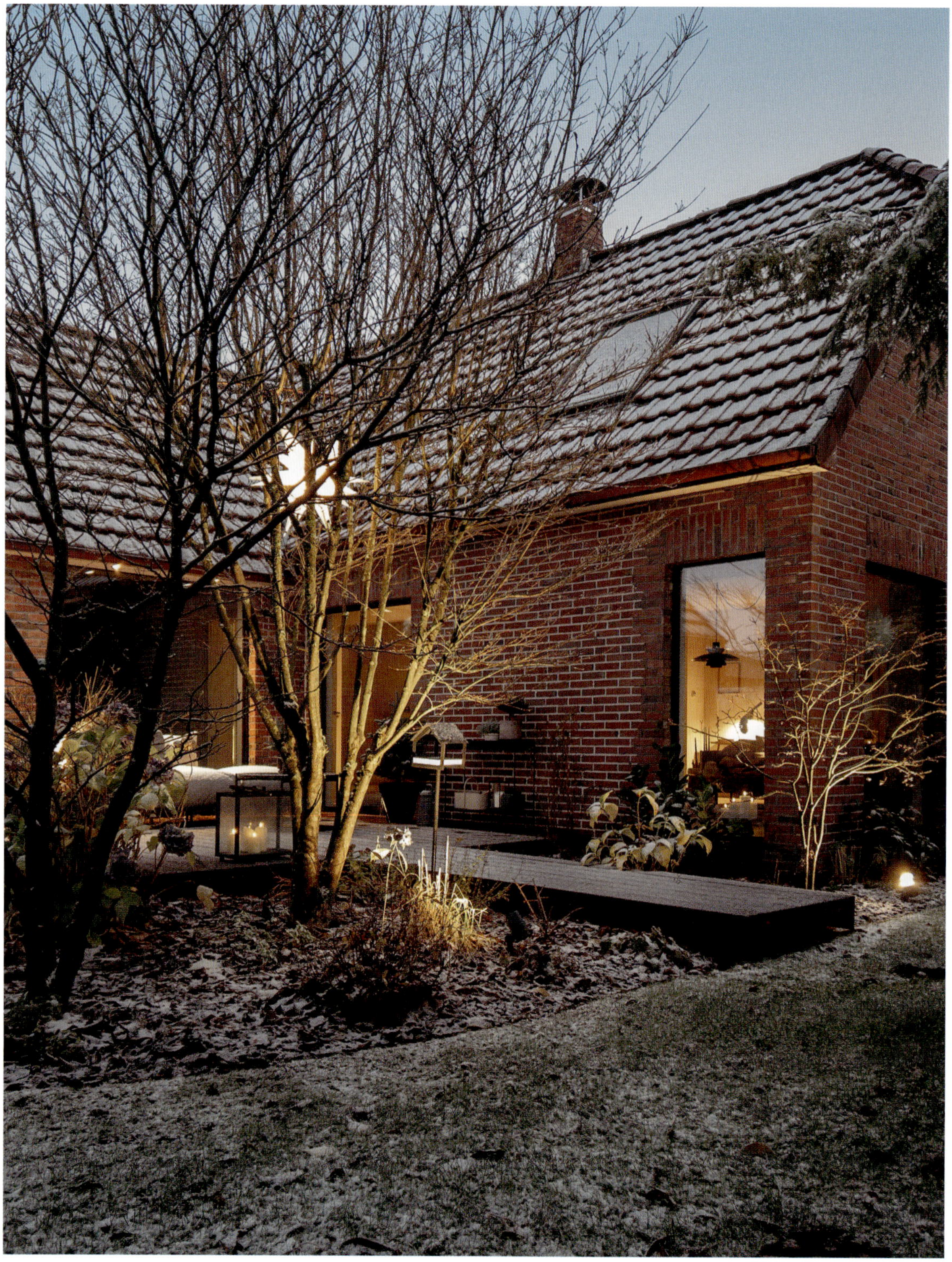

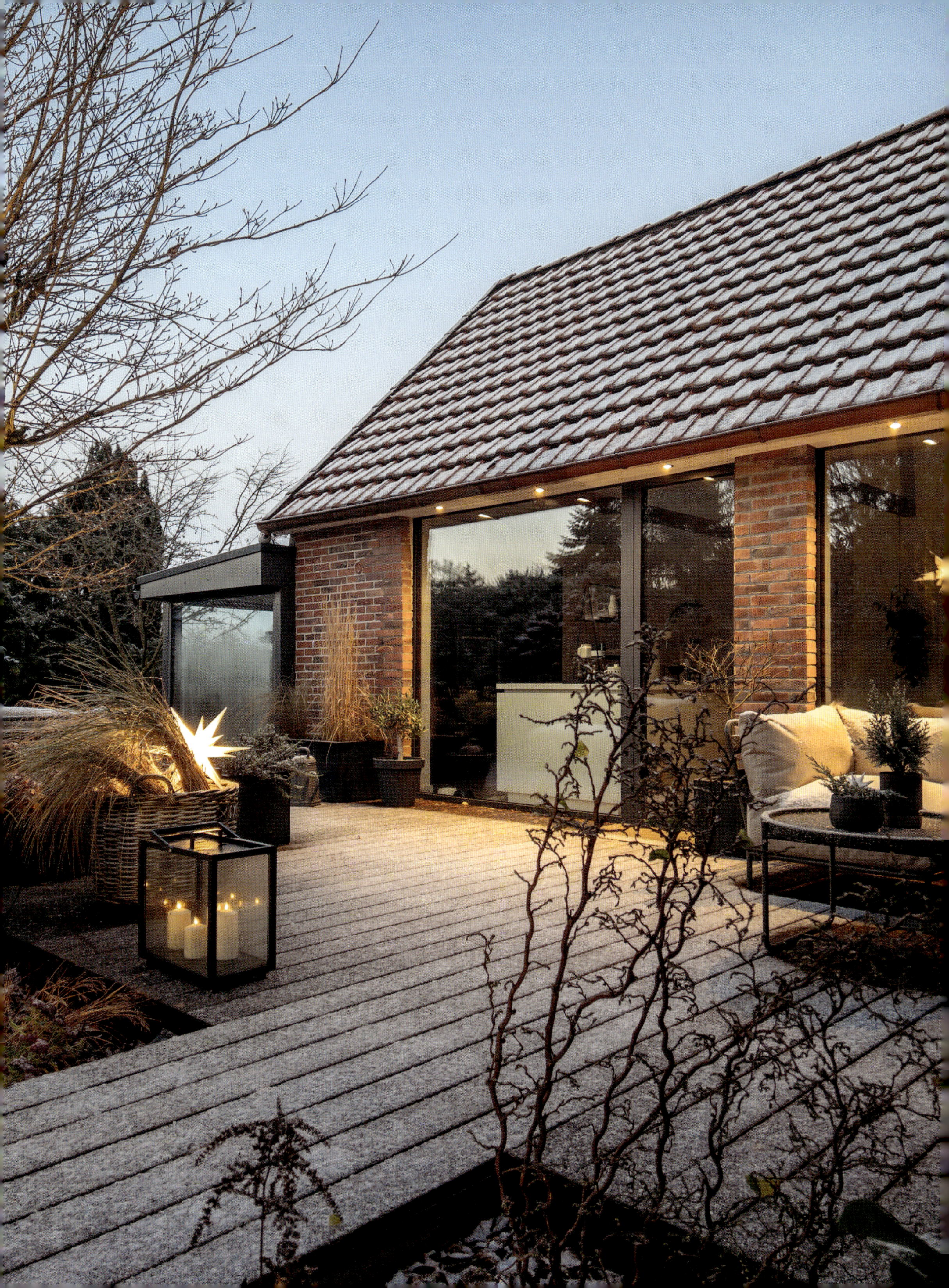

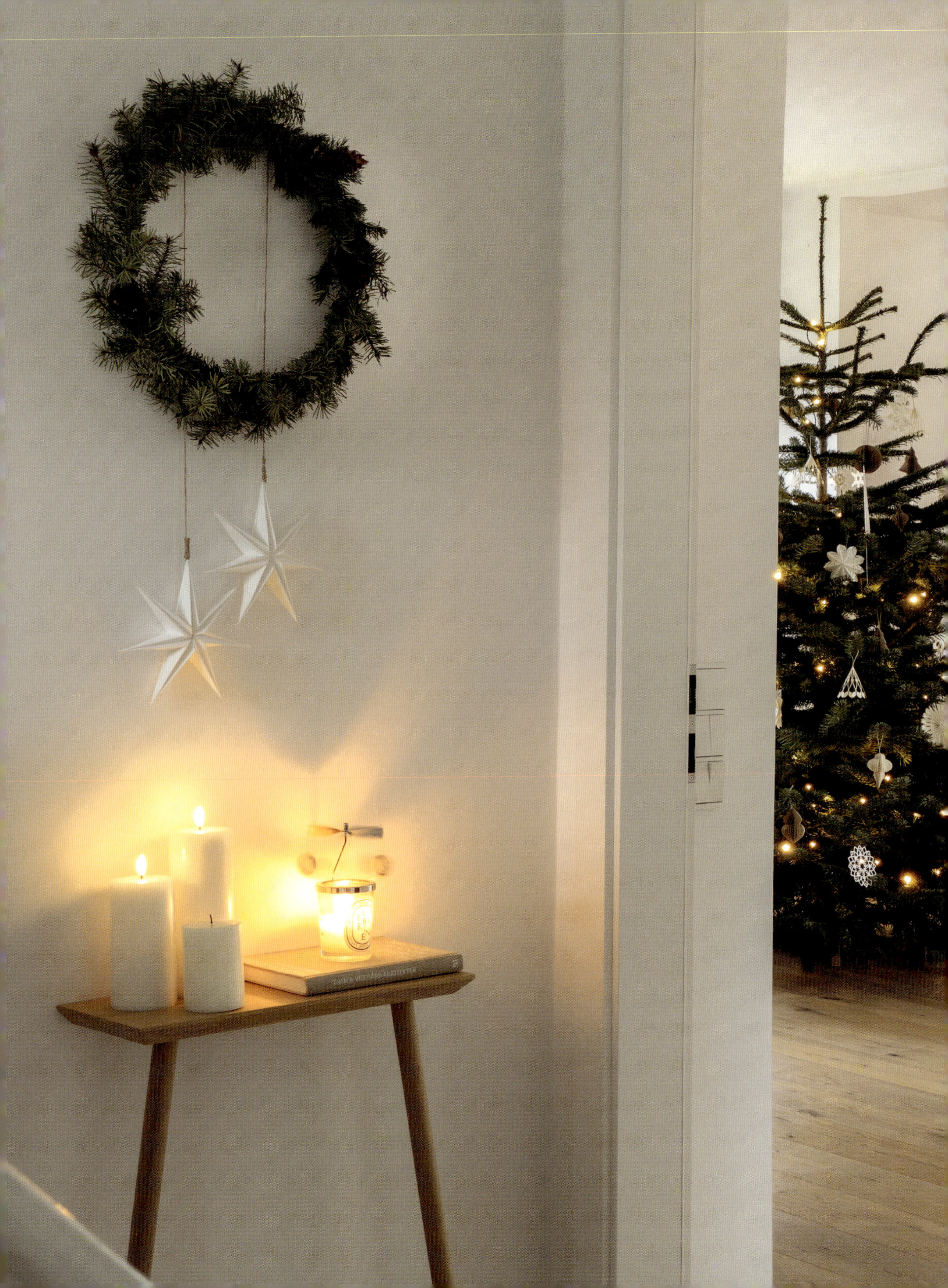

DEKO, WANDLE DICH

Ich variiere in der Weihnachtszeit die Dekoration noch häufiger als im Rest des Jahres und liebe es, alles im Haus immer wieder neu zu arrangieren. Da ich unser Zuhause in allen Räumen mit ähnlichen Farbnuancen eingerichtet habe und auch meine Weihnachtsdekoration diesem Schema entspricht, passt sämtliche Deko optisch in jeden Raum. So sind Papiersterne, Kerzenkarussells, Lichterhäuser und Holztannenbäume mal hier, mal dort zu finden.

Ornamente, die in der zweiten Hälfte der Adventszeit für den Weihnachtsbaum bestimmt sind, dürfen beispielsweise zunächst an Zweigen, in Schalen oder auf Tabletts ihren Platz finden. Dieses Prinzip der „Wanderdeko" hat nicht nur den Vorteil, dass man insgesamt weniger Stücke benötigt, sondern auch, dass weniger Dinge eingelagert werden müssen.

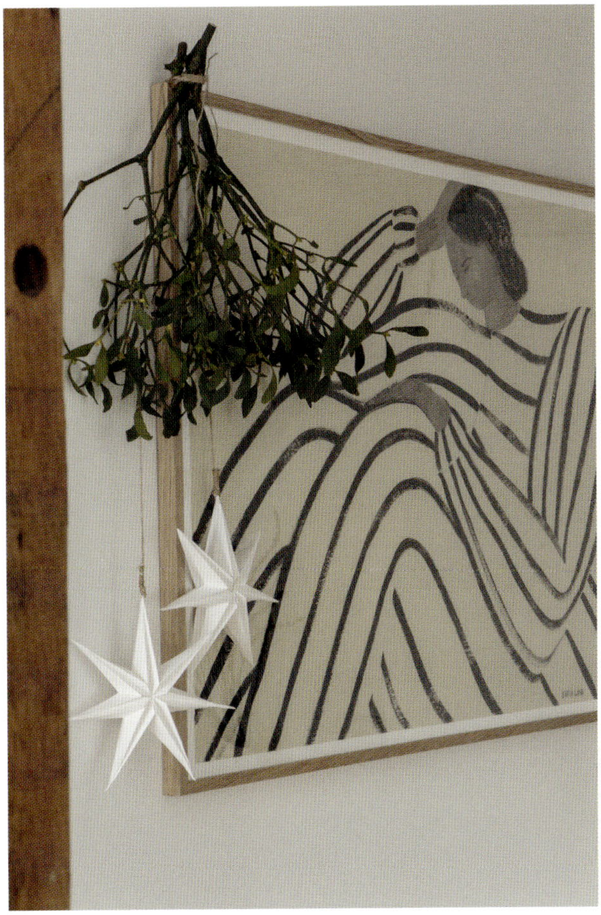

Sterne und Ornamente aus Papier wandern durchs Haus und finden sich mal an Mistelzweigen, mal an Tannenkränzen wieder.

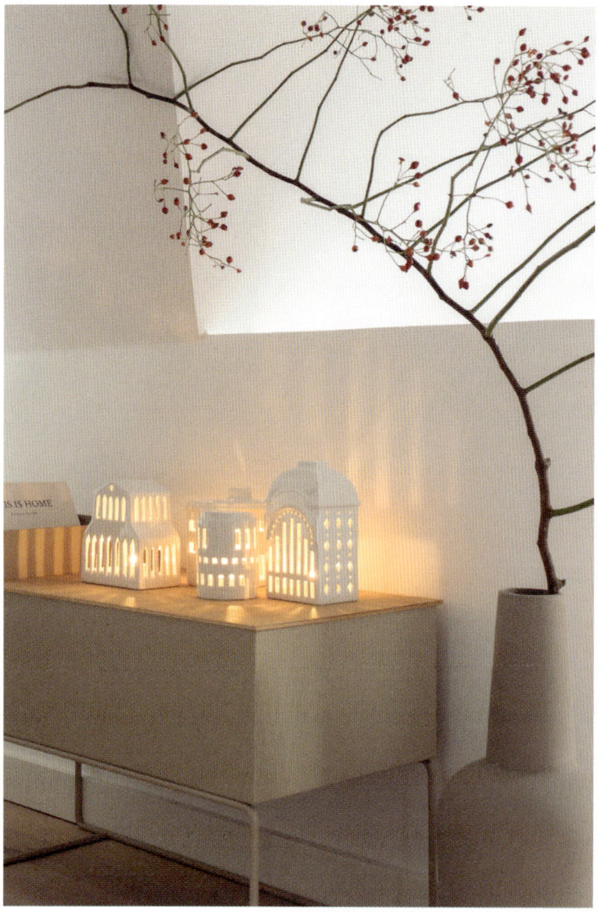

Lichterhäuser dürfen bei der skandinavischen Weihnachtsdeko nicht fehlen und erhellen auch nach dem Fest noch die dunklen Wintertage.

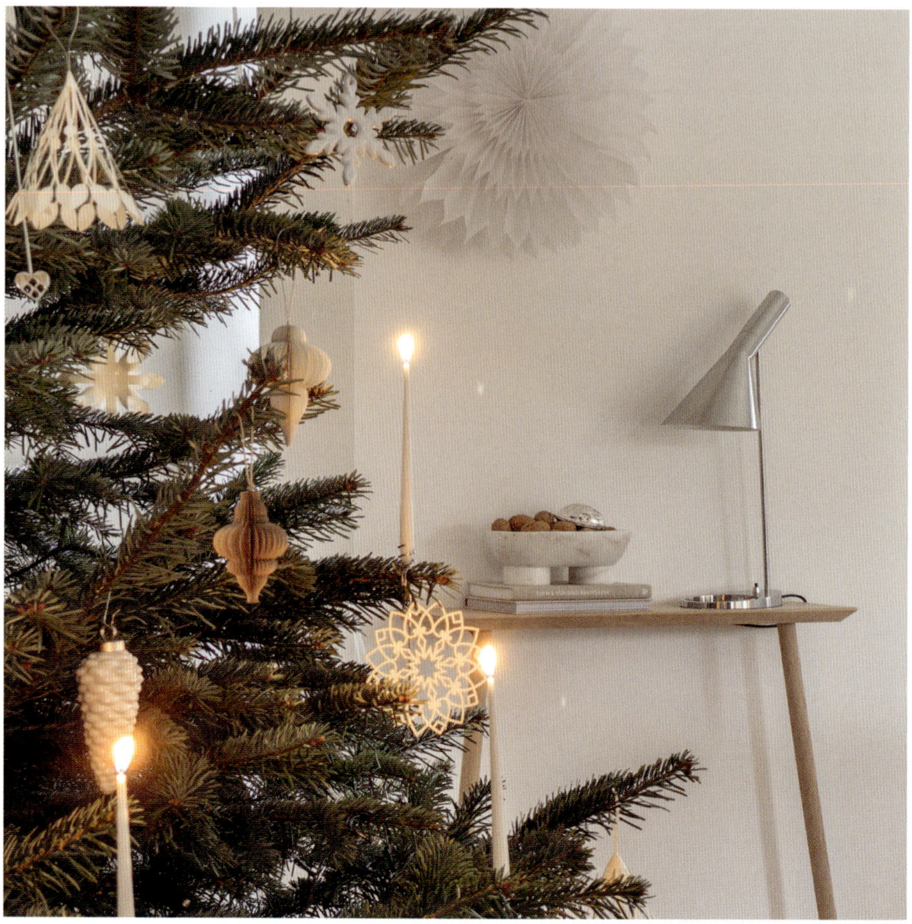

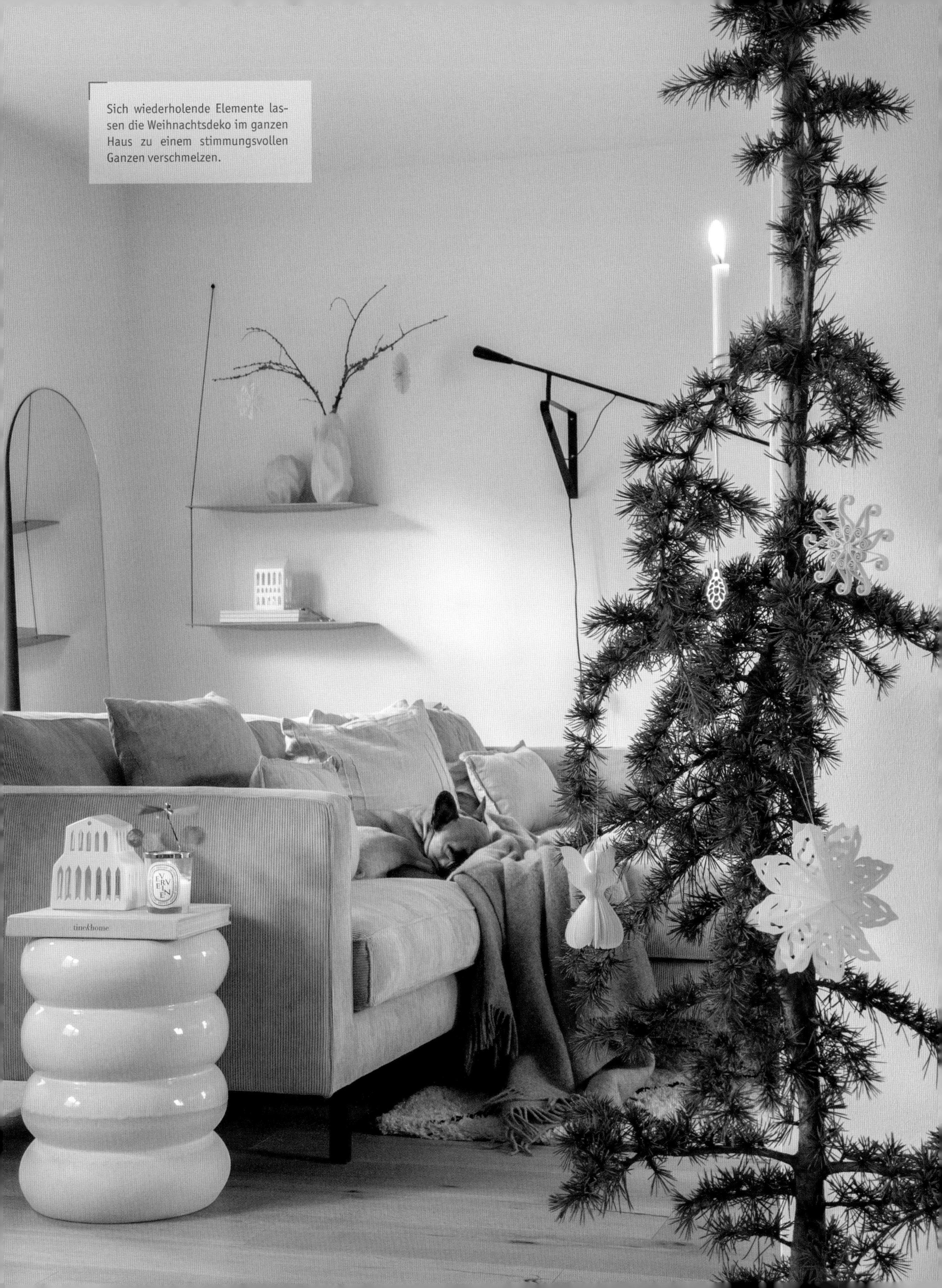

Sich wiederholende Elemente lassen die Weihnachtsdeko im ganzen Haus zu einem stimmungsvollen Ganzen verschmelzen.

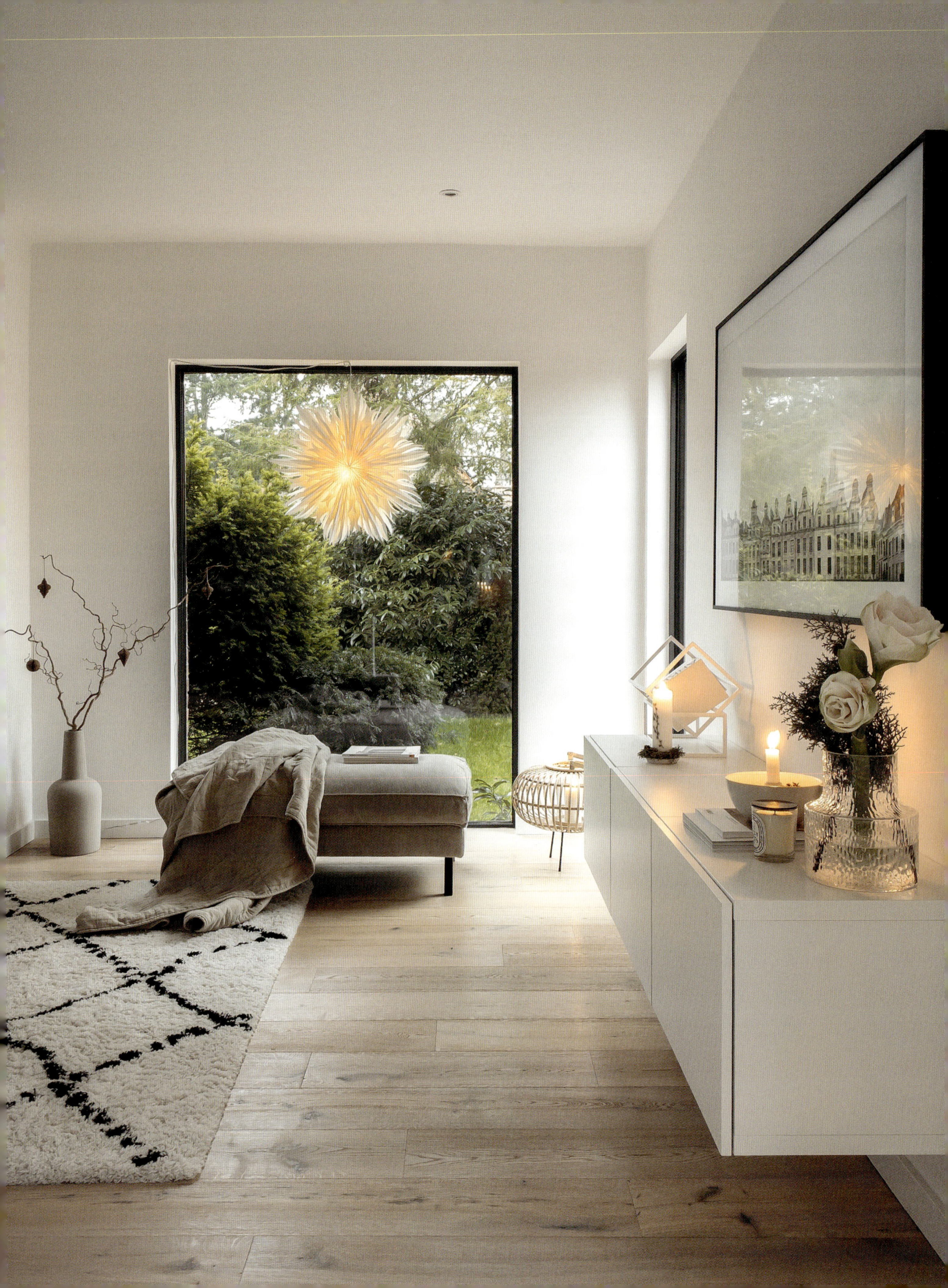

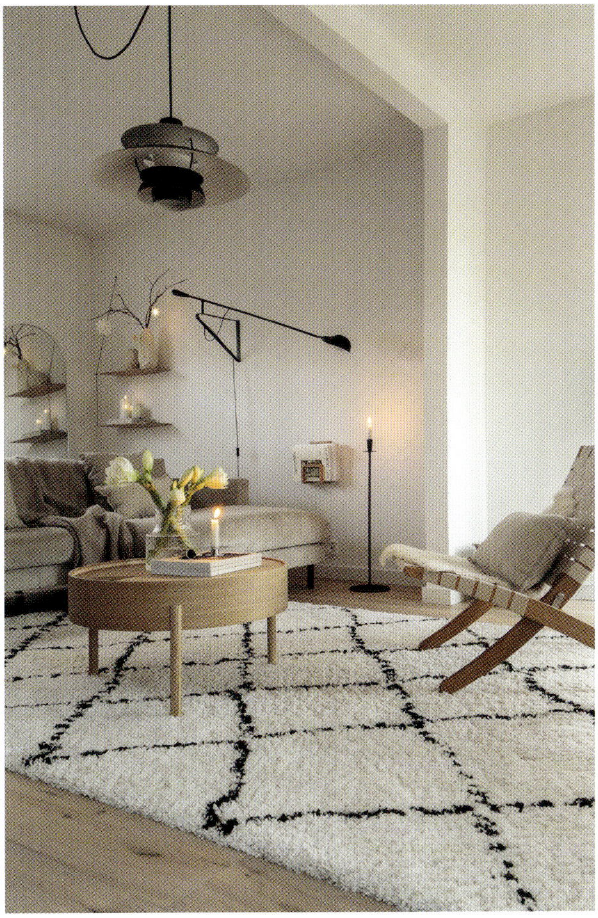

Blühende Amaryllis bringen im Dezember Frische in die Dekoration und wecken schon die Vorfreude auf den Frühling.

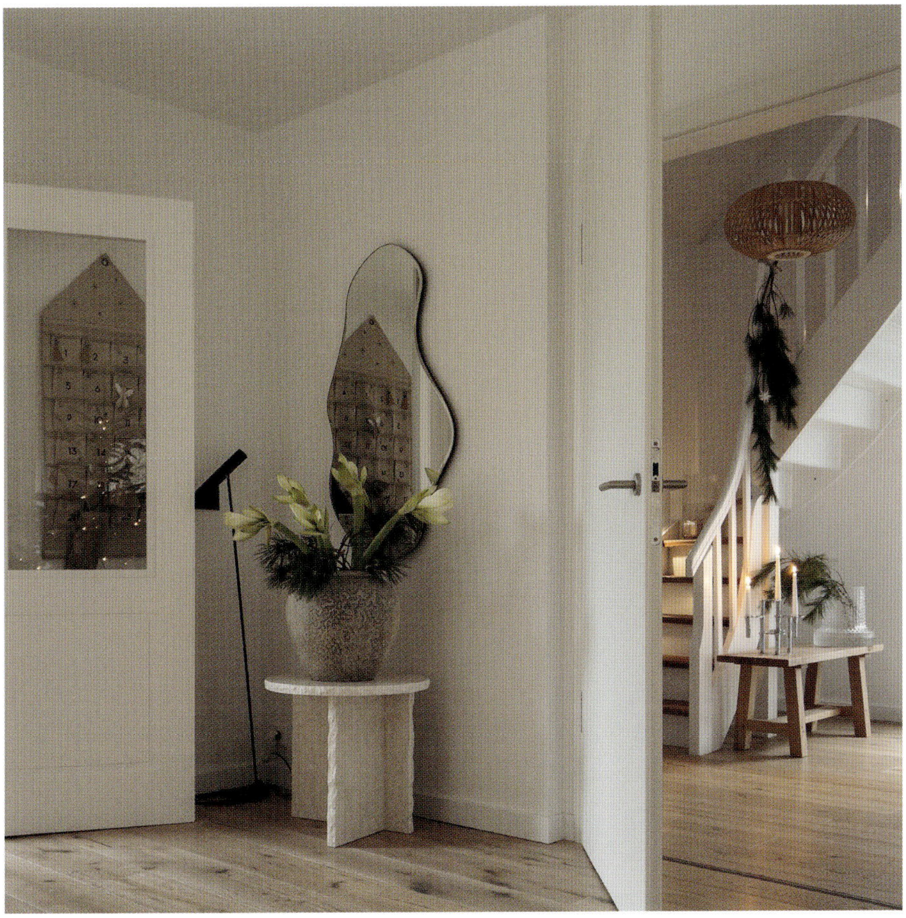

DIE KRÖNUNG DER VORFREUDE

Auch wenn die Tradition des Weihnachtsbaums in Deutschland ihren Ursprung hat, gehört sie natürlich ebenso zur skandinavischen Weihnacht. Entsprechend dem zurückhaltenden nordischen Stil wird der Baum eher dezent geziert als voll behängt. Schöne Papierornamente in verschiedenen Formen, zarte Scherenschnitte, natürliche Anhänger aus Stroh oder als ganzer Zapfen wie auch bestickte Anhänger sind dafür eine stilvolle Wahl.

Als Alternative zum geschlagenen Weihnachtsbaum können auch eine Zeder im Topf oder große Zweige von Nadelbäumen in einer Vase Weihnachtsstimmung verbreiten. Für Lichterglanz an den Zweigen sorgen bei allen Varianten entweder Lichterketten oder schlichte Kerzenhalter, die mit echten Kerzen oder solchen mit LED-Flamme bestückt werden.

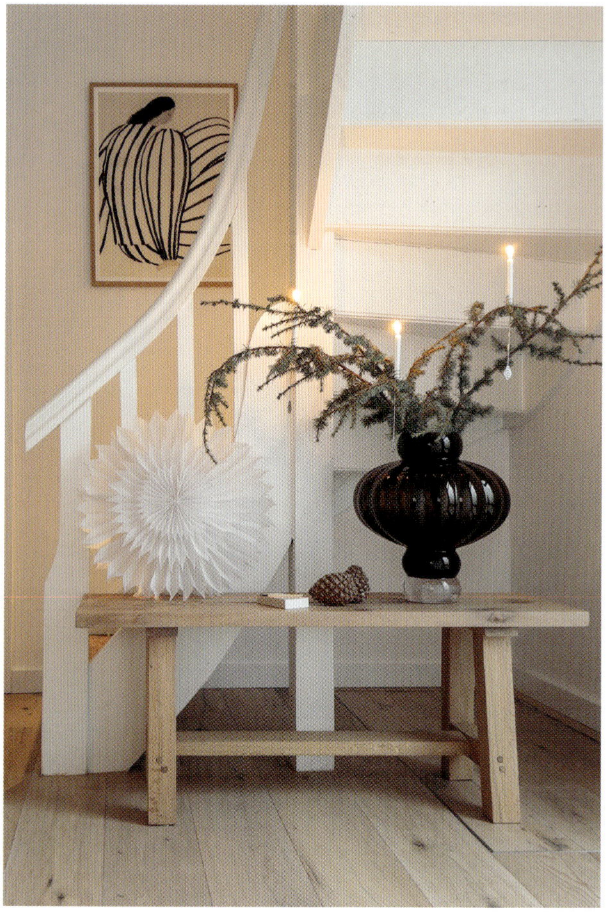

Statt Papiersterne aufzuhängen, kann man sie leger auf Bänken, Kommoden und Co. platzieren und als große Dekoobjekte nutzen.

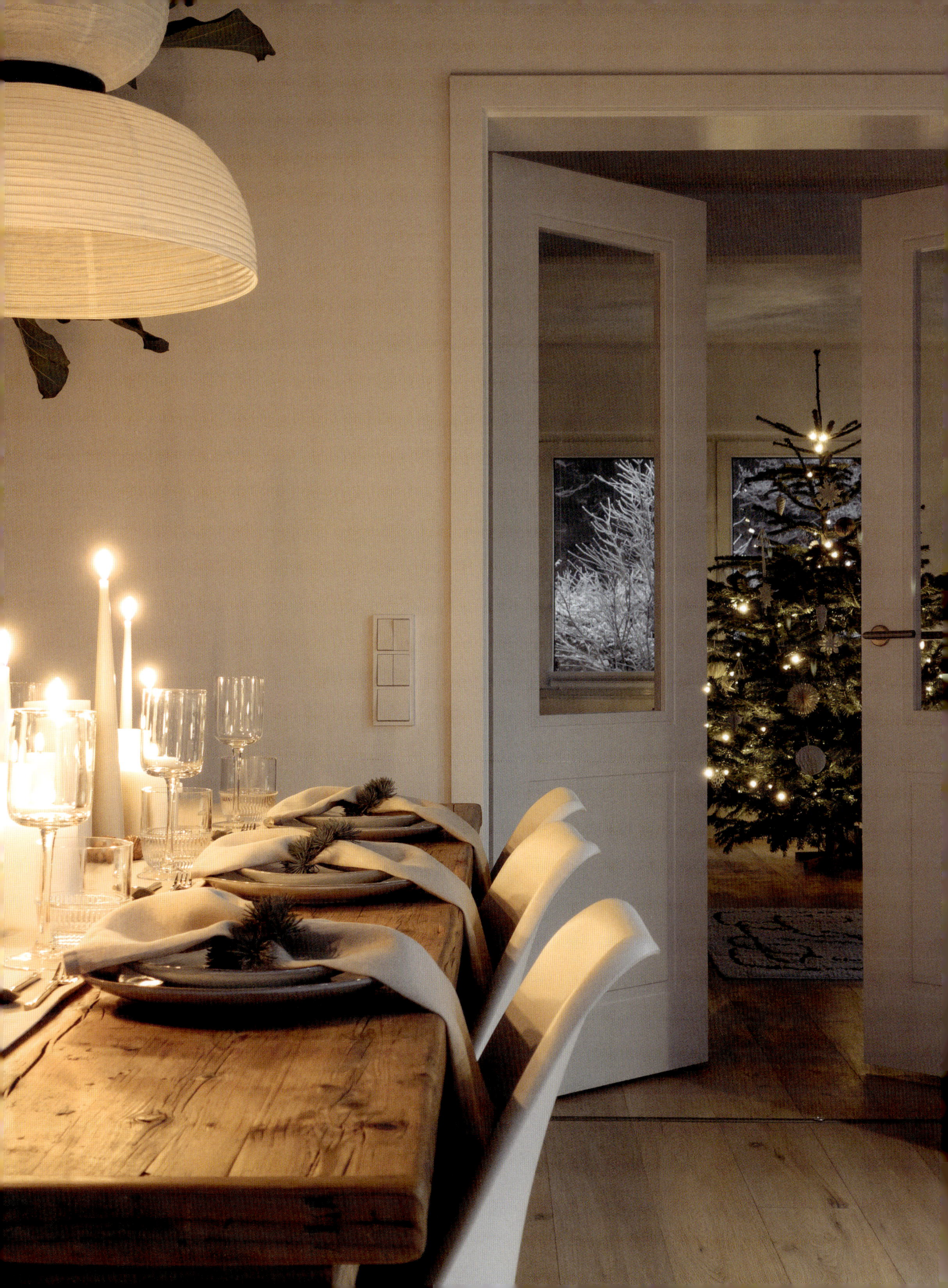

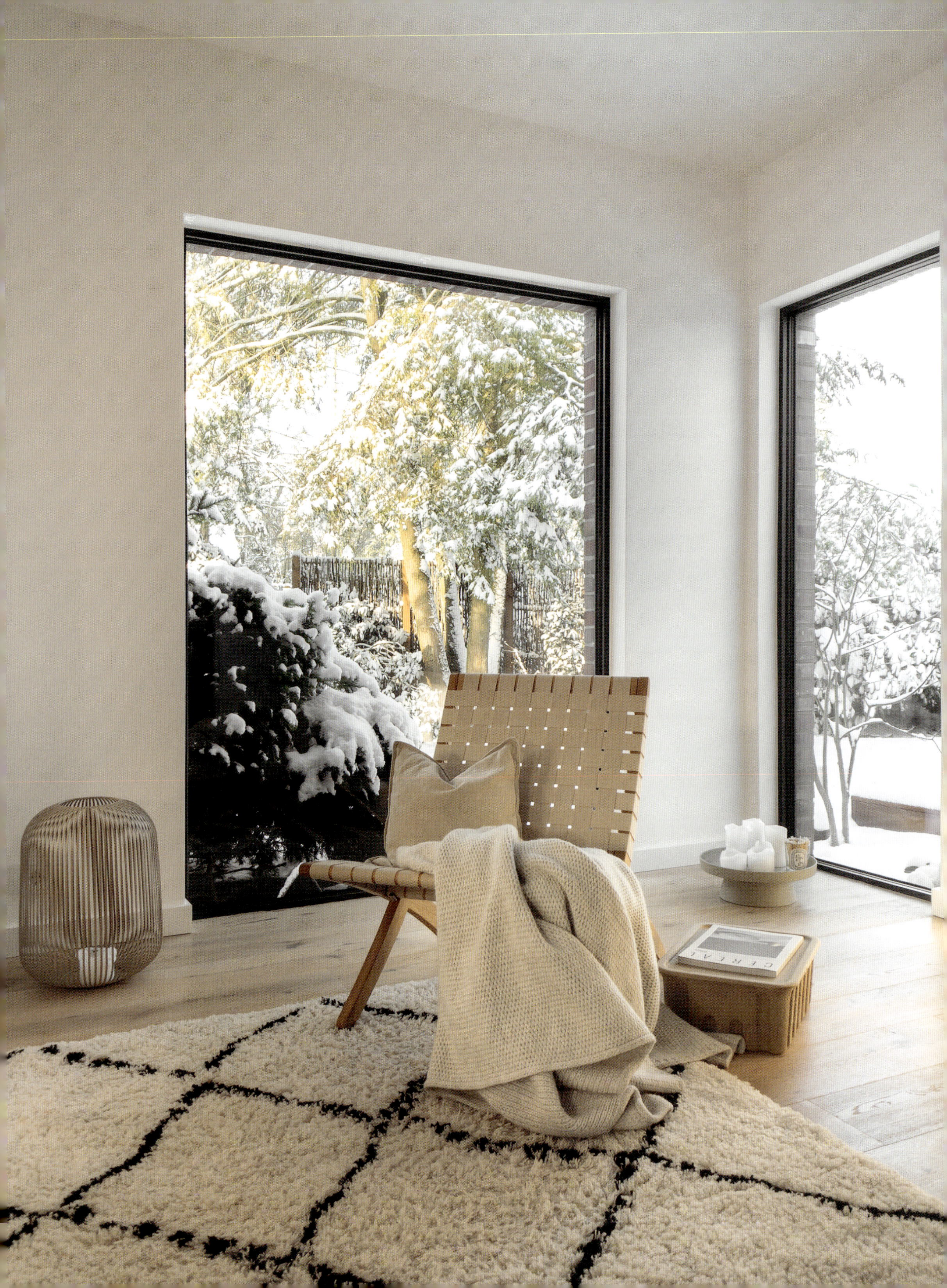
CEREAL

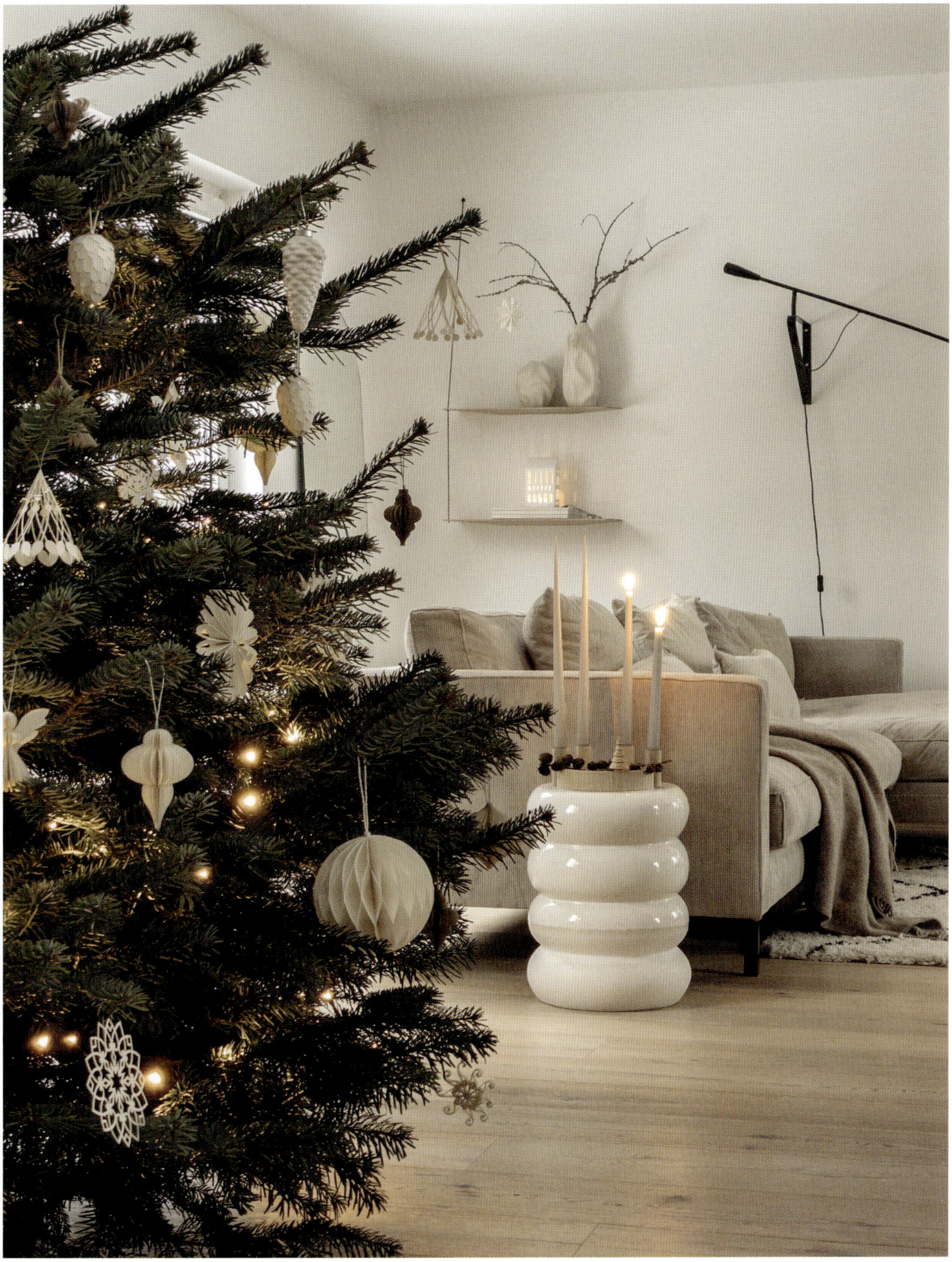

Es ist schön, eigene Traditionen zu schaffen. Im Haus Tannenkamp stellen wir jedes Jahr den Weihnachtsbaum bereits am 2. Advent auf.

ORDNUNG HALTEN

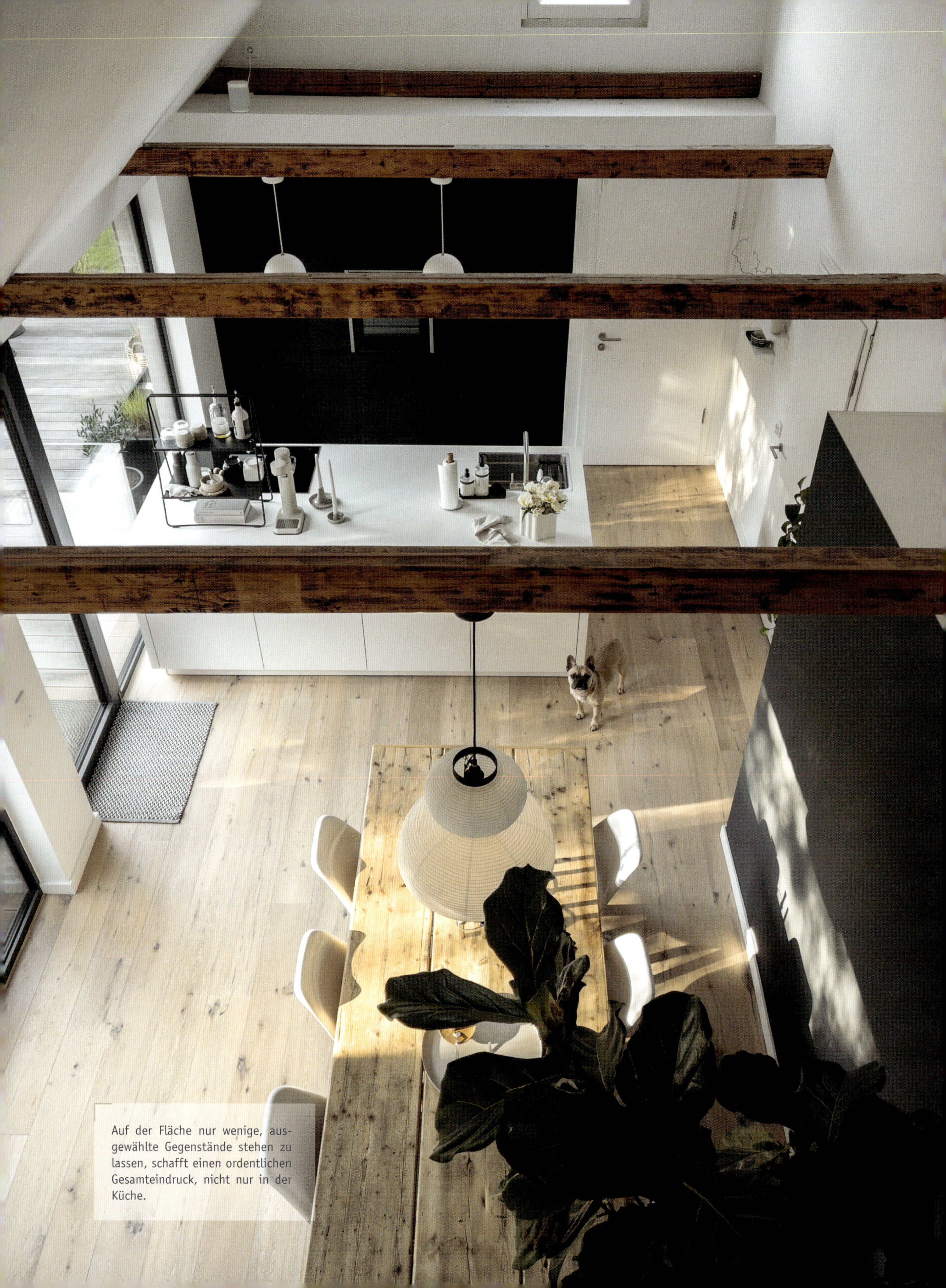

Auf der Fläche nur wenige, ausgewählte Gegenstände stehen zu lassen, schafft einen ordentlichen Gesamteindruck, nicht nur in der Küche.

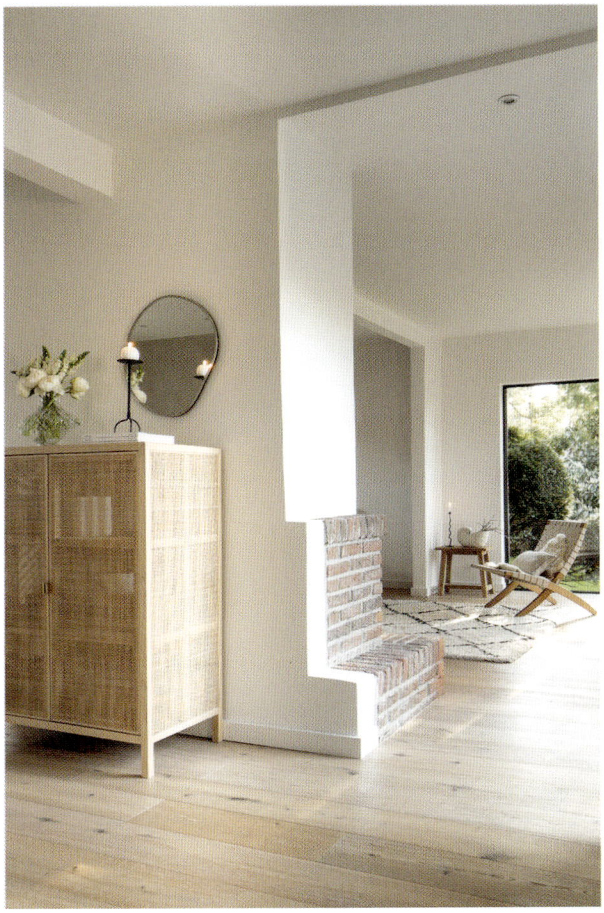

Alles an seinem Platz statt Überfluss und Unordnung – so kommt man in den eigenen vier Wänden leichter zur Ruhe.

WENIGER AUFWAND, MEHR ORDNUNG

„Ordnung ist das halbe Leben", heißt es so schön. Für mich ist sie eigentlich das ganze Leben, sie nimmt dabei aber weniger Zeit in Anspruch, als man denken würde. Ein aufgeräumtes und ordentliches Zuhause kann sich positiv auf viele weitere Bereiche des Lebens auswirken.

Hat man erst einmal eine gewisse Grundordnung geschaffen, spart man sich an anderer Stelle Zeit und vielfach auch Platz. In einem schlichten Heim, in dem alles seinen Platz hat und nichts herumliegt, kommt nicht nur das Auge, sondern auch der Geist besser zur Ruhe. Ein Übermaß an Dingen um uns herum kann schnell zur Belastung werden und das Kümmern um diese Dinge einen großen Teil des Tages einnehmen. Wenn wir uns auf die wesentlichen Dinge beschränken und diese einen zugewiesenen Ort haben, fällt das Ordnung-Halten hingegen leicht.

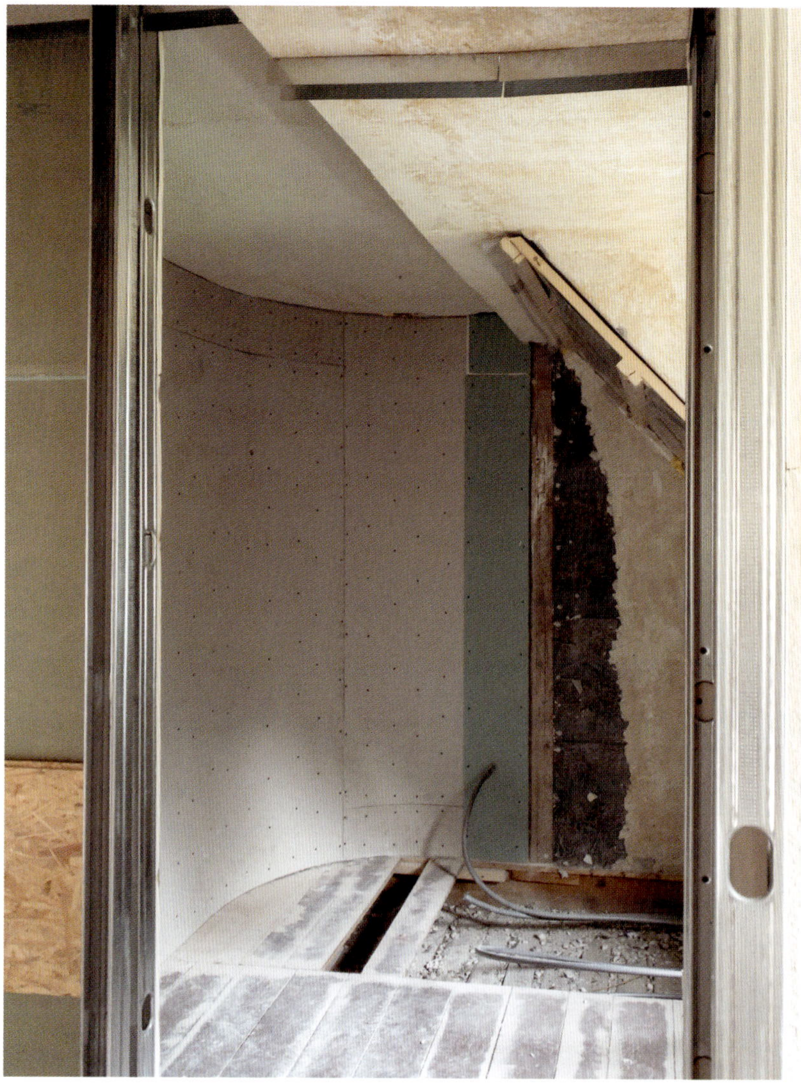

ROOMTOUR MASTERBAD

Wohnfläche: 4,3 m²
Deckenhöhe: 2,25 m

Für viele ungewöhnlich klein, für uns genau richtig: Unser En-Suite-Bad, das über die offene Ankleide mit dem Schlafzimmer verbunden ist. Mit großzügiger Regendusche, WC und Doppelwaschtisch hat es alles, was wir benötigen. Da es im Obergeschoss zuvor kein Bad gab, konnten wir es nach unseren Wünschen neu anlegen und entschieden uns als kleine Besonderheit für eine halbrunde Dusche.

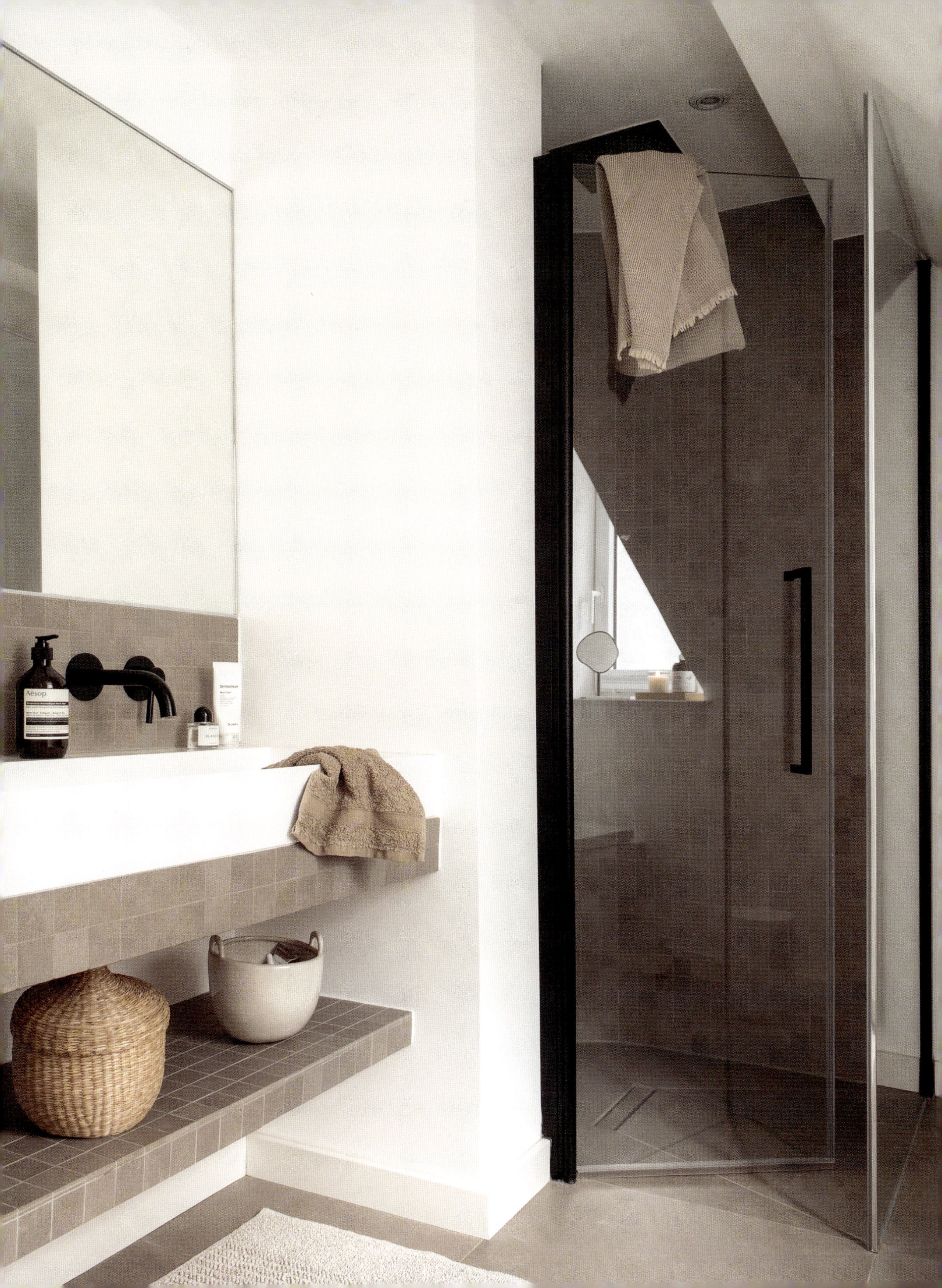
Aēsop

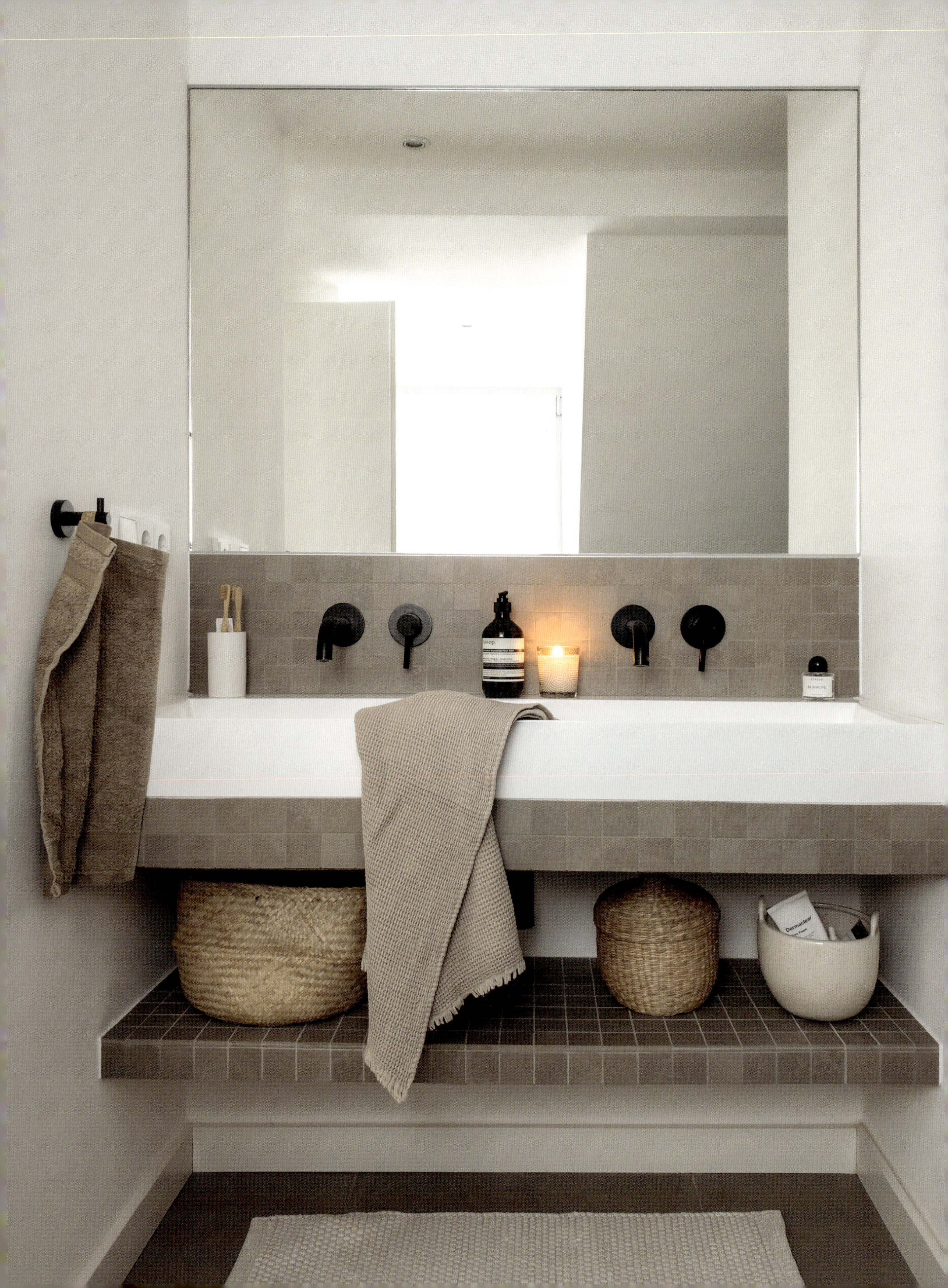
Aesop
BLANCHE
Dermaclear

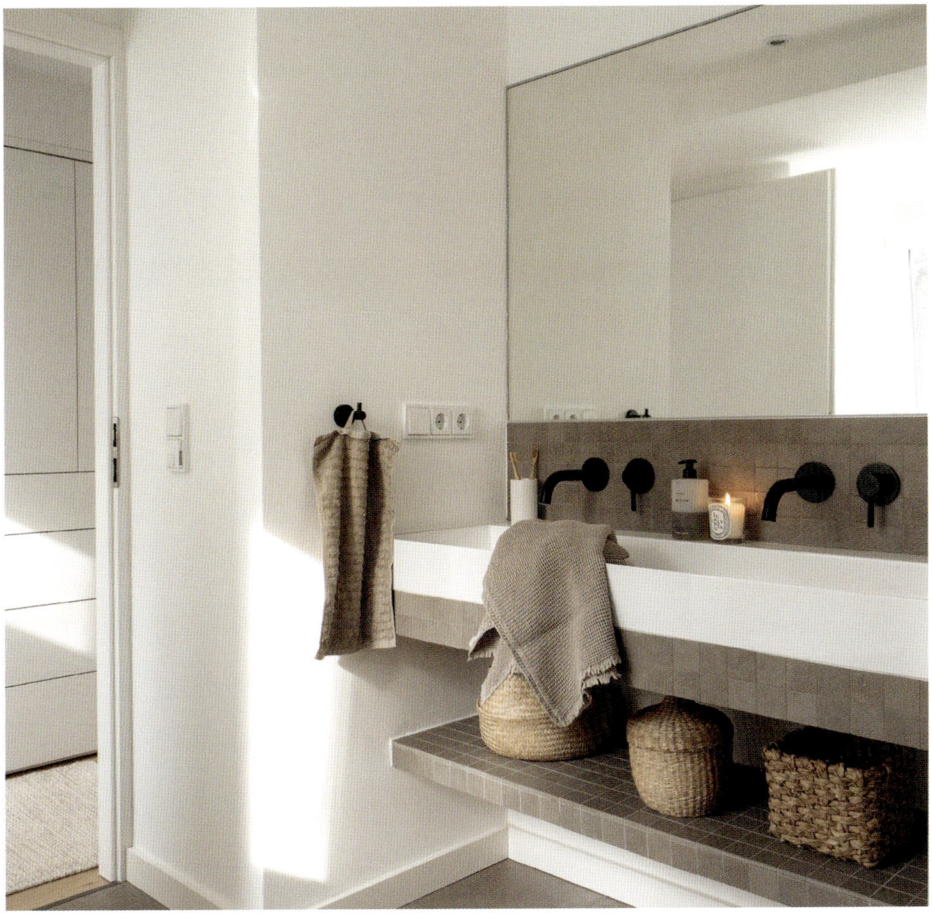

Hübsche Körbe unter dem Waschtisch im Bad bergen unsere minimalistische Auswahl an Kosmetik.

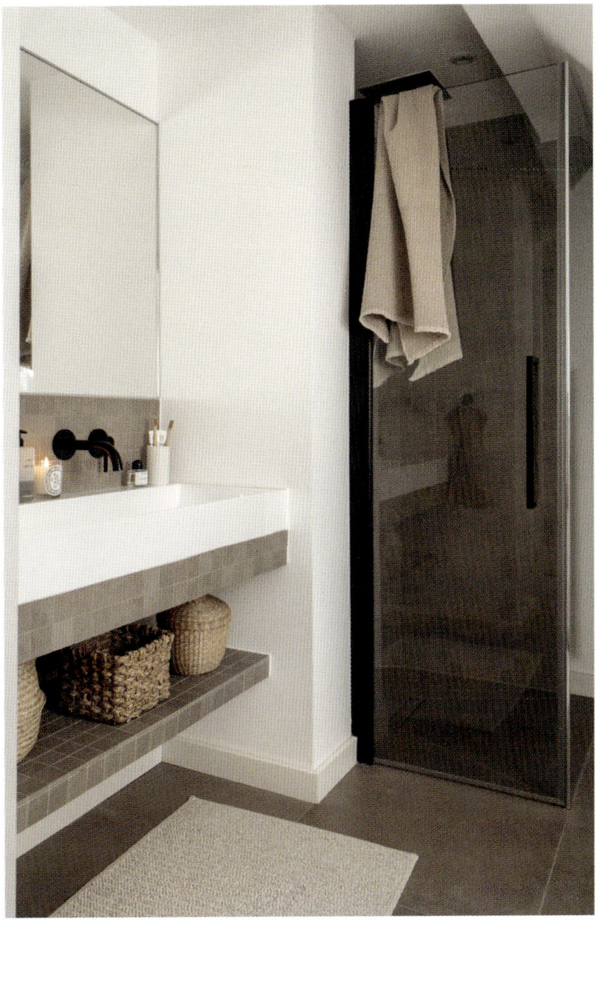

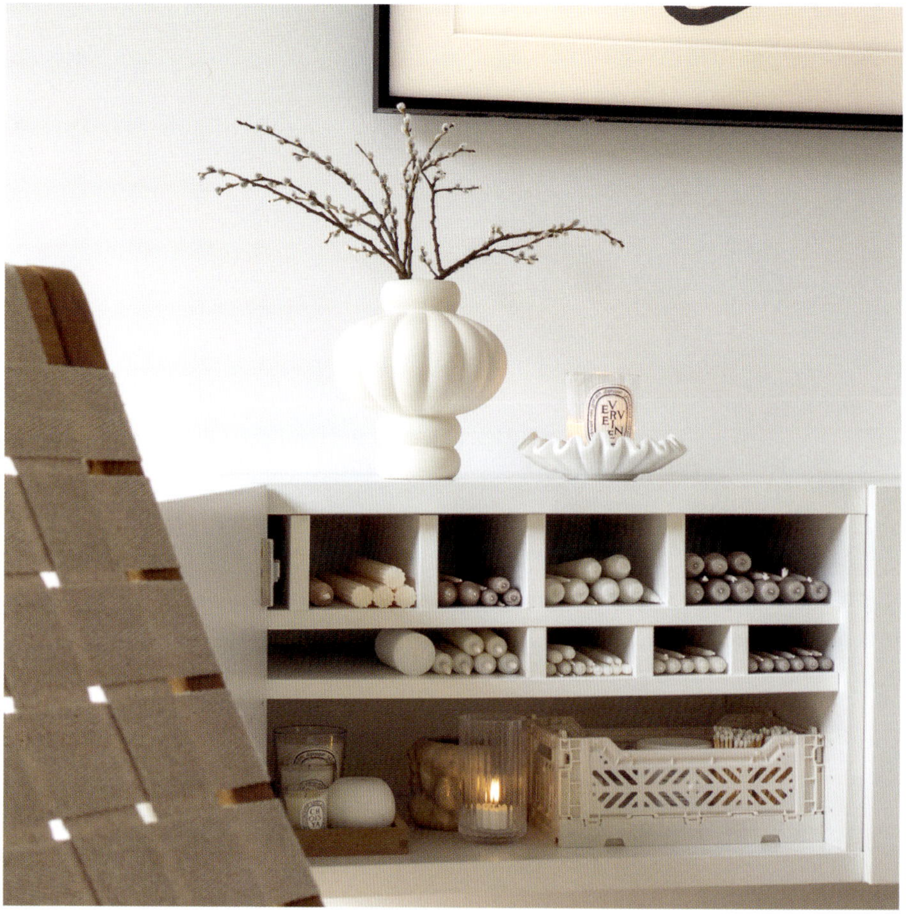

Auch in den Schränken lässt Ordnung mein Herz höherschlagen. Mein Favorit: meine DIY-Kerzenaufbewahrung.

HOW TO

KERZEN AUFBEWAHREN

Damit sich Kerzen bei der Lagerung weder verfärben noch verformen, sollten sie kühl, staubfrei und dunkel gelagert werden. Optisch ansprechend und übersichtlich geht das mit meinem DIY-Kerzenregal à la Haus Tannenkamp. Dafür ein Regalbrett oder Holzleisten so zurechtsägen, dass sie als Trennelemente in ein vorhandenes Regal eingeschoben werden können. Gegebenenfalls lackieren, und fertig ist die individuelle Kerzenaufbewahrung.

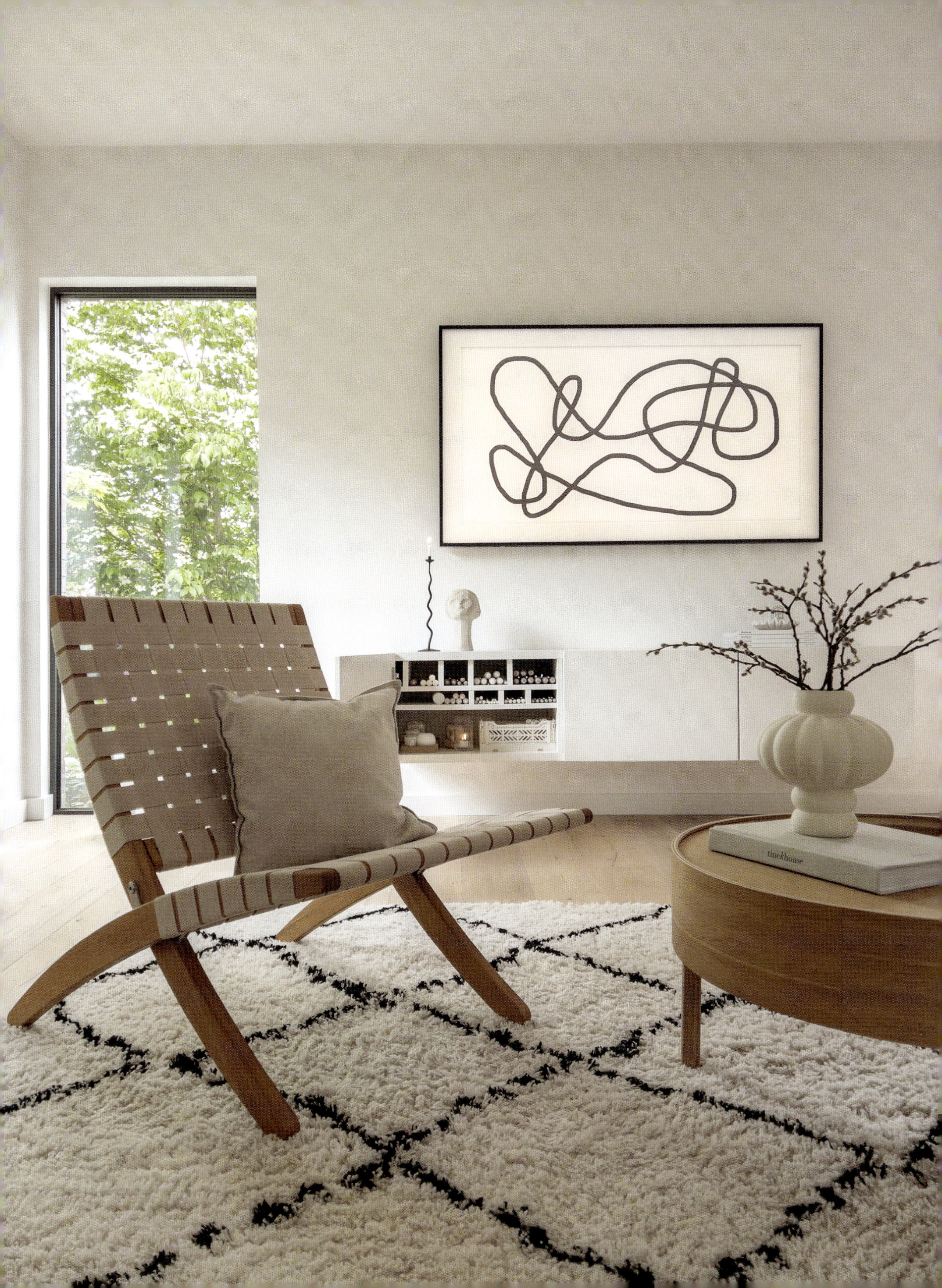
tine k home

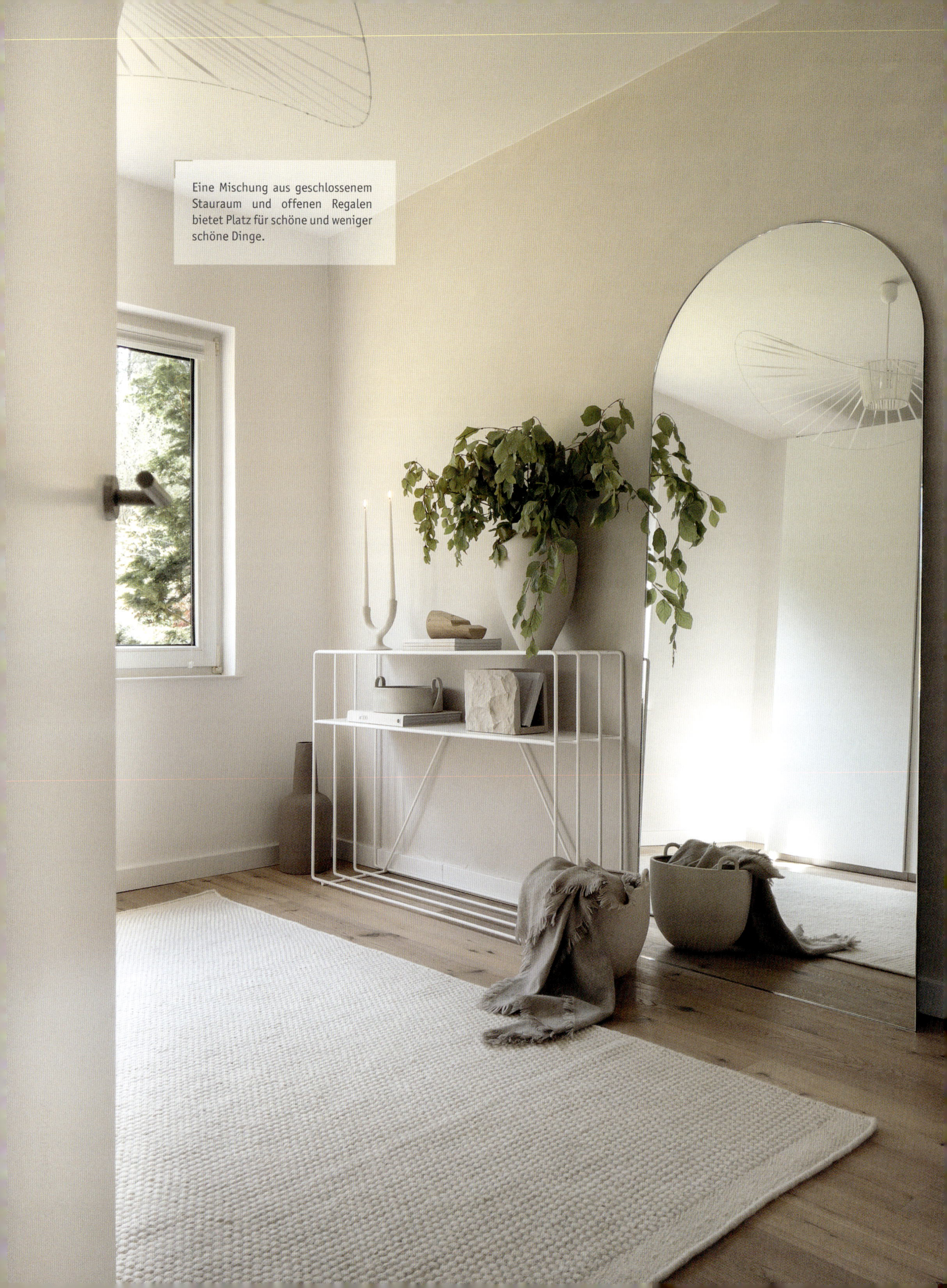

Eine Mischung aus geschlossenem Stauraum und offenen Regalen bietet Platz für schöne und weniger schöne Dinge.

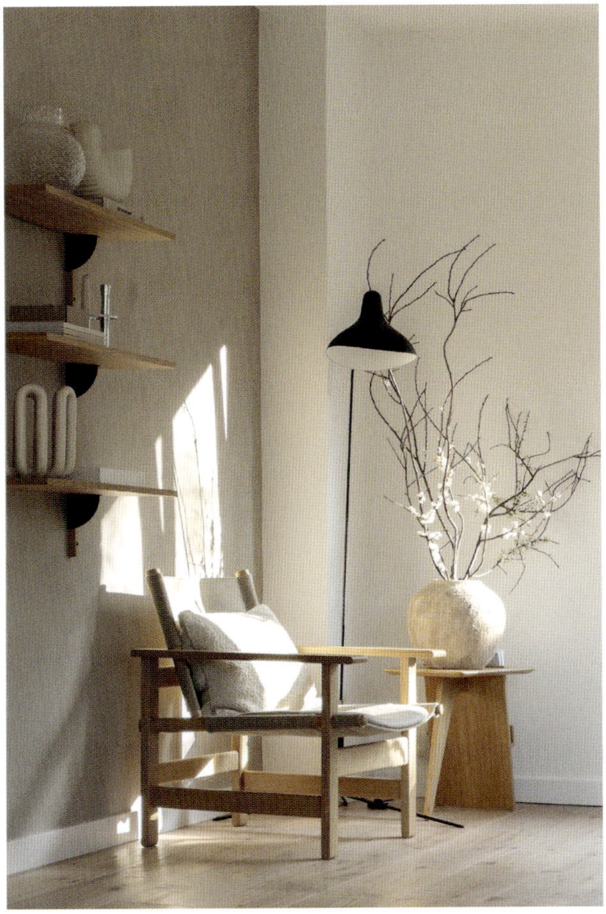

Optisch wie inhaltlich: Sich auf das Wesentliche zu reduzieren, kann wunderbar befreiend wirken.

BALLAST LOSWERDEN

Das Reduzieren dessen, was wir besitzen, ist der erste Schritt in ein aufgeräumteres Leben. Es ist logisch, dass es einfacher ist, die Ordnung und Übersicht über wenige Dinge zu bewahren als über viele. Der Gedanke des Minimalismus und der Reduzierung auf das Wesentliche wohnt auch dem skandinavischen Lebensstil inne und wird ebenso vom nordischen Design widergespiegelt.

Dabei geht es nicht um eine Beschränkung und das Eifern nach möglichst wenig Besitz, sondern eher darum, sich nur mit den Dingen zu umgeben, die wirklich regelmäßig gebraucht werden. Egal ob Kleidung, Bücher, Deko, Geschirr, Küchenutensilien – was keinen Nutzen mehr hat, darf ausziehen. Alten Ballast abzuwerfen, kann sich sehr befreiend und motivierend anfühlen. Ein weiterer positiver Nebeneffekt ist, dass das Putzen und Aufräumen dadurch viel schneller von der Hand geht.

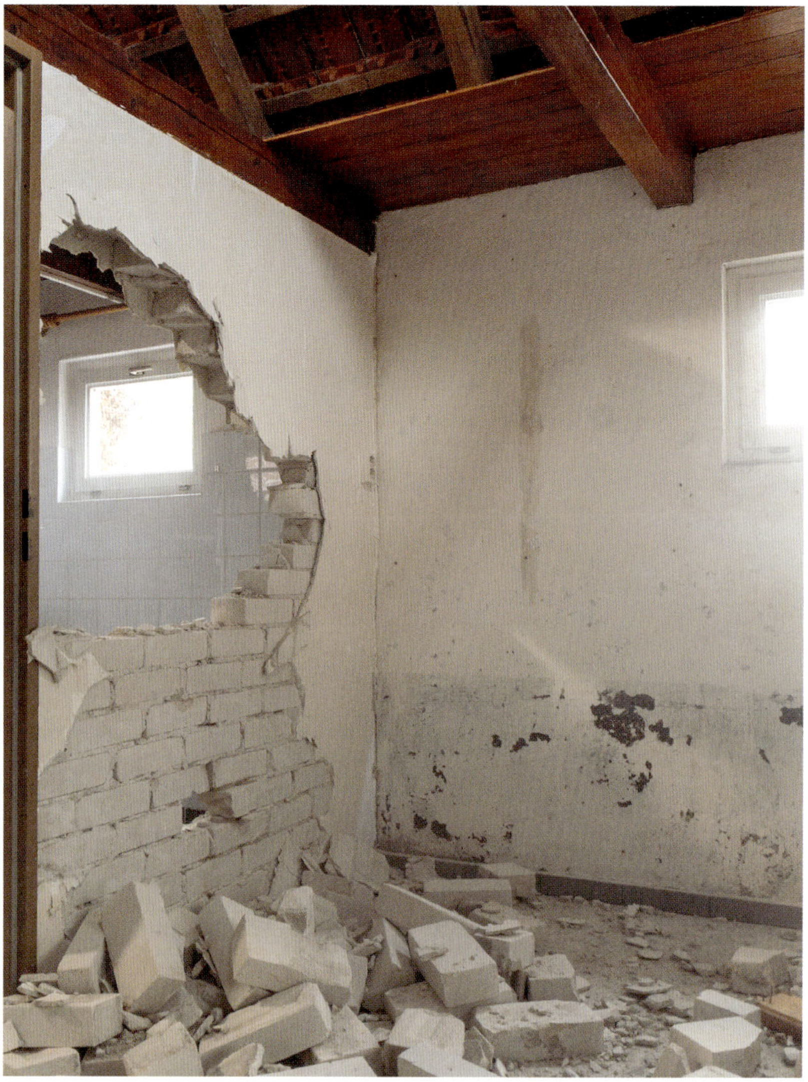

ROOMTOUR HAUSWIRTSCHAFTSRAUM

Wohnfläche: 5,2 m²
Deckenhöhe: 3,50 m

Direkt neben der Küche befindet sich unser schlauchförmiger Hauswirtschaftsraum, der kleine Raum für alles. Hier finden Waschmaschine, Tiefkühltruhe, Heizung, Haustechnik und Staubsauger ihren Platz. Zudem bietet er Stauraum für die Dinge, die im Rest des Hauses keinen Platz gefunden haben. Mit den Holzbalken und der hohen Decke sagt man ihm nicht umsonst nach, ein ganz besonders schöner Nutzraum zu sein.

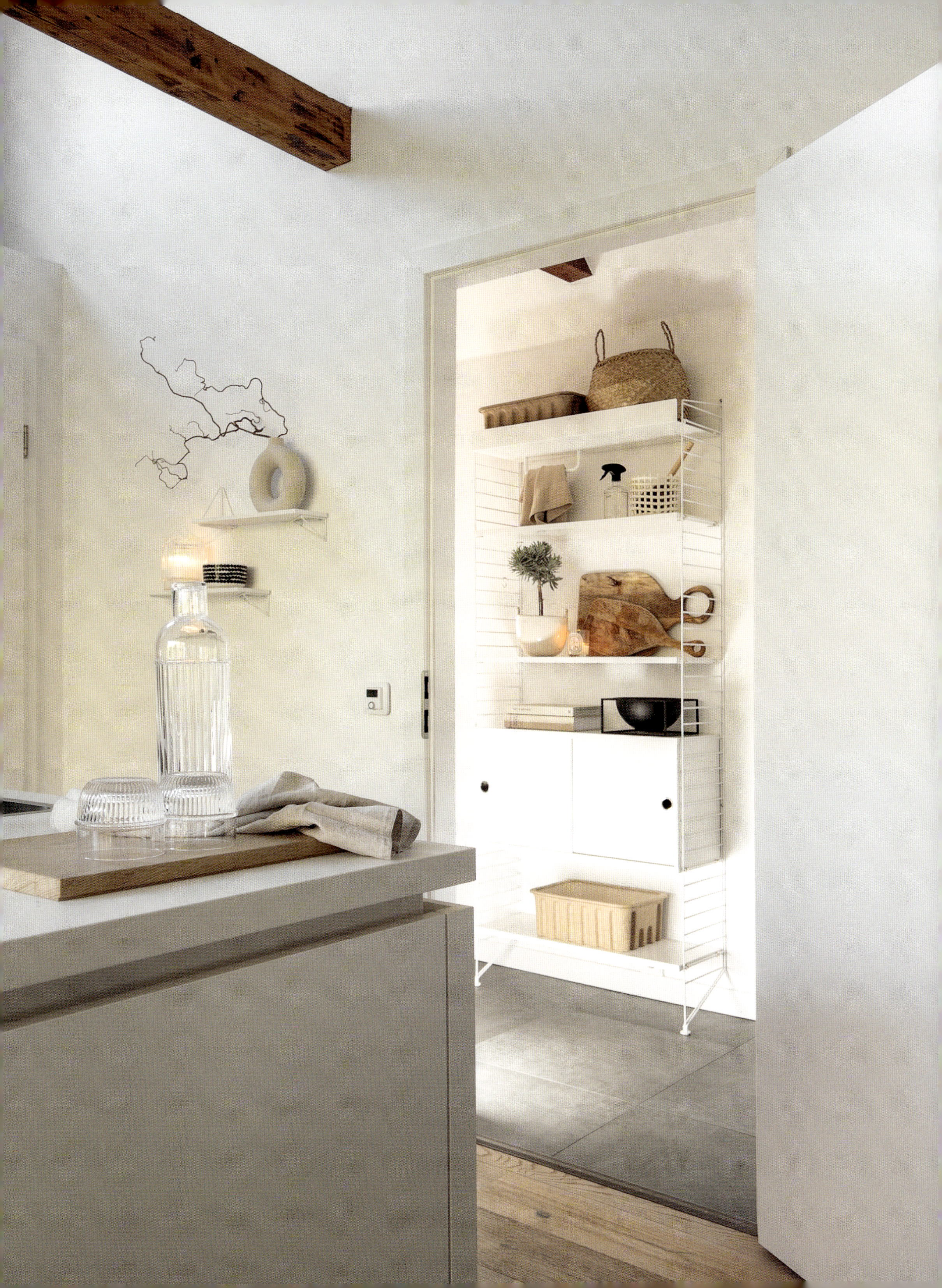

Die alten Holzbalken verleihen selbst einem Nutzraum wie unserem Hauswirtschaftsraum einen wohnlichen Charakter und Wärme.

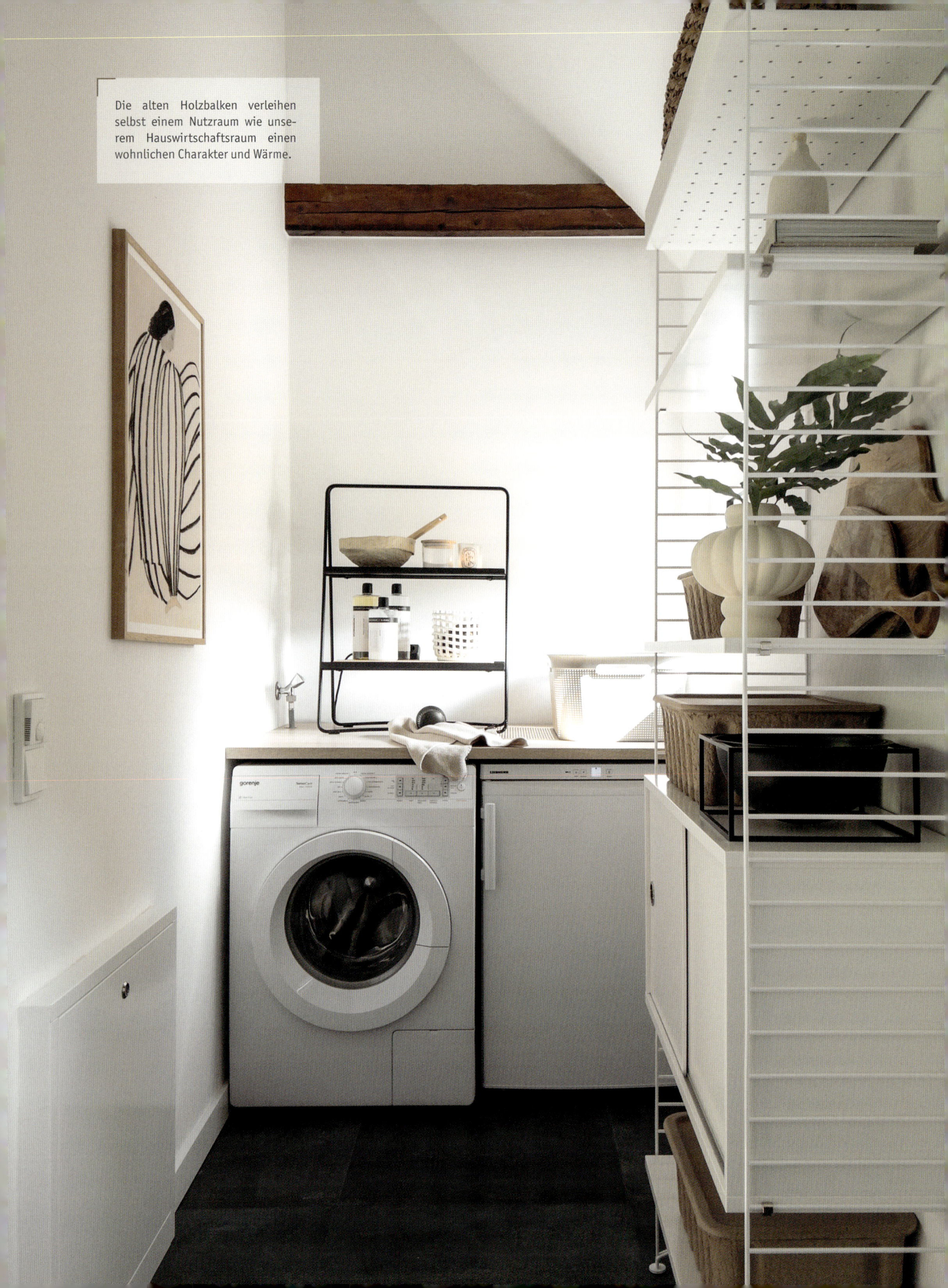

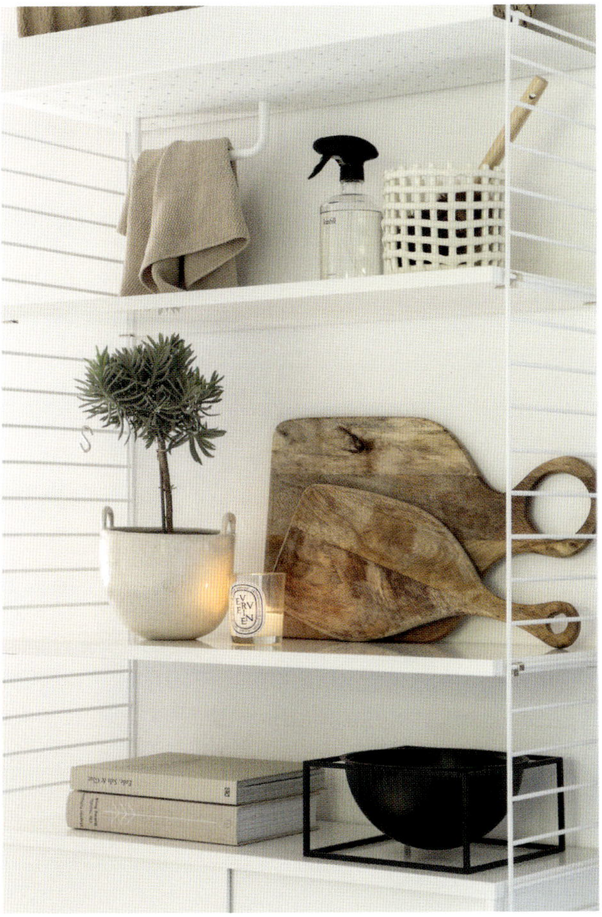

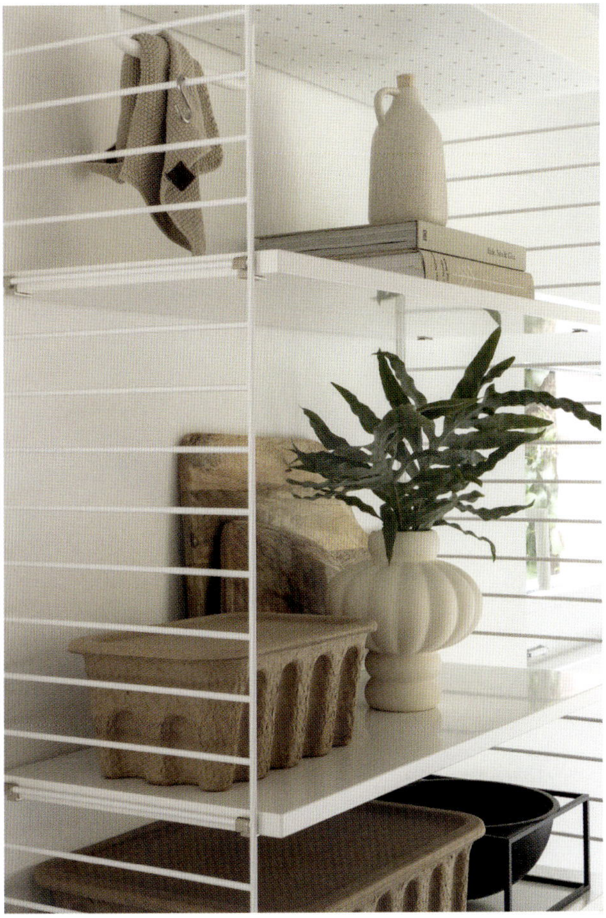

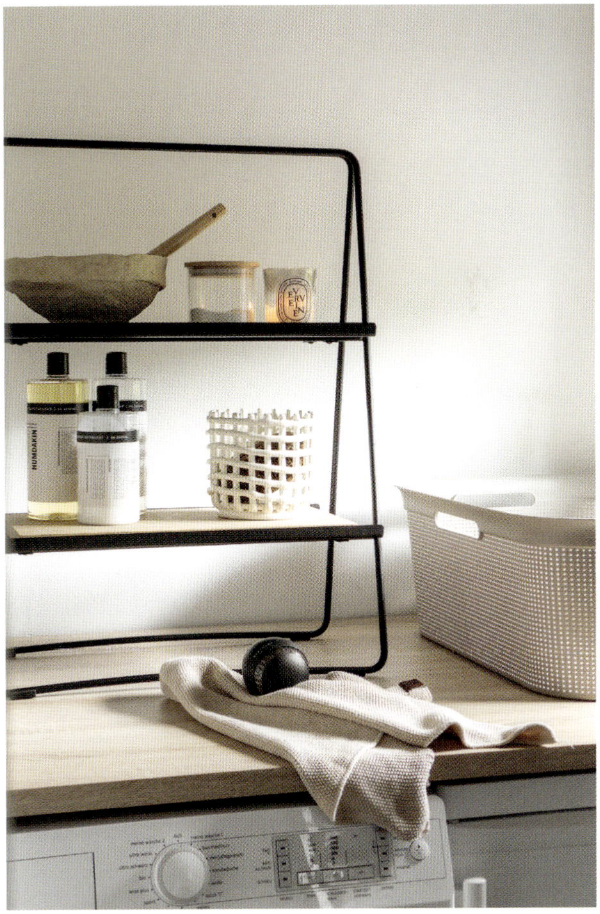

Das Regalsystem von String ist ein wunderschöner skandinavischer Designklassiker und mein Lieblingsstück in diesem Raum.

SCHNELL UND EFFEKTIV AUFGERÄUMT

Ein paar Minuten Aufräumen jeden Tag hält das gröbste Chaos im Wohnbereich einfach in Schach.

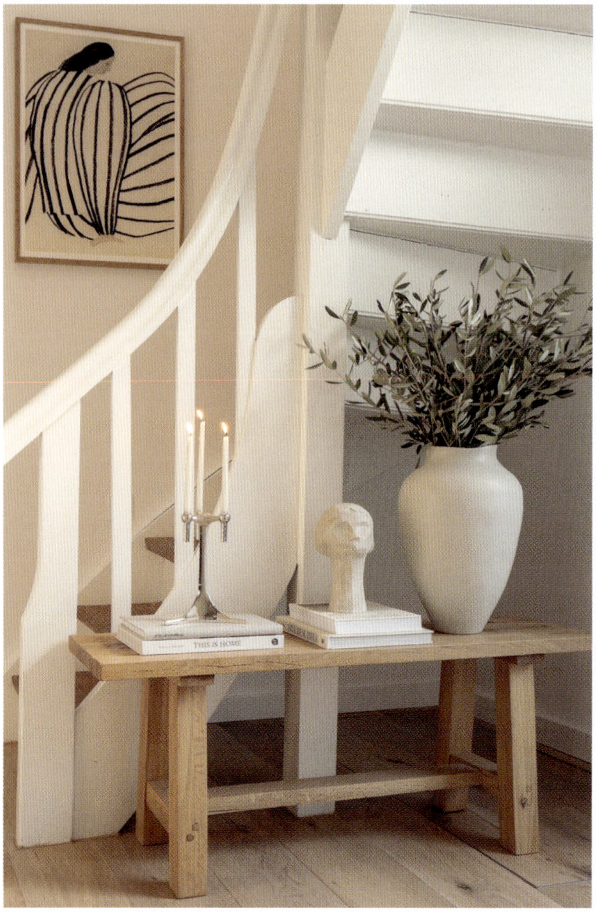

Damit die gewonnene Ordnung über die Zeit hinweg nicht wieder verloren geht, gilt es, eine ganz einfache Grundregel einzuhalten: „Leg' es nicht hin, leg' es weg!" Wenn man kontinuierlich alle benutzten Dinge direkt wieder an ihren fest definierten Platz zurücklegt, -hängt oder -stellt, bleibt die Grundordnung stets erhalten.

Auch eine tägliche Mini-Aufräumtour kann helfen, dass das Chaos höchstens im Kleinen und nicht im Großen ausbricht. Dafür einfach 10 Minuten am Morgen oder am Abend vor dem Zu-Bett-Gehen eine Runde durchs Zuhause drehen und herumliegende Dinge einsammeln und wegräumen. Nach einigen Wochen werden die täglichen kleinen Aufräumrituale zur Gewohnheit und die Ordnung hält sich fast wie von allein.

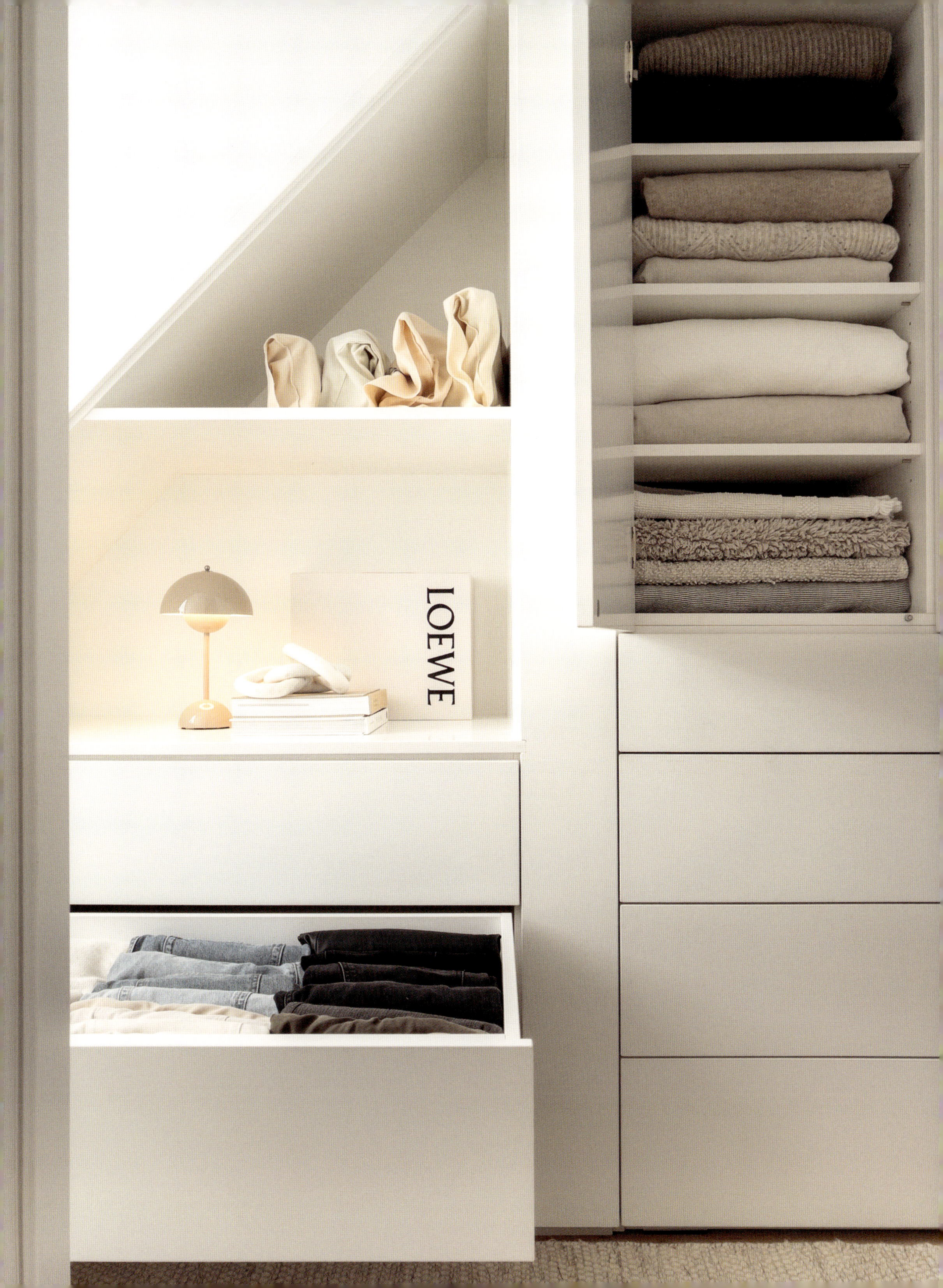
LOEWE

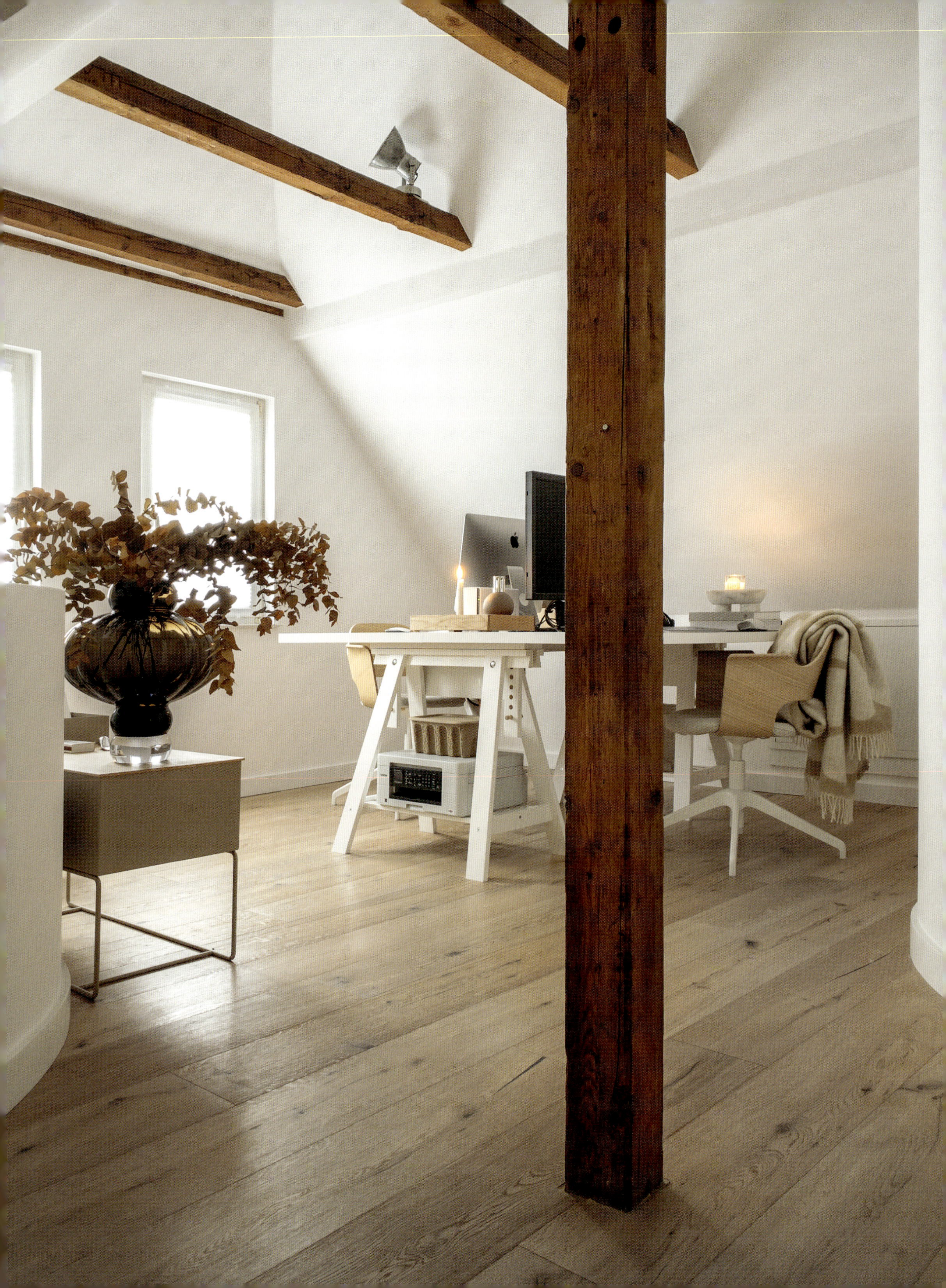

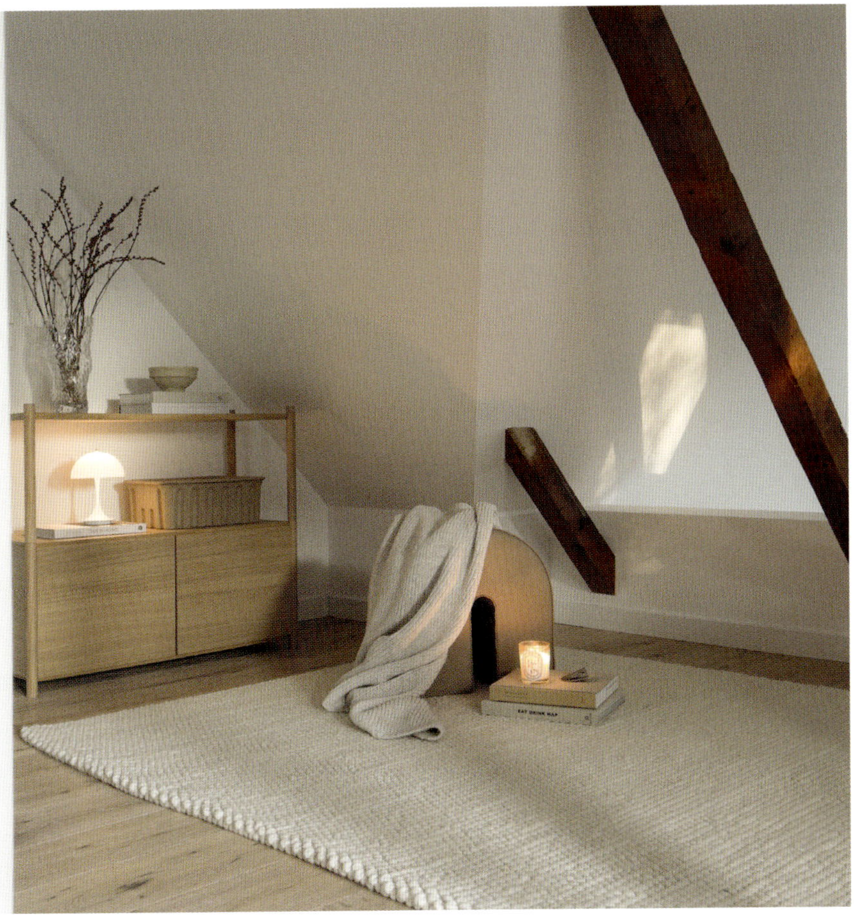

Kleine Schränke und Schubladenelemente sowie Aufbewahrungsboxen bieten Platz für die kleinen Dinge des täglichen Lebens.

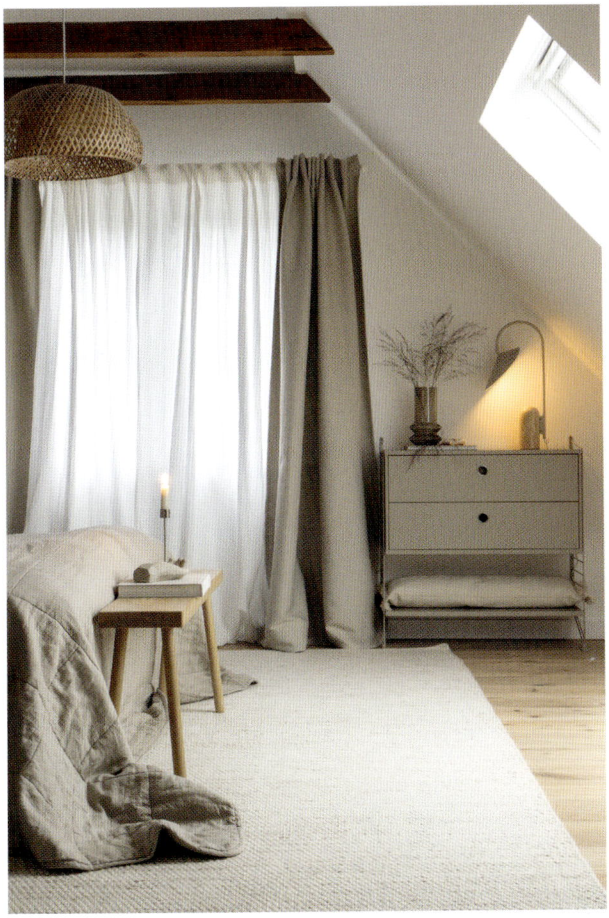

DRAUSSEN SEIN

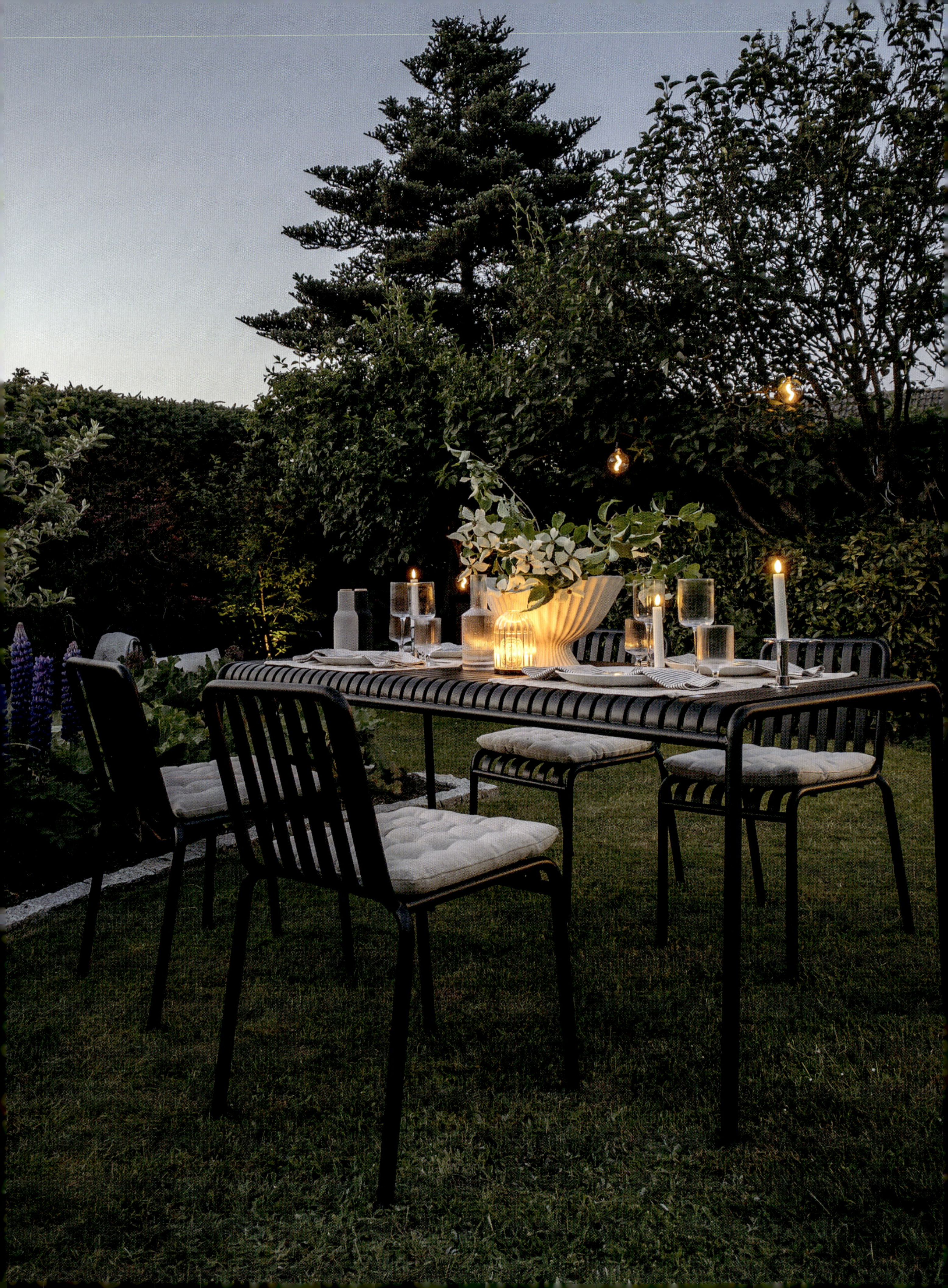

GENIESSEN, ENTSPANNEN, NUTZEN

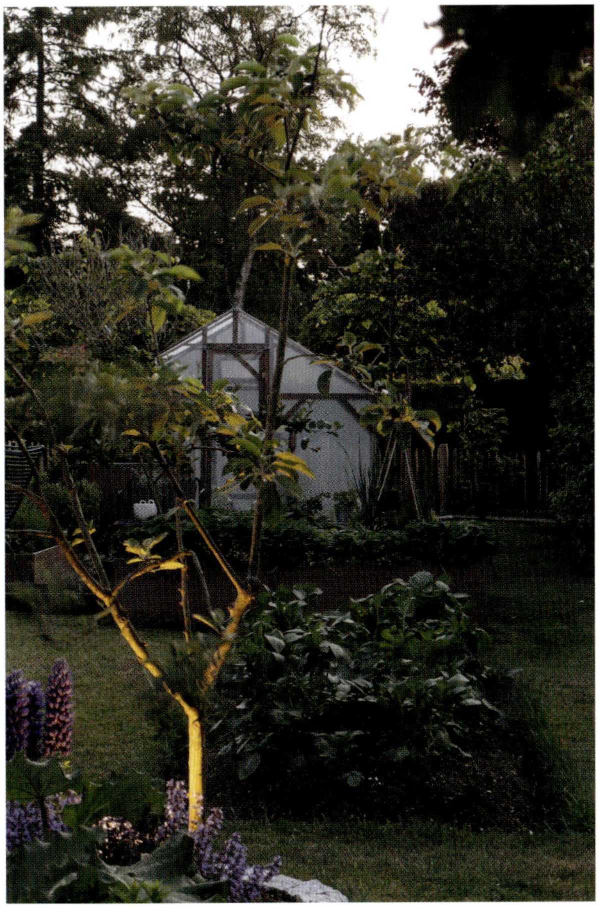

Unser Garten bietet eine große Vielfalt mit Stauden- und Hochbeeten, einem Gewächshaus sowie einem kleinen Kartoffelacker.

Naturverbundenheit gehört zum nordischen Lebensstil und das Draußen-Sein wird in vollen Zügen ausgekostet. Im Garten oder auf dem Balkon zu essen, zu entspannen und Gäste empfangen zu können, schenkt ein wunderbares Gefühl von Freiheit. Typisch skandinavisch ist aber auch der Anbau von Obst im eigenen Garten, das Kultivieren von Nutzpflanzen und die Selbstversorgung durch diese. Um all diese Ansprüche an das Outdoor-Leben miteinander zu vereinen, kann man den Garten in einzelne Räume unterteilen und sie spezifischen Zwecken zuordnen. Der Zweck nimmt dabei auch Einfluss auf die Gestaltung und die Elemente, die sich im jeweiligen Bereich wiederfinden.

Auch wir haben in unserem Garten eine Aufteilung in verschiedene Gartenräume vorgenommen. Diese bieten außerdem den Vorteil, dass sie zum Erkunden und Hindurchschlendern einladen und es immer wieder neue Ecken zu entdecken gibt.

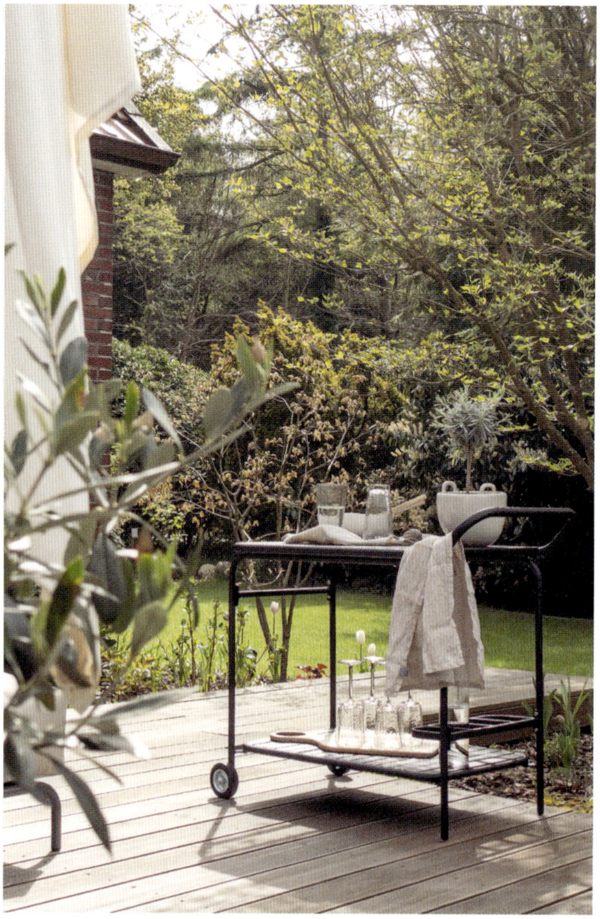

Auf der Terrasse ist der Barwagen ein hübsches und nützliches Accessoire für Essen und Getränke, aber auch für Deko.

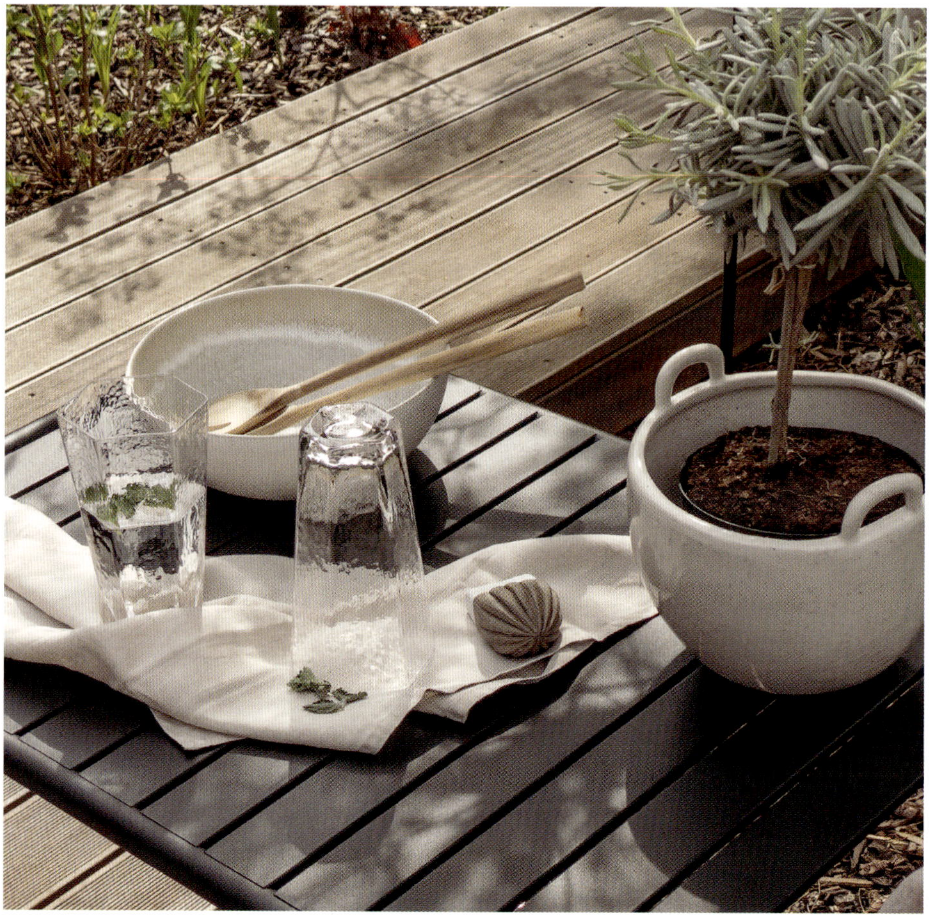

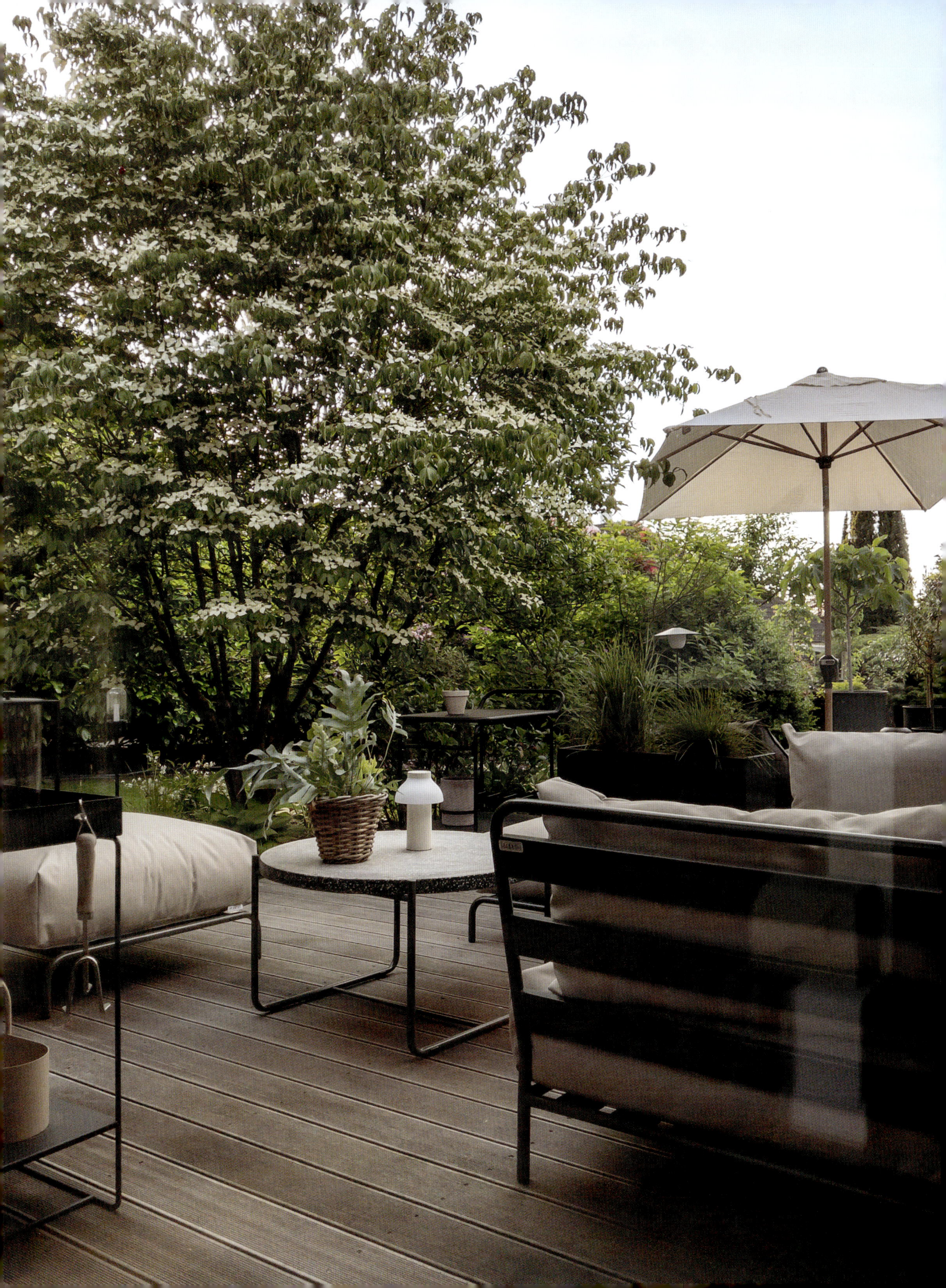

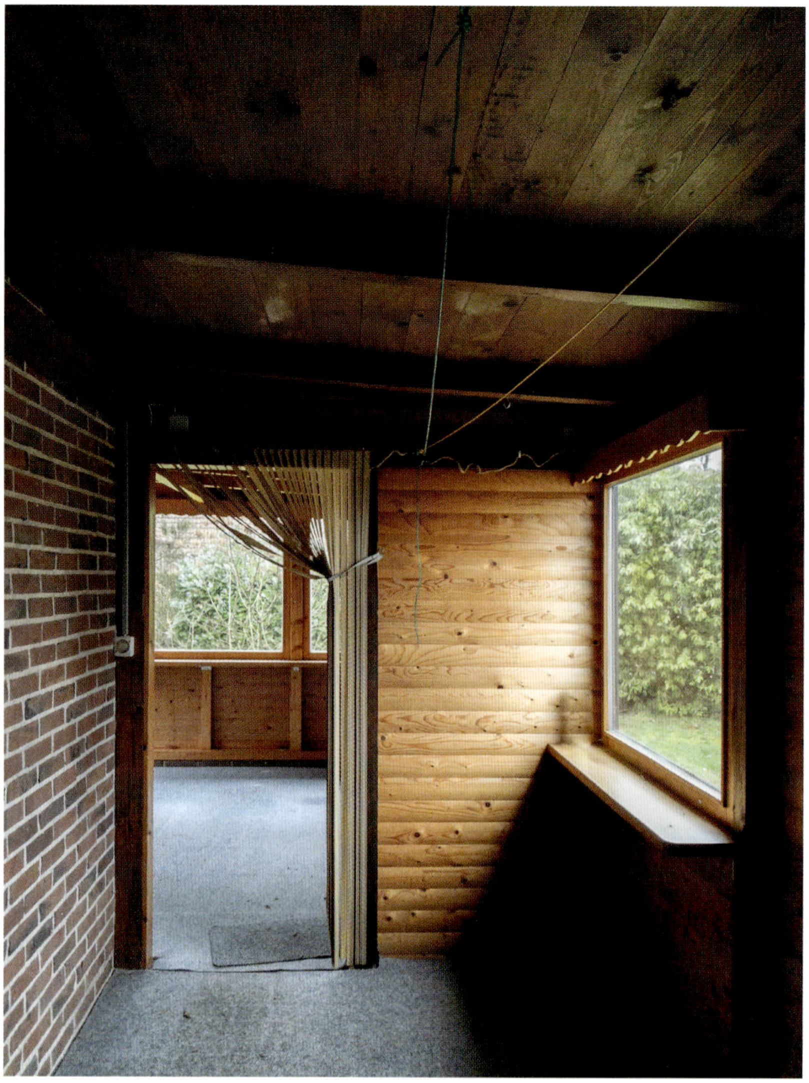

ROOMTOUR WINTERGARTEN

Wohnfläche: 8,5 m²
Deckenhöhe: 2,30 m

Obwohl die Grundfläche des Wintergartens zugunsten der Terrasse um etwa zwei Drittel verkleinert wurde, wirkt er heute viel größer und heller als zuvor. Den ungeheizten Raum nutzen wir im Sommer bei schlechtem Wetter zum Sitzen und im Winter als Unterstand für unsere mediterranen Pflanzen. Da er im Norden des Hauses liegt, ist er stets wunderbar kühl und bietet einen schönen Gartenblick.

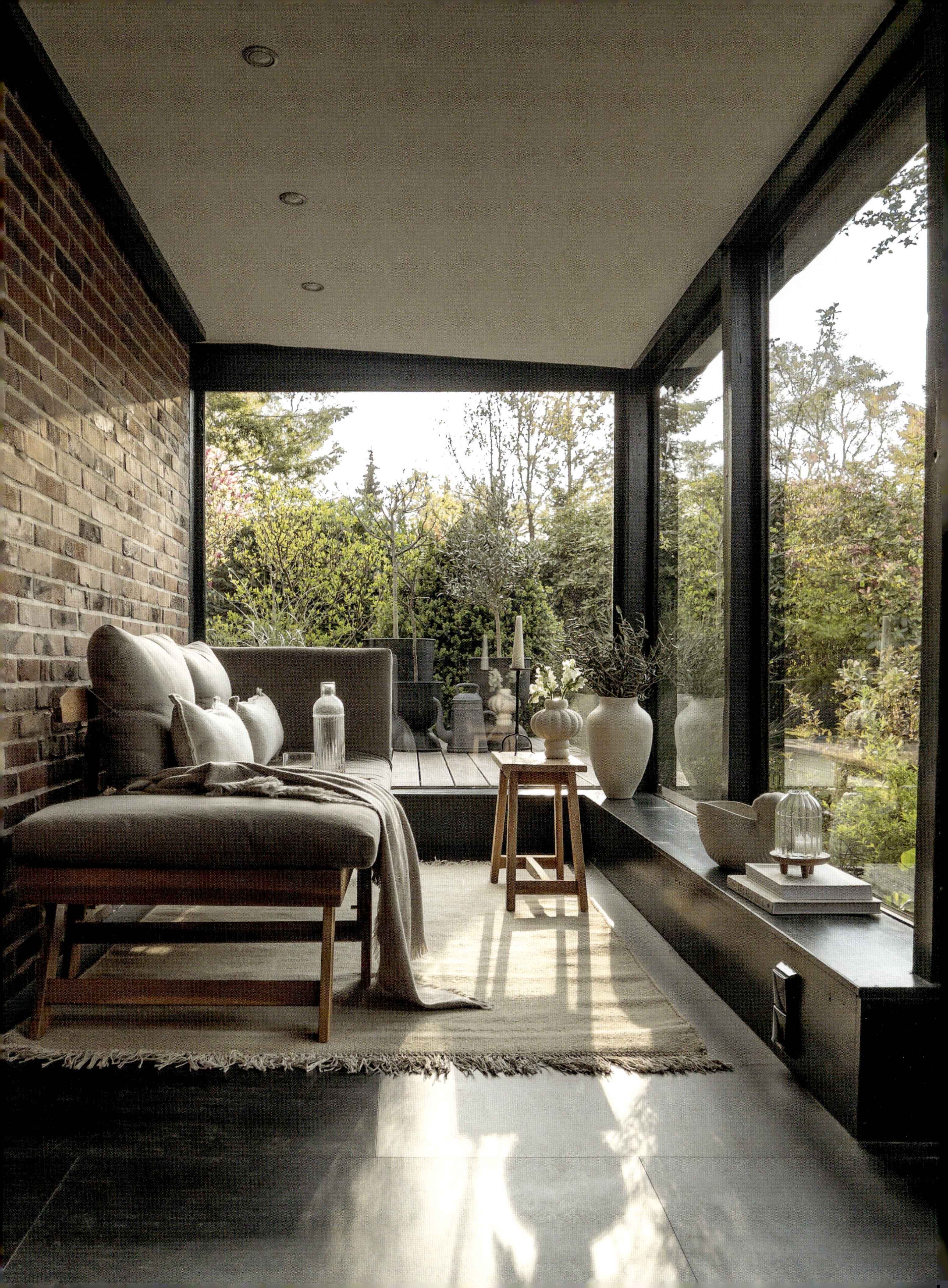

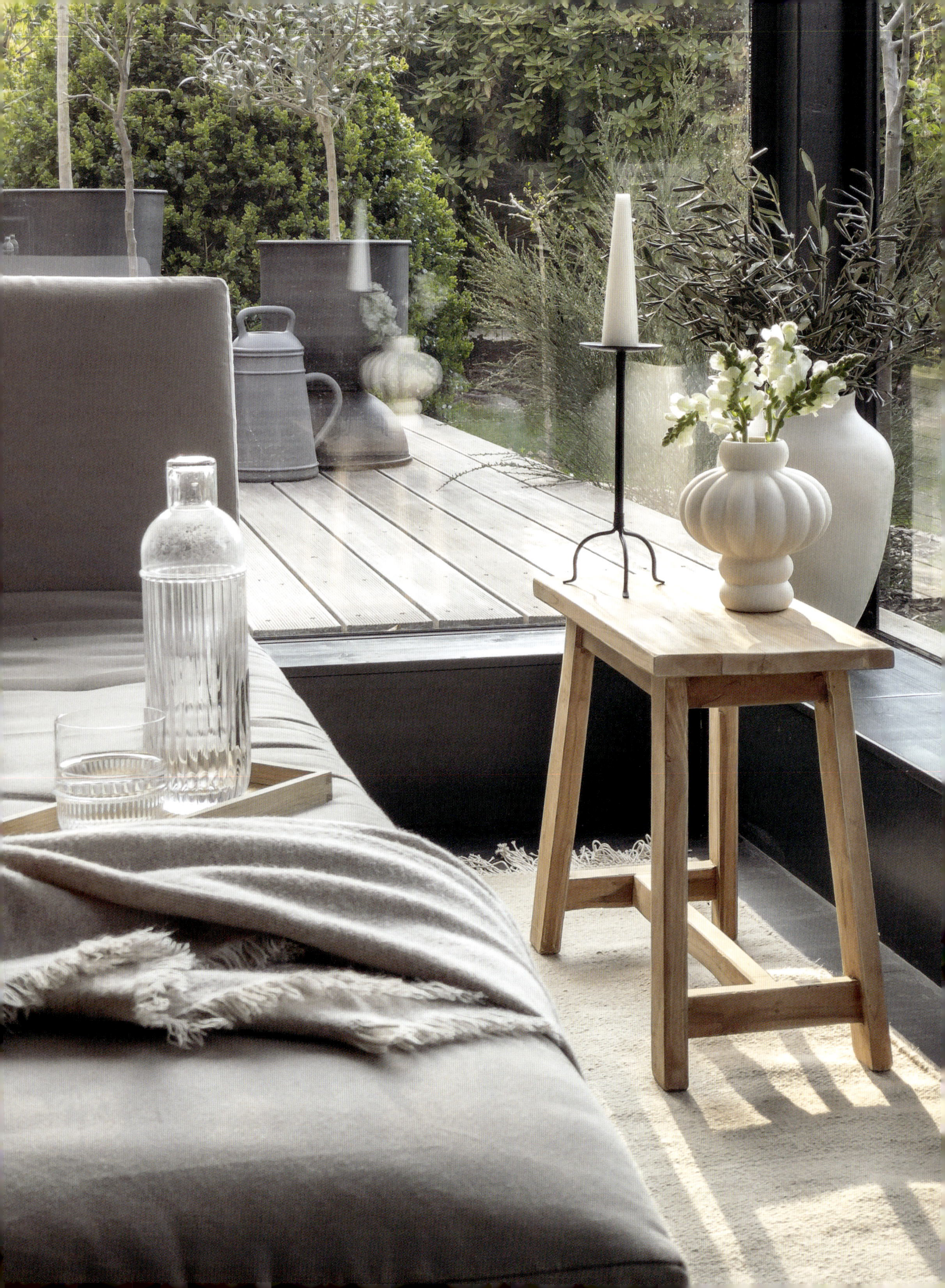

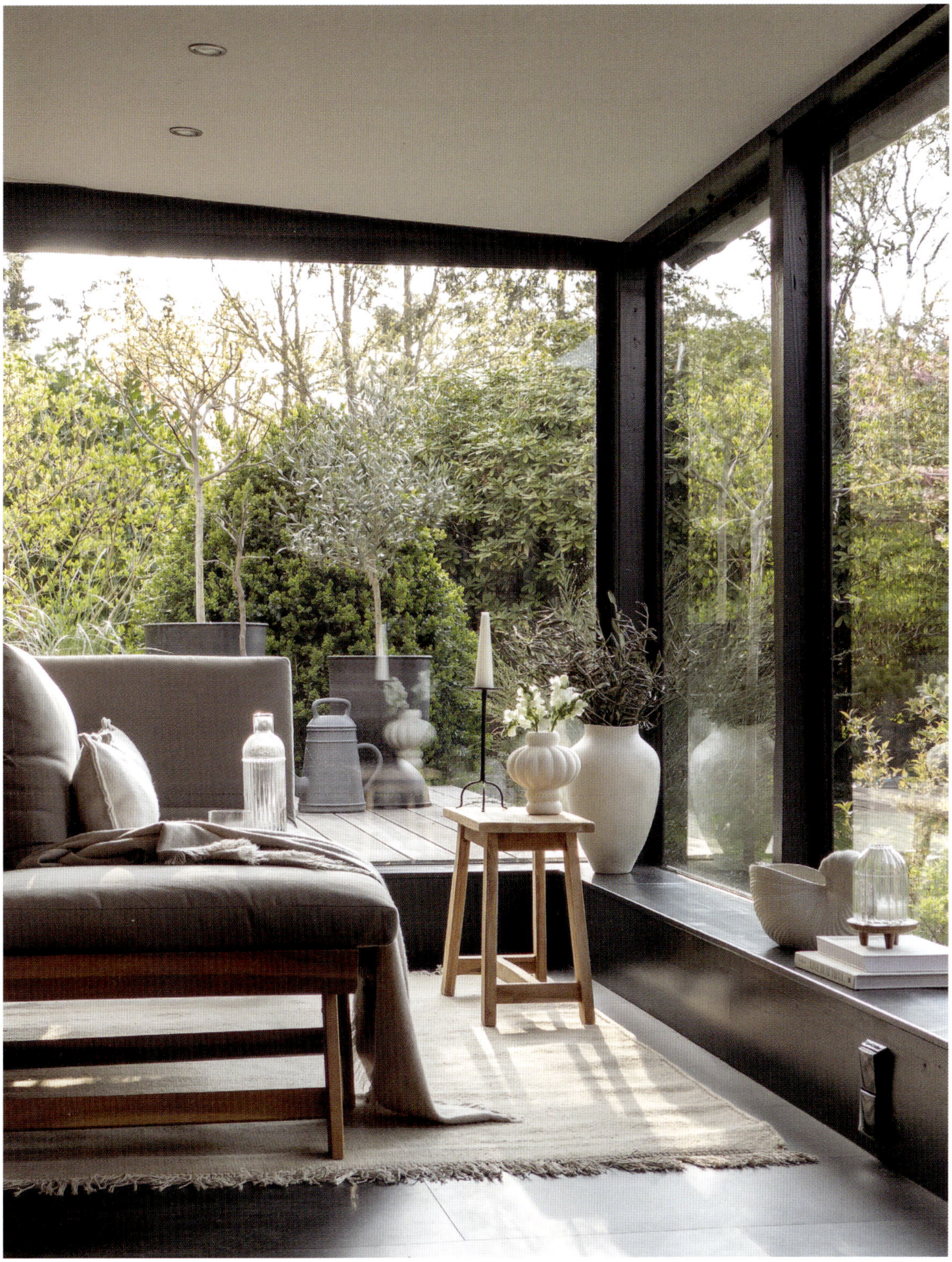

Ein Outdoorsofa aus Holz gibt dem Wintergarten Gemütlichkeit und lässt die Grenze zwischen drinnen und draußen verschwimmen.

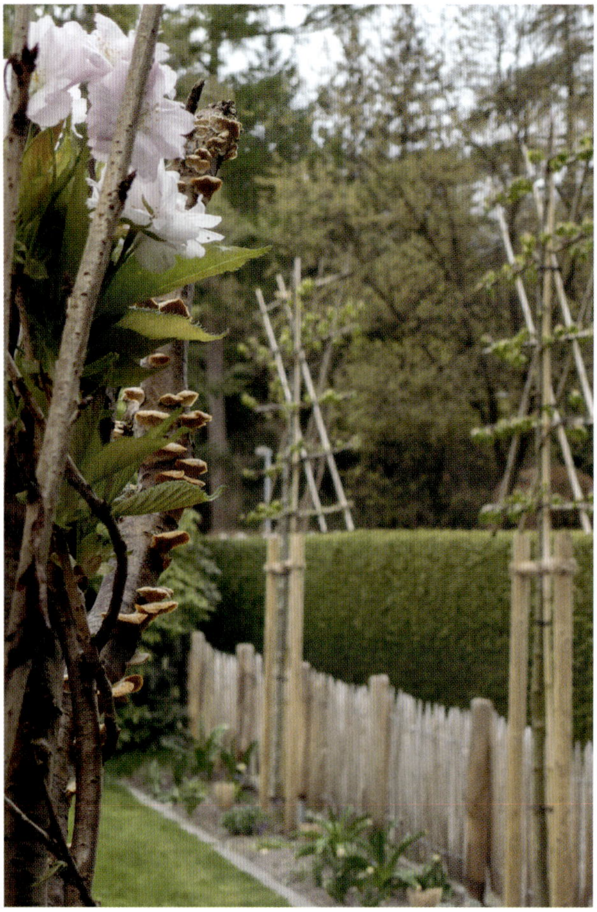

Spalierbäume und Staketenzaun sind die Begrenzung des Nutzgartens und bilden einen schönen Hintergrund für das Gewächshaus.

SO NATÜRLICH WIE MÖGLICH

Skandinavische Gärten können viele stilistische Facetten haben. Während sich die einen an der Schlichtheit und dem Minimalismus der skandi-typischen Inneneinrichtung orientieren, sind andere besonders naturbelassen, bunt und üppig. Unser Garten ist inspiriert von letzterer Variante. In ihm finden sich vor allem organische Formen, üppige Staudenbeete und allerlei Obstbäume.

Der alte Baumbestand auf unserem Grundstück aus Nadelgehölzen, Hartriegel und Rhododendren fügt sich dazu perfekt ein. Ähnlich dem Japandi-Interior sind auch im Outdoor-Bereich Parallelen zwischen der nordischen und der fernöstlichen Gartengestaltung vorhanden; so lassen sich beispielsweise Pflanzen wie Koniferen, japanische Ahorne und Farne in Japan wie in Skandinavien finden.

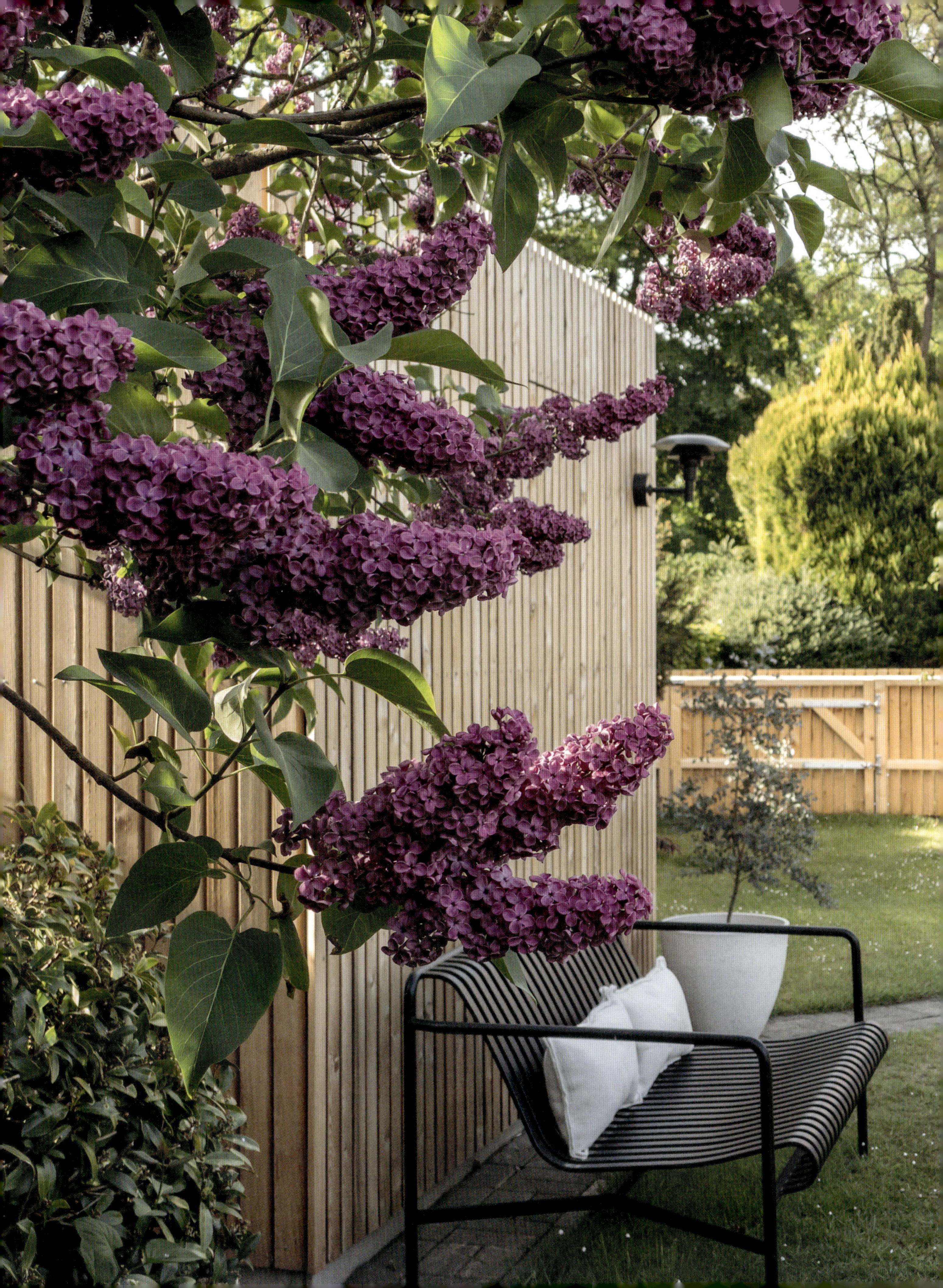

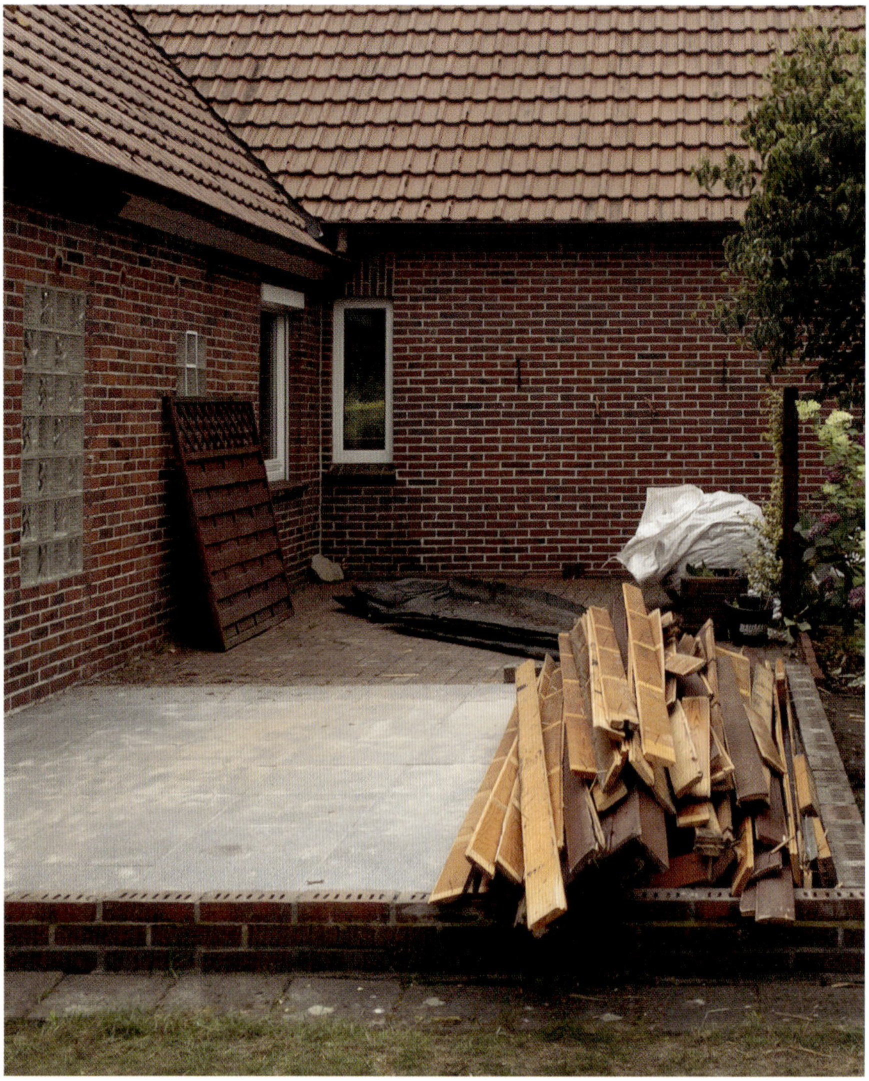

ROOMTOUR TERRASSENGARTEN

Terrassenfläche: 30 m^2
Gesamtfläche: 225 m^2

Eine Holzterrasse mit Dielen, die bis in die bodentiefen Fenster reichen, war einer der Wünsche von meinem Mann. Von außen und innen entsteht so eine tolle Verbindung, die die Terrasse optisch zu einem weiteren Wohnraum macht. Auf der Terrassenfläche habe ich zwei Bereiche gestaltet: einen mit Lounge-Ecke für mehrere Gäste und einen mit Liegestuhl oder Daybed zum Entspannen. Eingerahmt von Bäumen und Staudenbeeten ist dies im Sommer unser gemütliches Outdoor-Wohnzimmer.

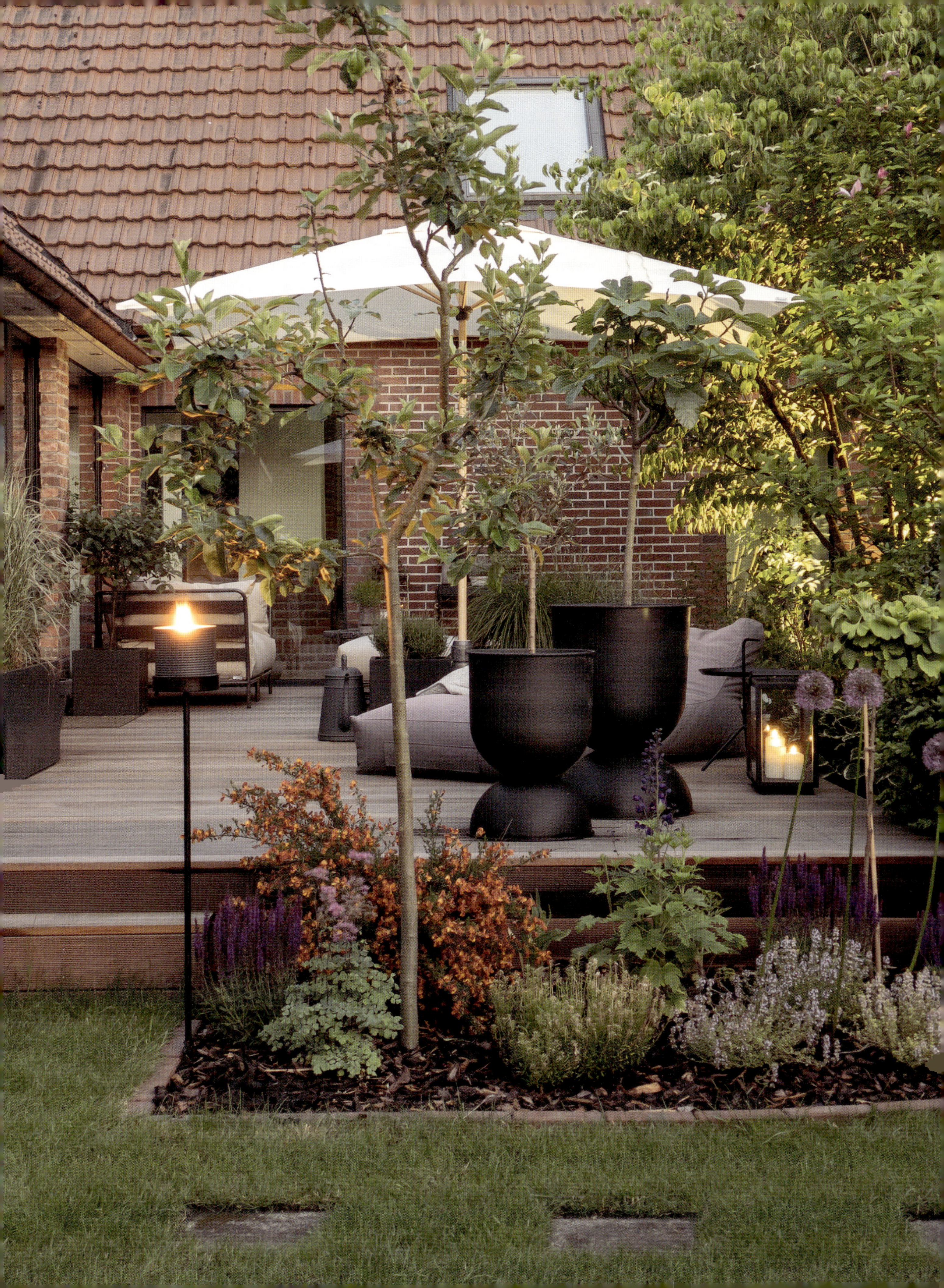

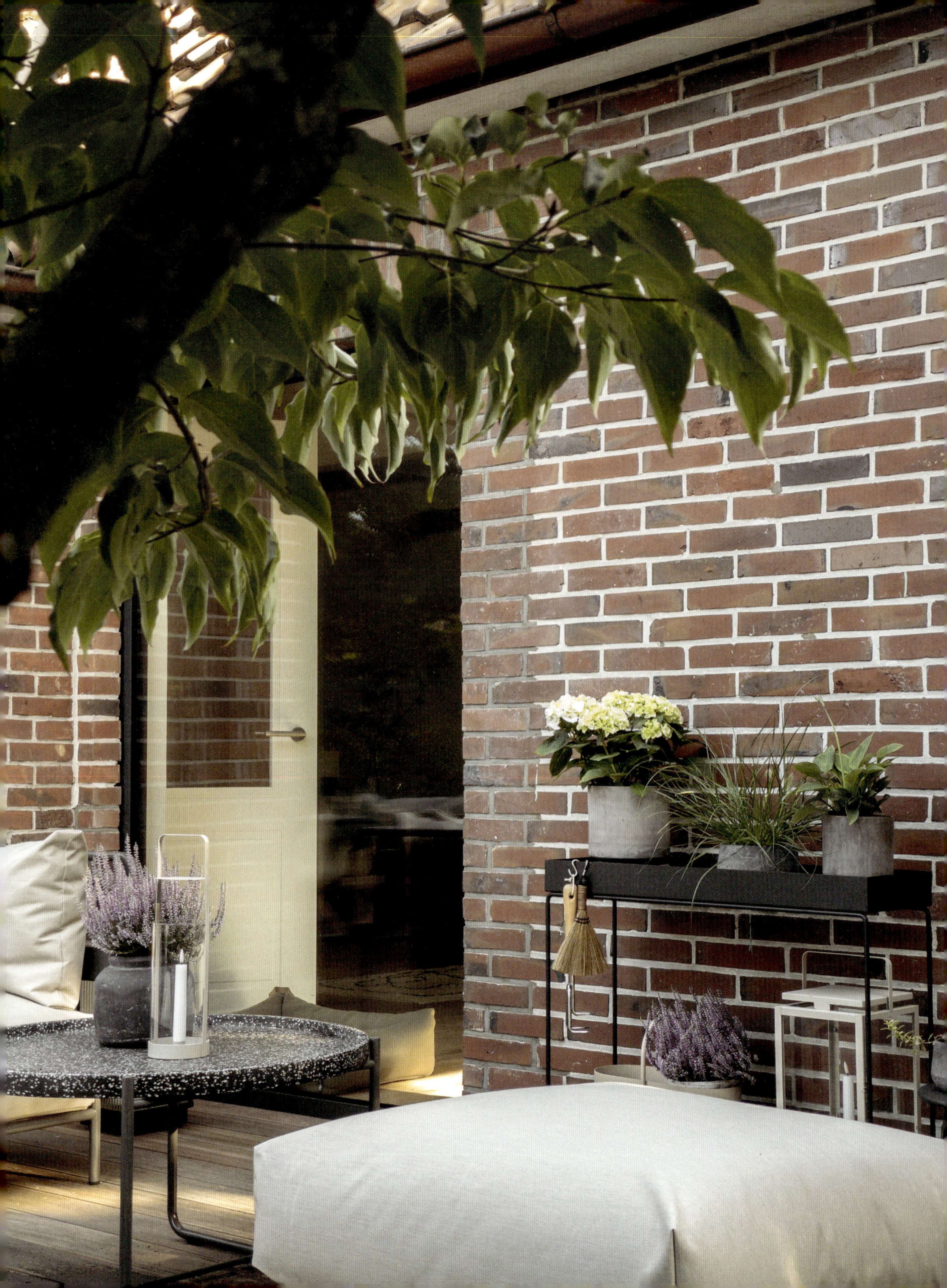

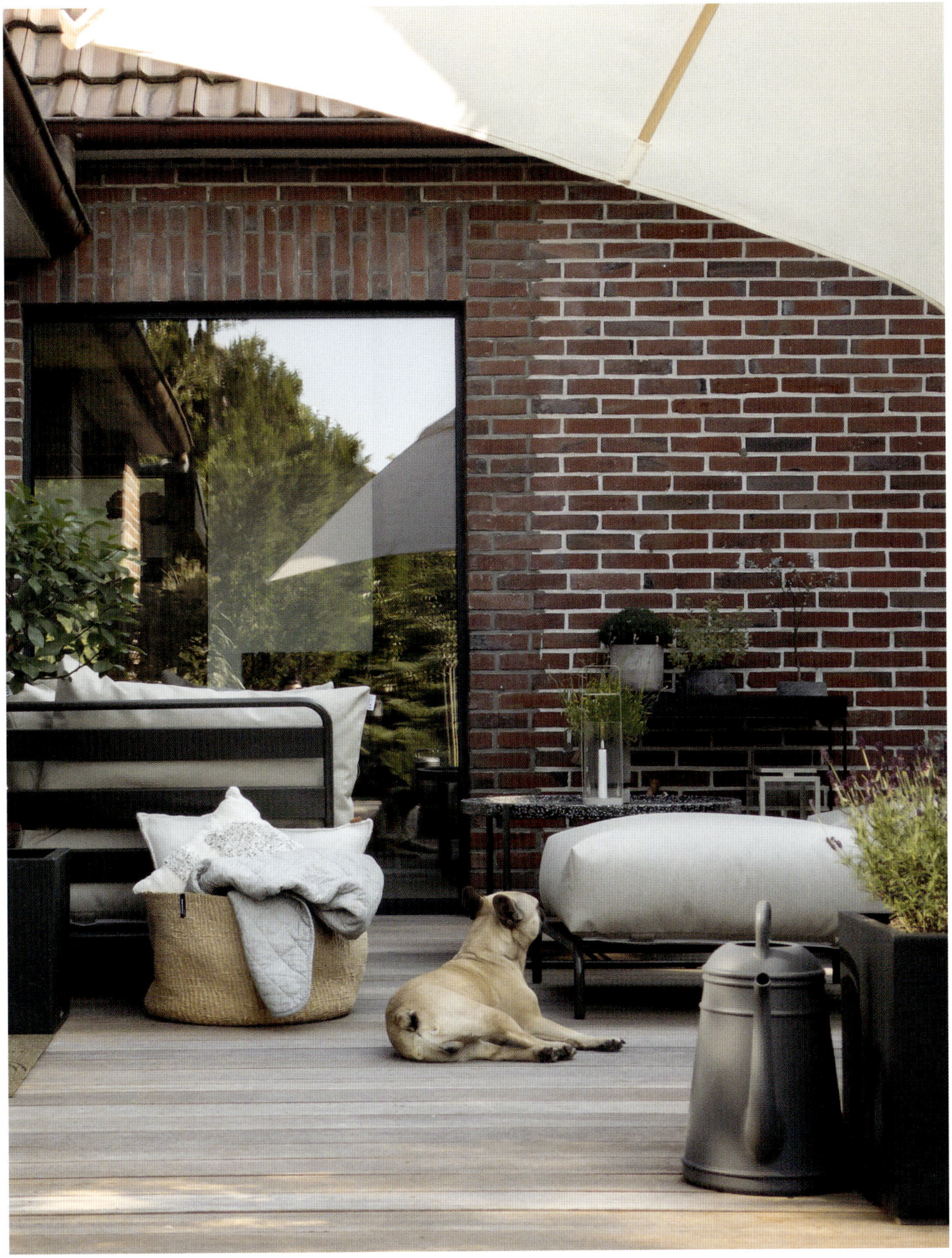

Auch wenn die Terrasse von Beeten umgeben ist, dürfen weitere Pflanzen und Gräser in Töpfen und Kübeln dort nicht fehlen.

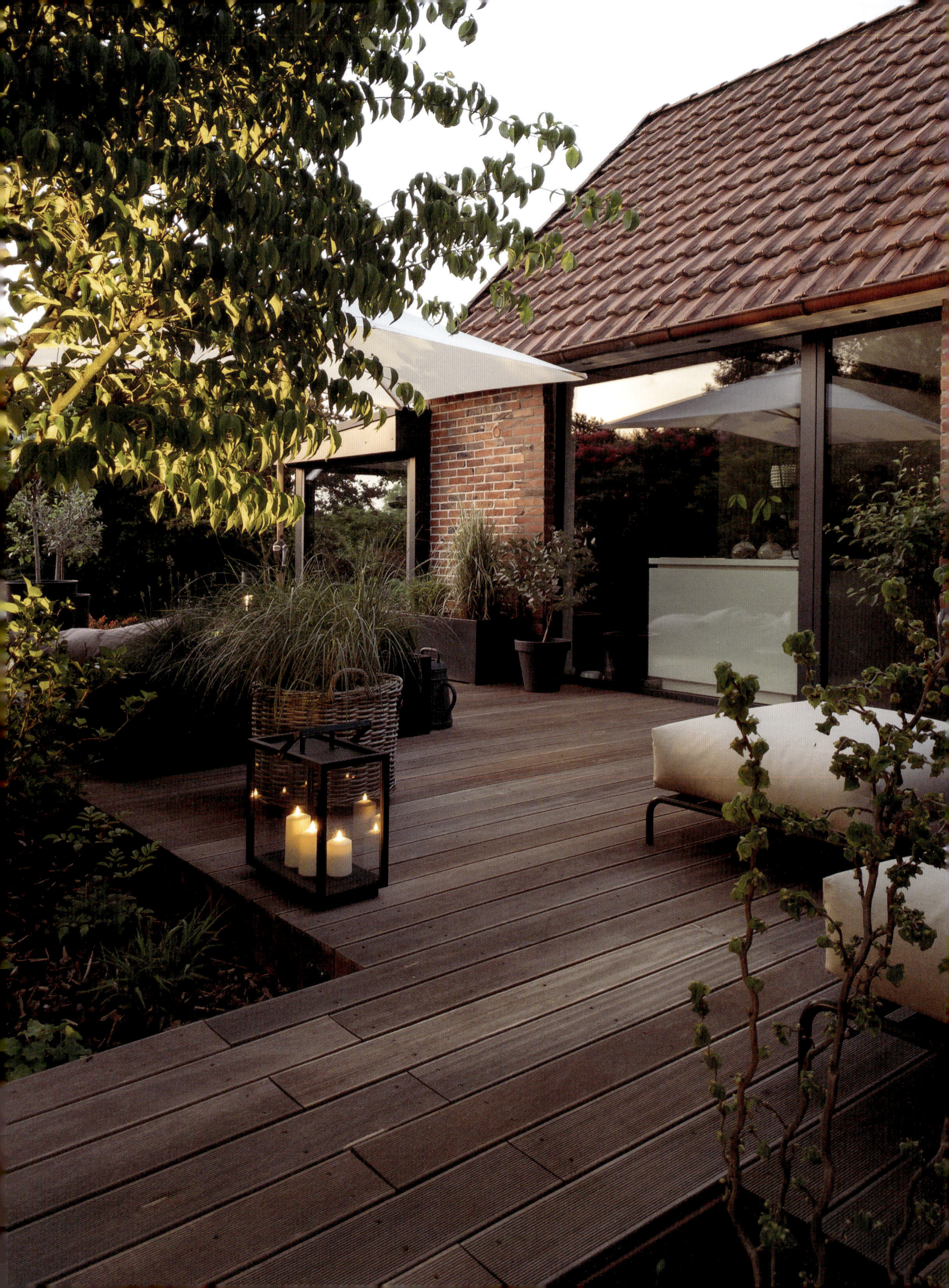

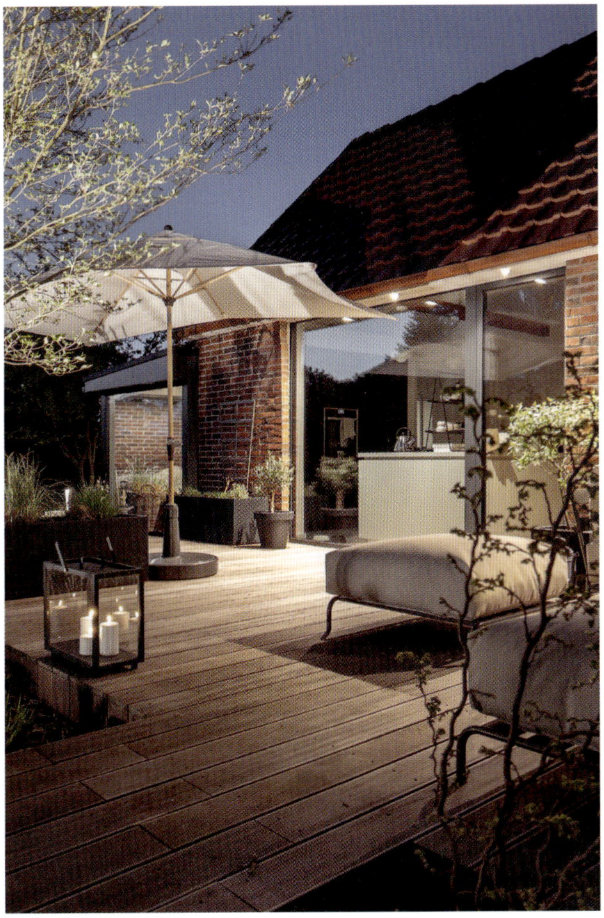

Frühling, Sommer, Herbst und Winter – mit Möbeln und Deko ist die Terrasse zu jeder Jahreszeit eine schöne Erweiterung des Wohnraums.

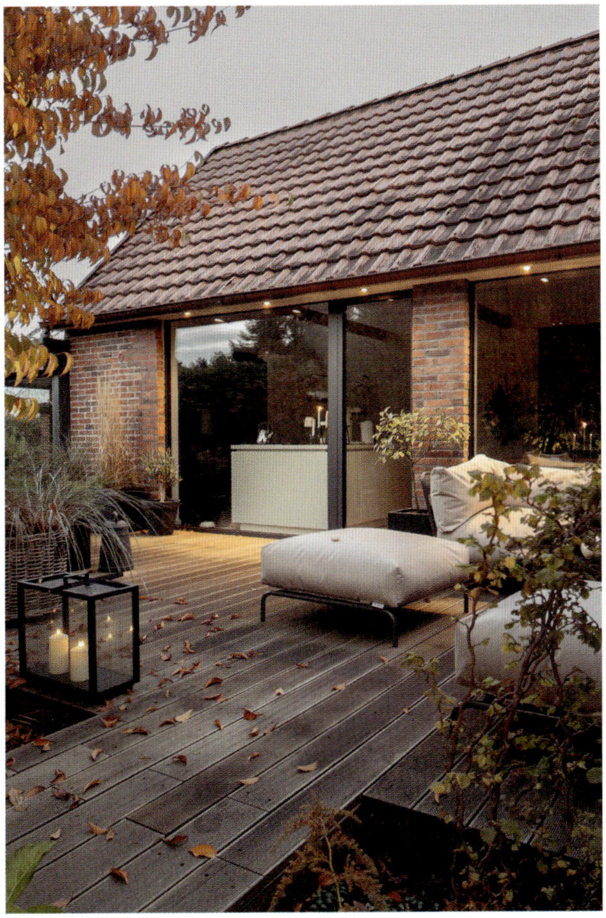

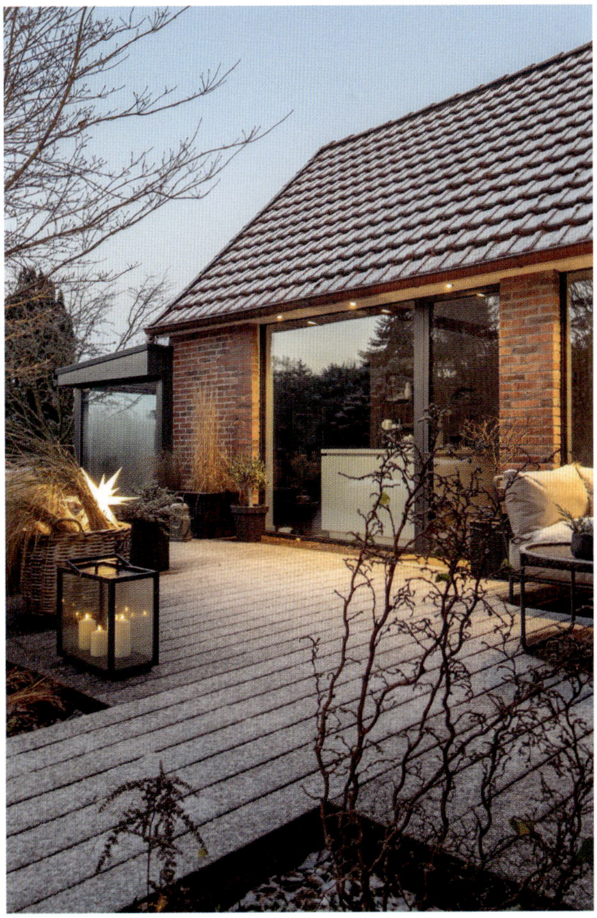

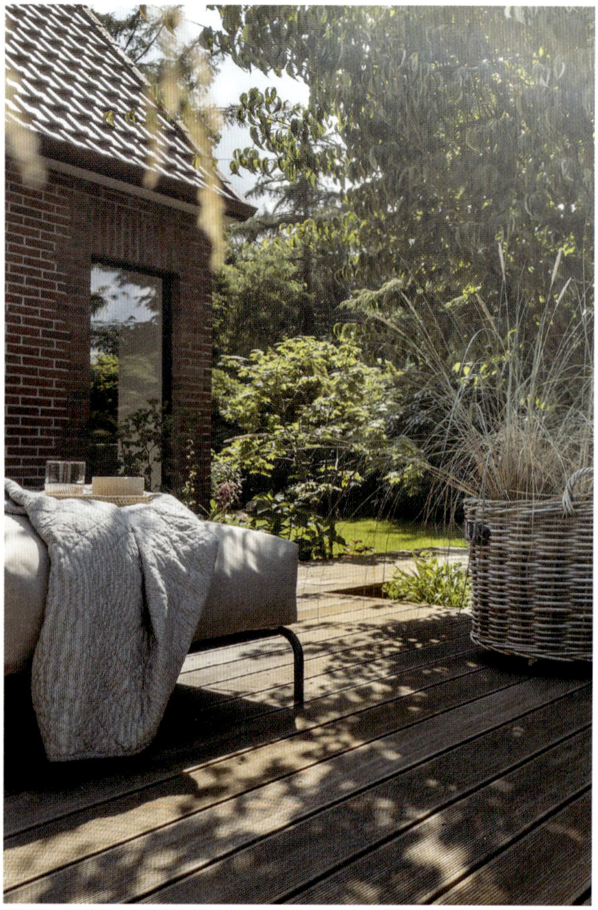

Sonnenbank oder schattiges Plätzchen – verschiedene Sitzgelegenheiten bieten die Möglichkeit, sich jederzeit frei zu entscheiden.

LAUSCHIGE PLÄTZCHEN

Möbel und Accessoires aus Metall und Holz bilden wahlweise einen Kontrast oder eine Ergänzung zu den naturnah angelegten, gepflegten Beeten und Rasenflächen. Eingefasst sind diese ebenfalls mit Holz oder gröberen Steinen, die besonders natürlich wirken.

Auch ein Holzhaus wie unser Schuppen oder eine kleine Sauna passen in einen skandinavischen Garten und laden umso mehr zum Verweilen im Außenbereich ein. Verschiedene Sitzgruppen, ein Esstisch, eine Liegemöglichkeit und Bänke an verschiedenen Orten im Garten machen ihn zu jeder Tageszeit und für jede Gelegenheit einladend.

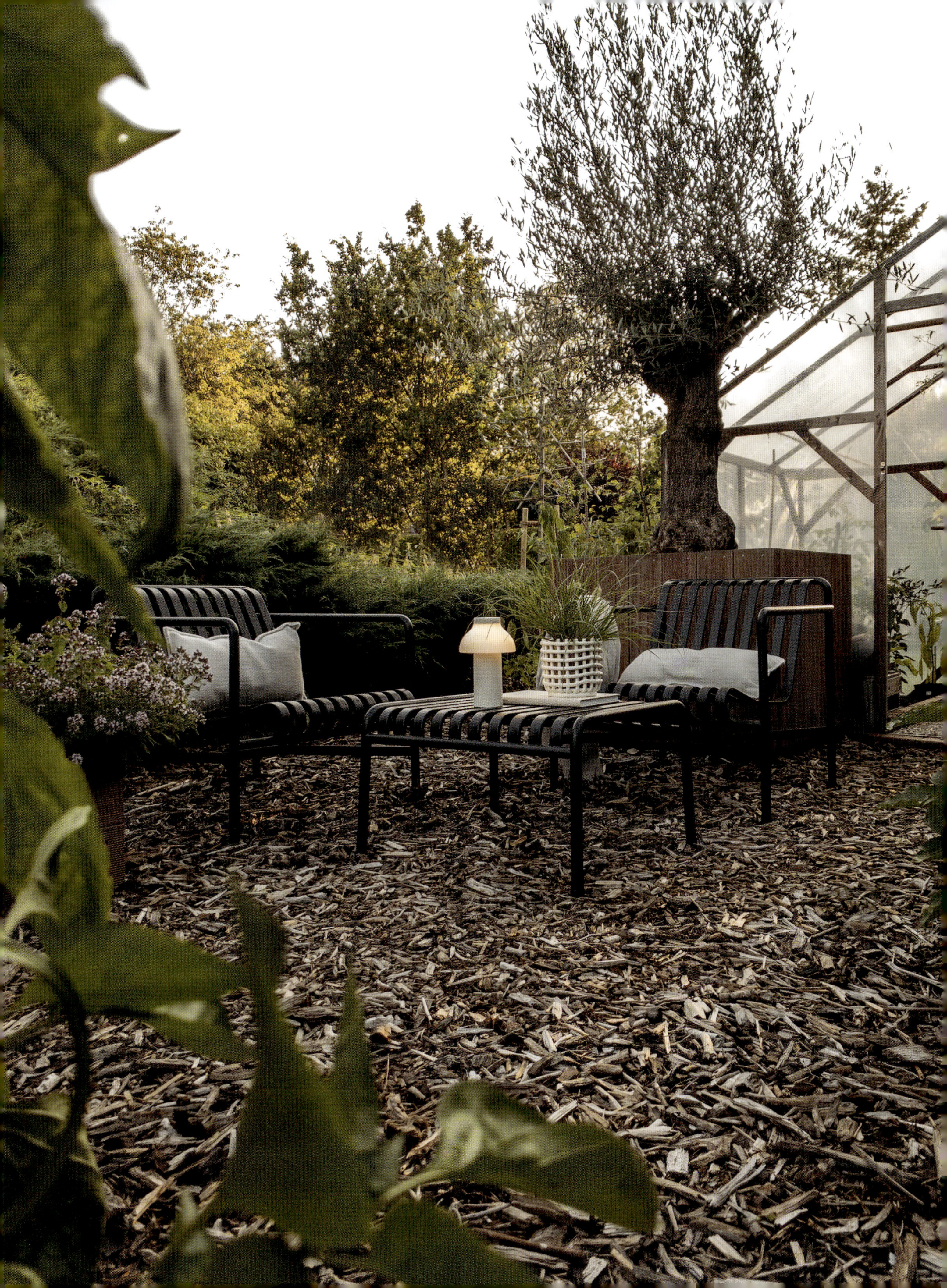

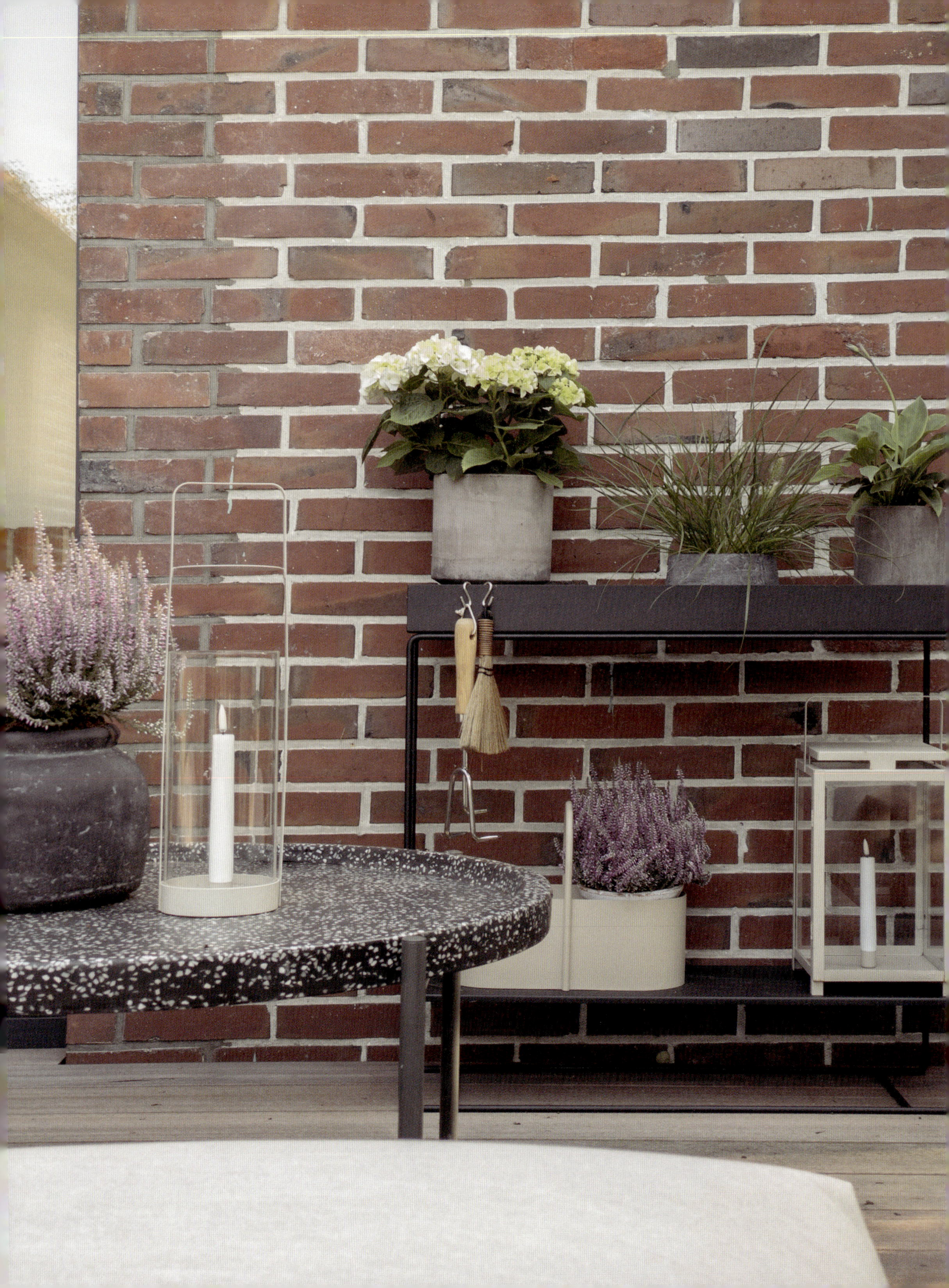

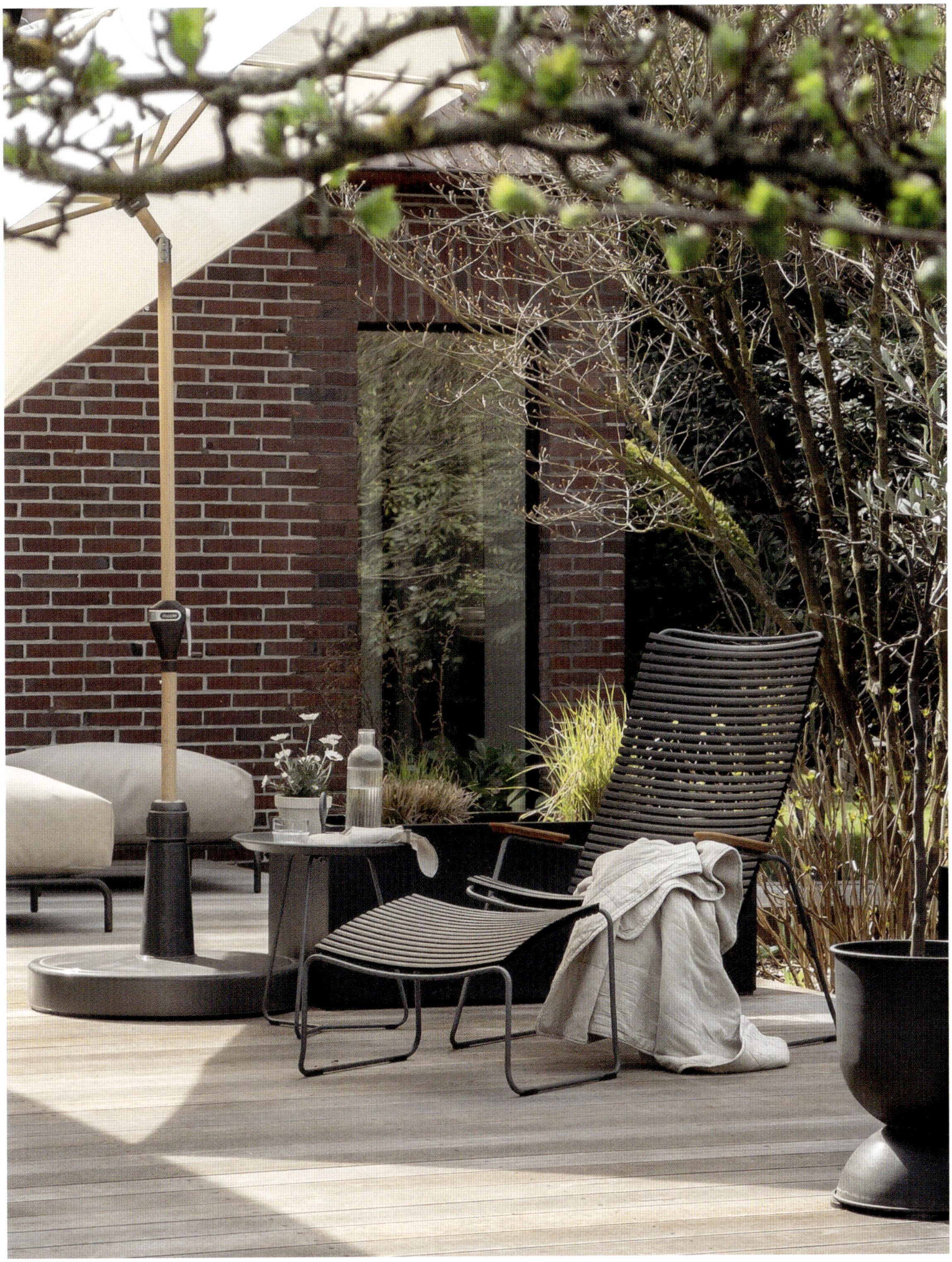

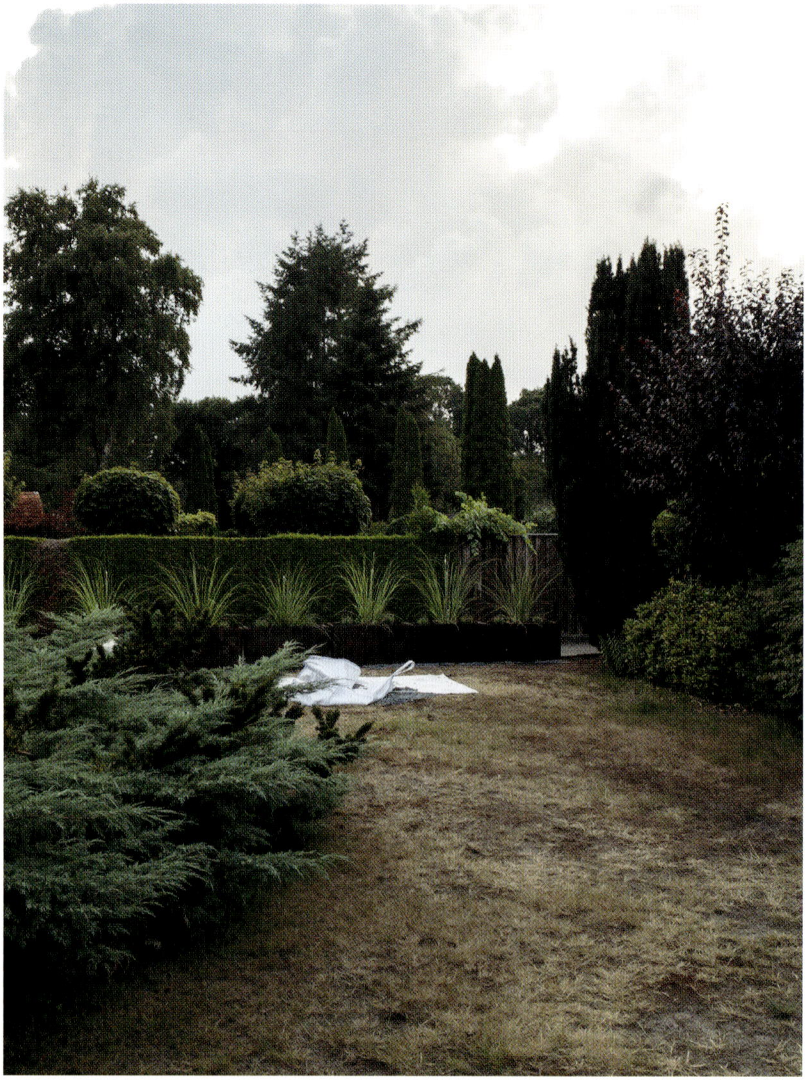

ROOMTOUR NUTZGARTEN

Fläche: 165 m²

Mit einer kleinen Sitzecke, einem DIY-Gewächshaus und Hochbeeten aus übrig gebliebenen Terrassendielen haben wir in diesem Gartenbereich das Schöne mit dem Nützlichen verbunden. Das Gemüse und die Kräuter, die wir hier anbauen, wandern viele Monate im Jahr auf unsere Teller. Da ist es nur logisch, dass dieser Platz von uns beiden gerne in der Mittagspause als Essplatz genutzt wird.

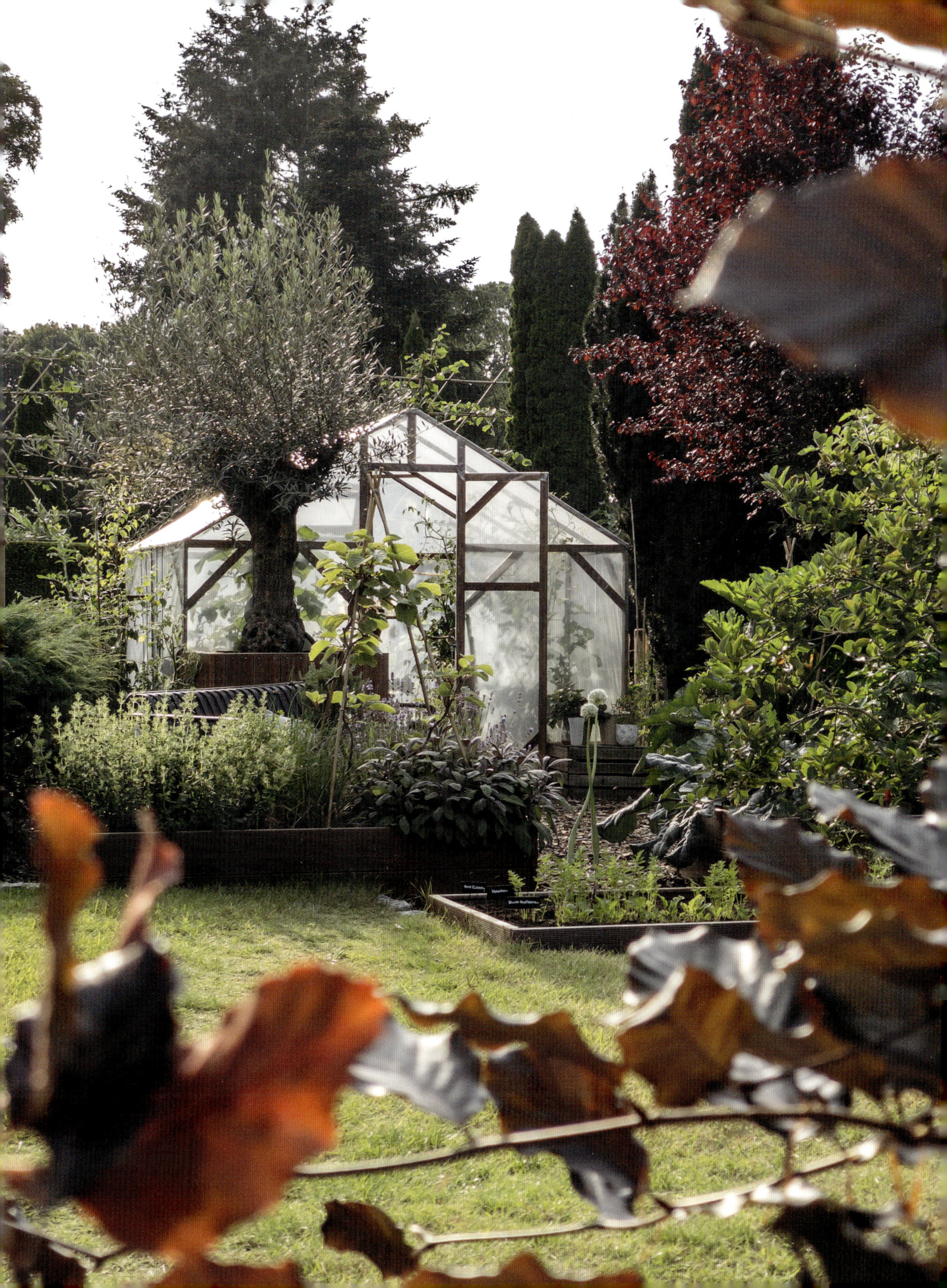

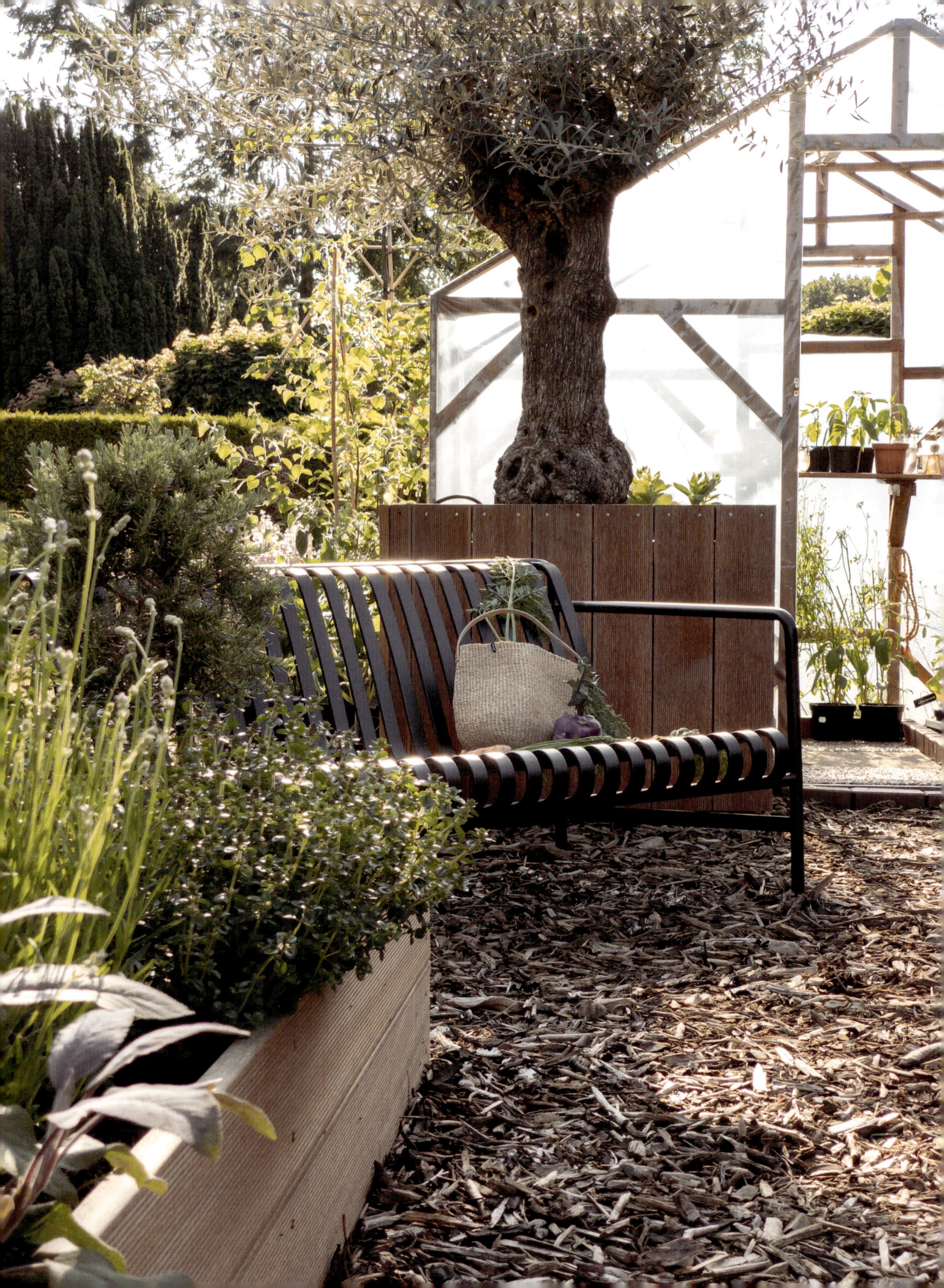

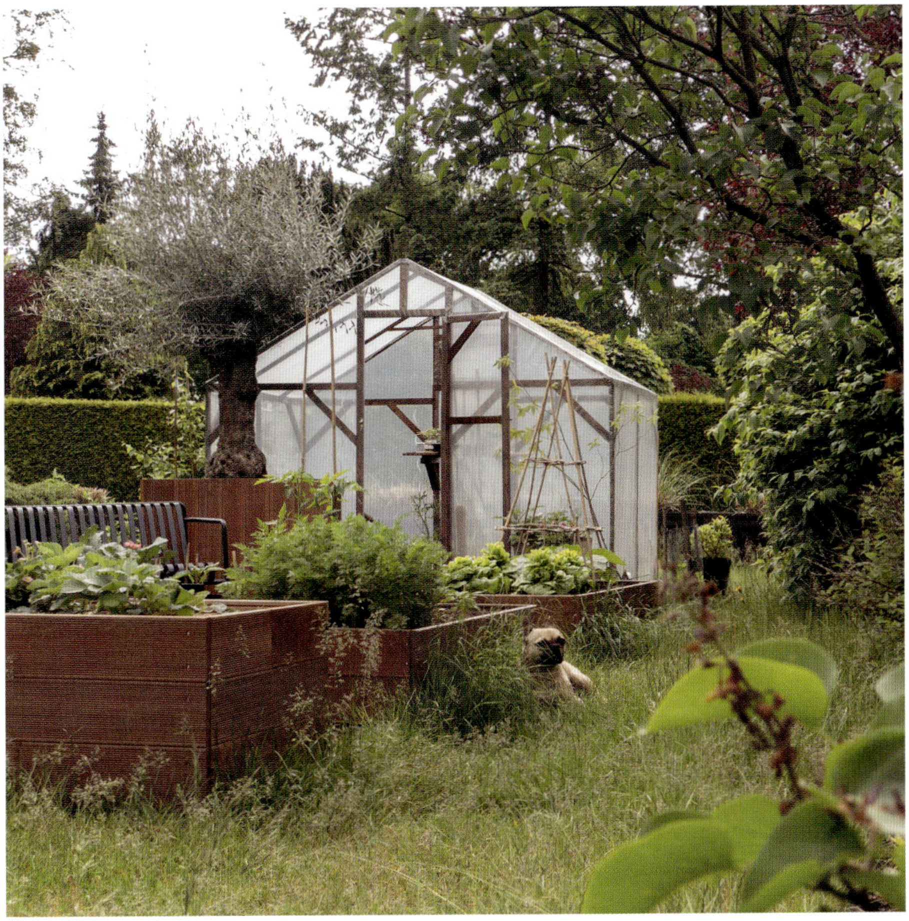

Die Hochbeete und das Gewächshaus haben wir komplett selbst gebaut und dafür zum Großteil Restmaterialien verwendet, etwa vom Terrassenbau.

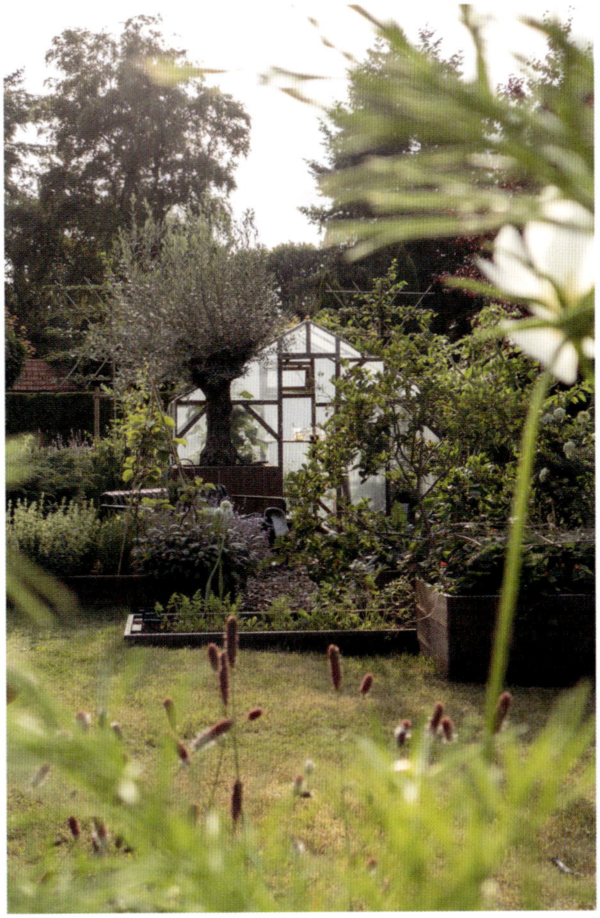

STIMMUNGSVOLLES LICHT

Damit der Garten im Sommer wie auch in der dunklen Jahreszeit gemütlich und optisch ansprechend aussieht, ist die Lichtgestaltung von großer Bedeutung. Mit einzelnen Strahlern an Büschen und Bäumen können die Konturen des Gartens nachgezeichnet und einzelne Bereiche betont werden. An Sitzmöglichkeiten, auf der Terrasse und am Essplatz sorgen Laternen, Lampen und Outdoor-Leuchten zudem für eine behagliche Stimmung. Diese kann man wie auch im Innenbereich durch Kissen und Decken aus Leinen oder Wolle unterstreichen. So wird der Garten während der warmen Monate des Jahres und auch darüber hinaus zu einer Erweiterung des Lebensbereichs, in dem man wunderbar Zeit verbringen kann.

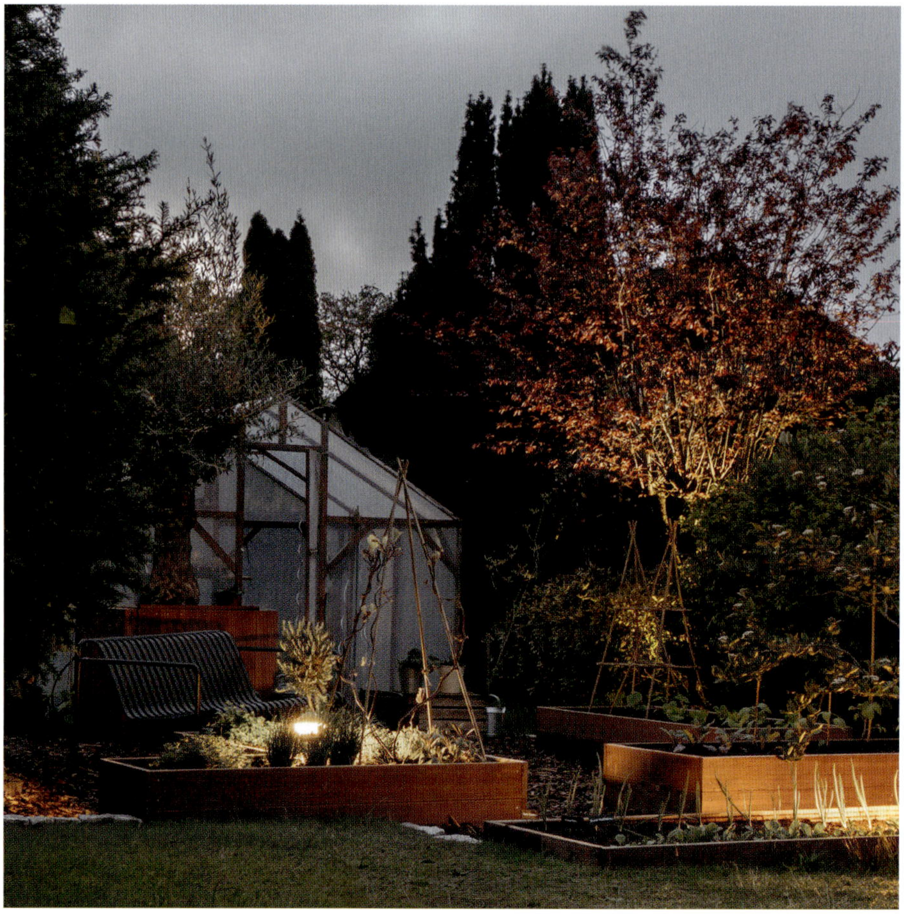

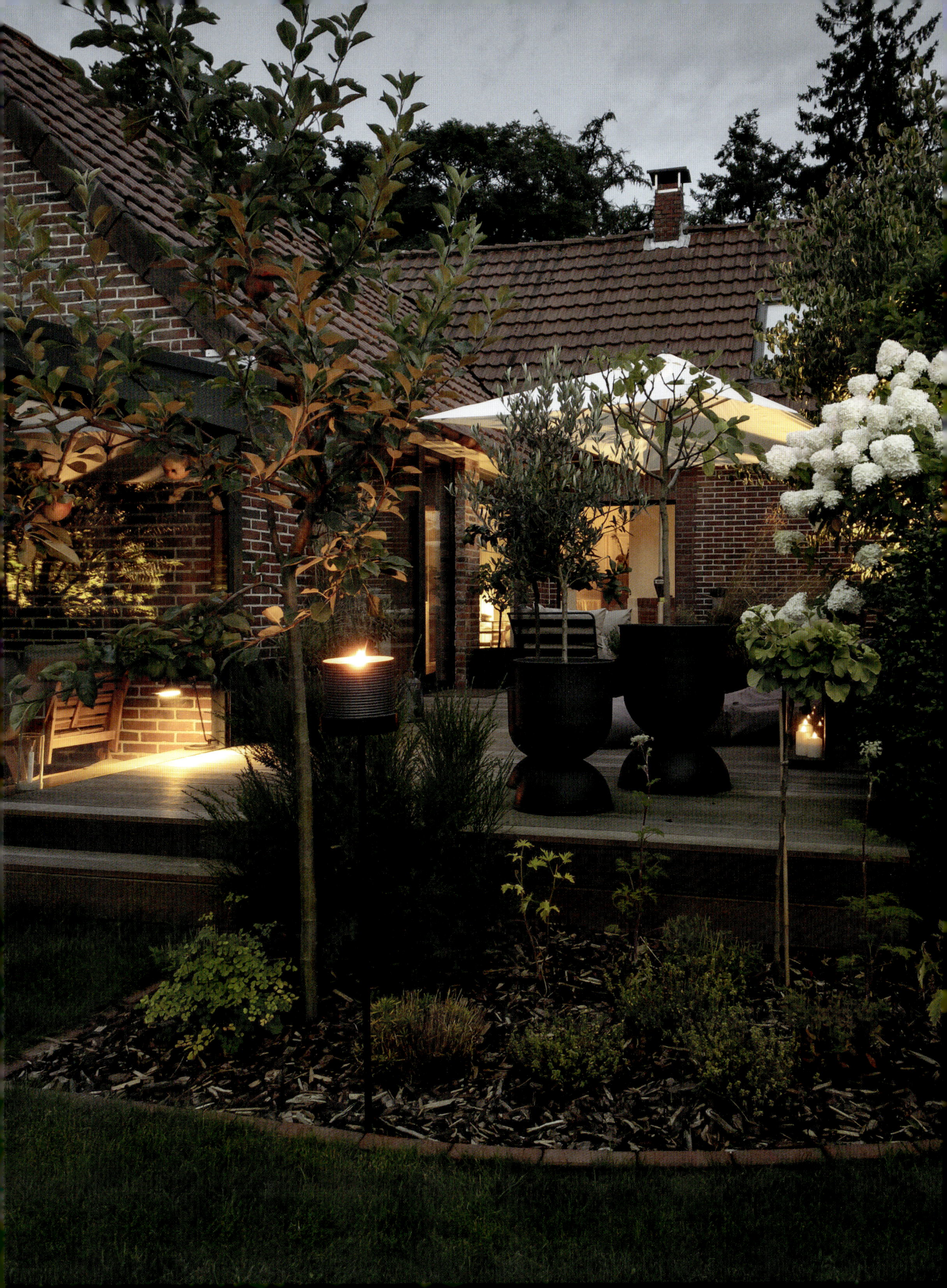

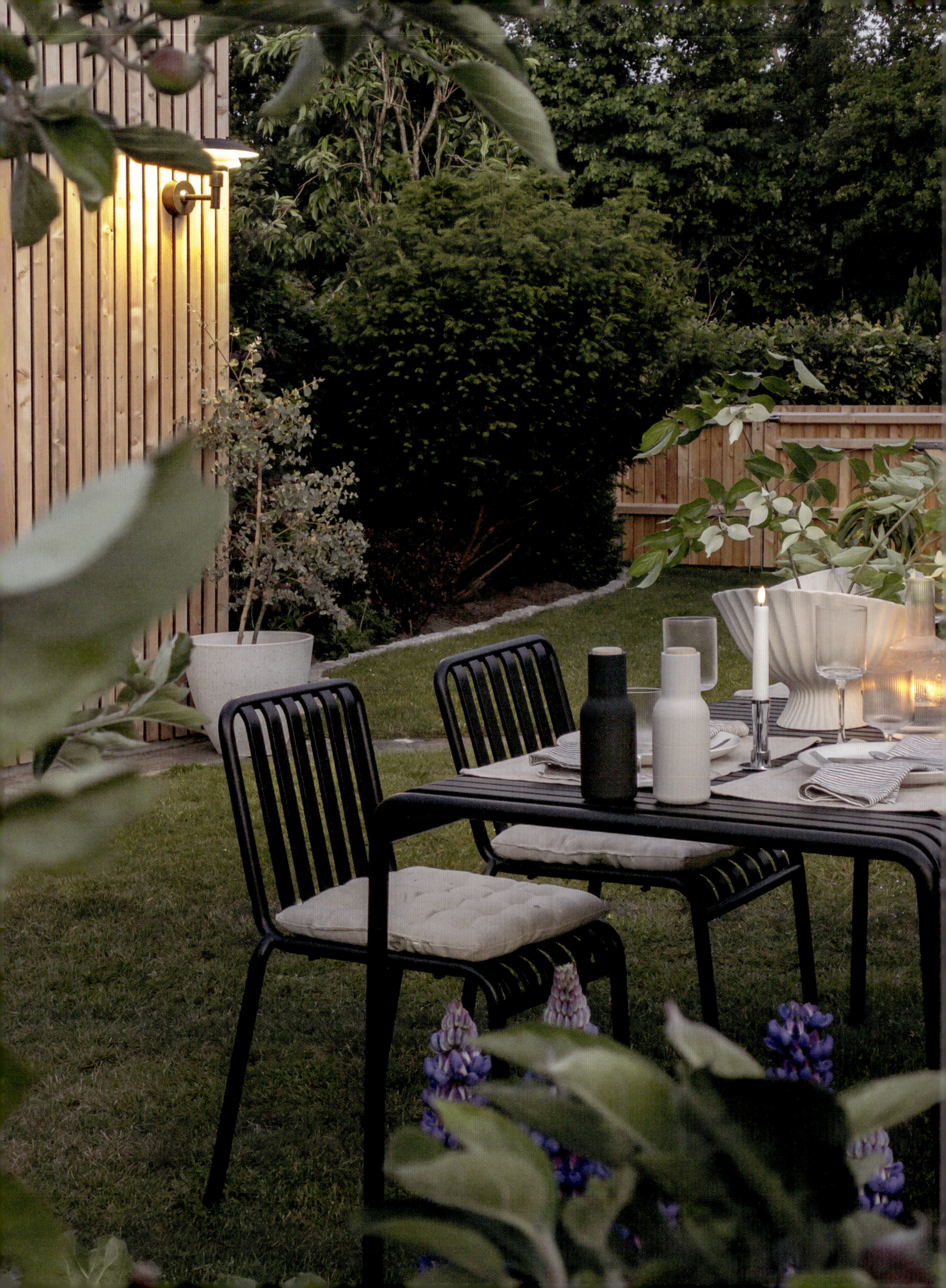

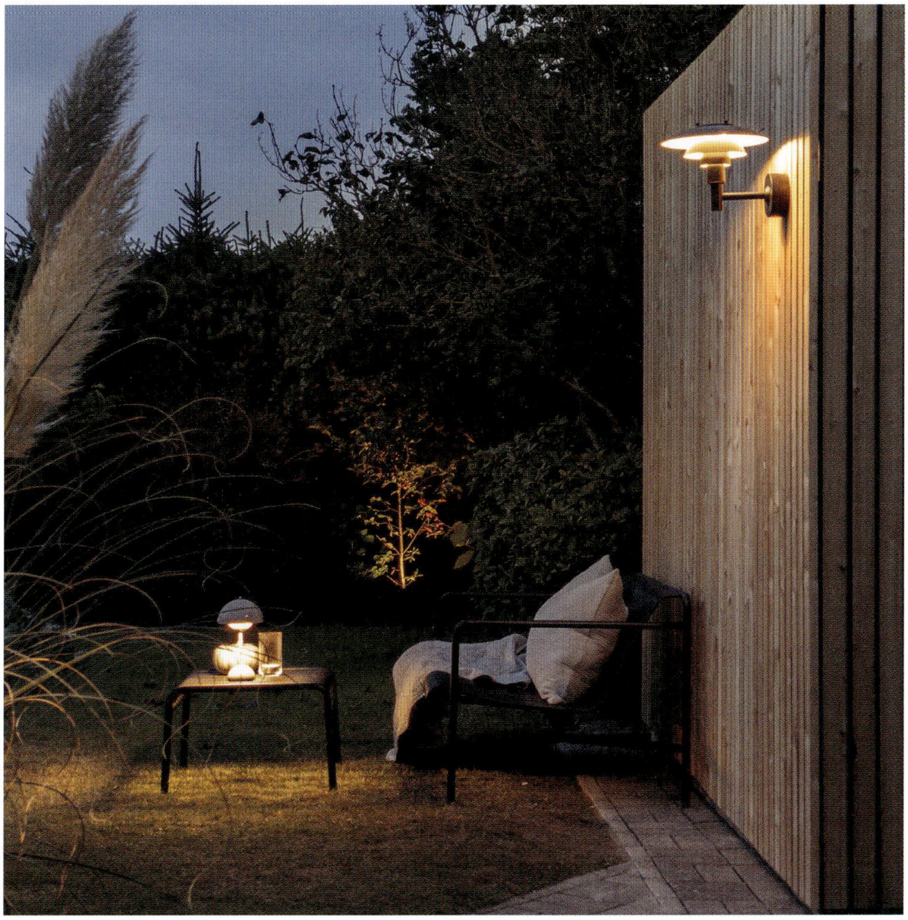

Die Lampen am Haus und die einzelnen Strahler und Leuchten in den Beeten vereinen sich zu einem stimmungsvollen Lichtkonzept.

Durch die Beleuchtung lassen sich wunderbare Blickpunkte schaffen und Akzente setzen, welche die Gartenräume betonen.

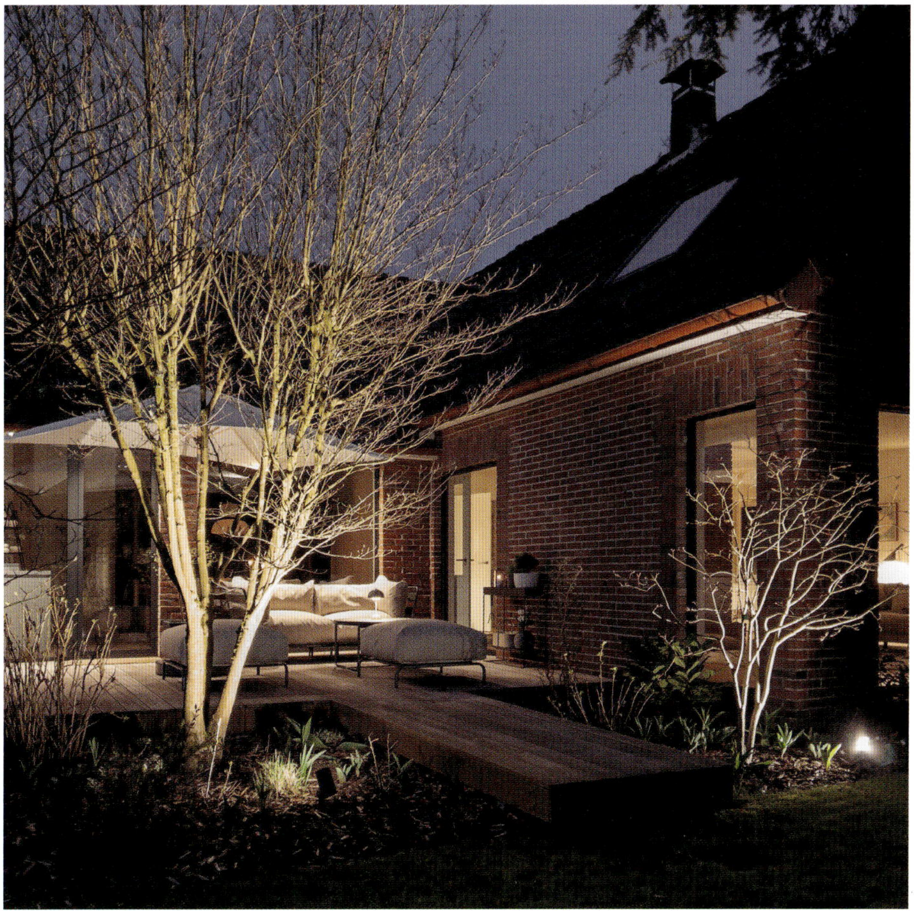

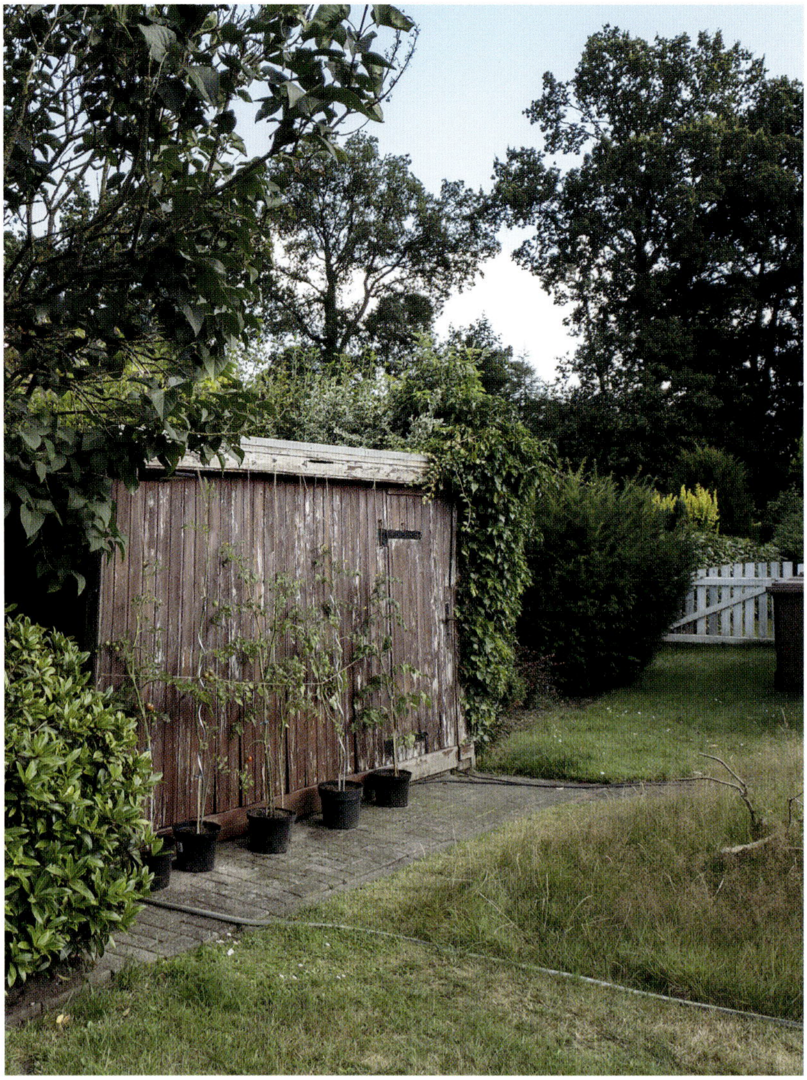

ROOMTOUR
SCHUPPEN IM STAUDENGARTEN

Fläche: 130 m²

Mit unserem selbst gebauten Schuppen mit Verkleidung aus Rhombusleisten als Herzstück haben wir 2021 einen weiteren Gartenraum angelegt. Ein üppiges Staudenbeet und wunderschön blühende Bäume wie Flieder, Hibiskus und Bauernjasmin bilden den Rahmen dieses Bereichs. Im Zentrum habe ich zuletzt einen Essplatz gestaltet, an dem man inmitten der Pflanzen speisen kann.

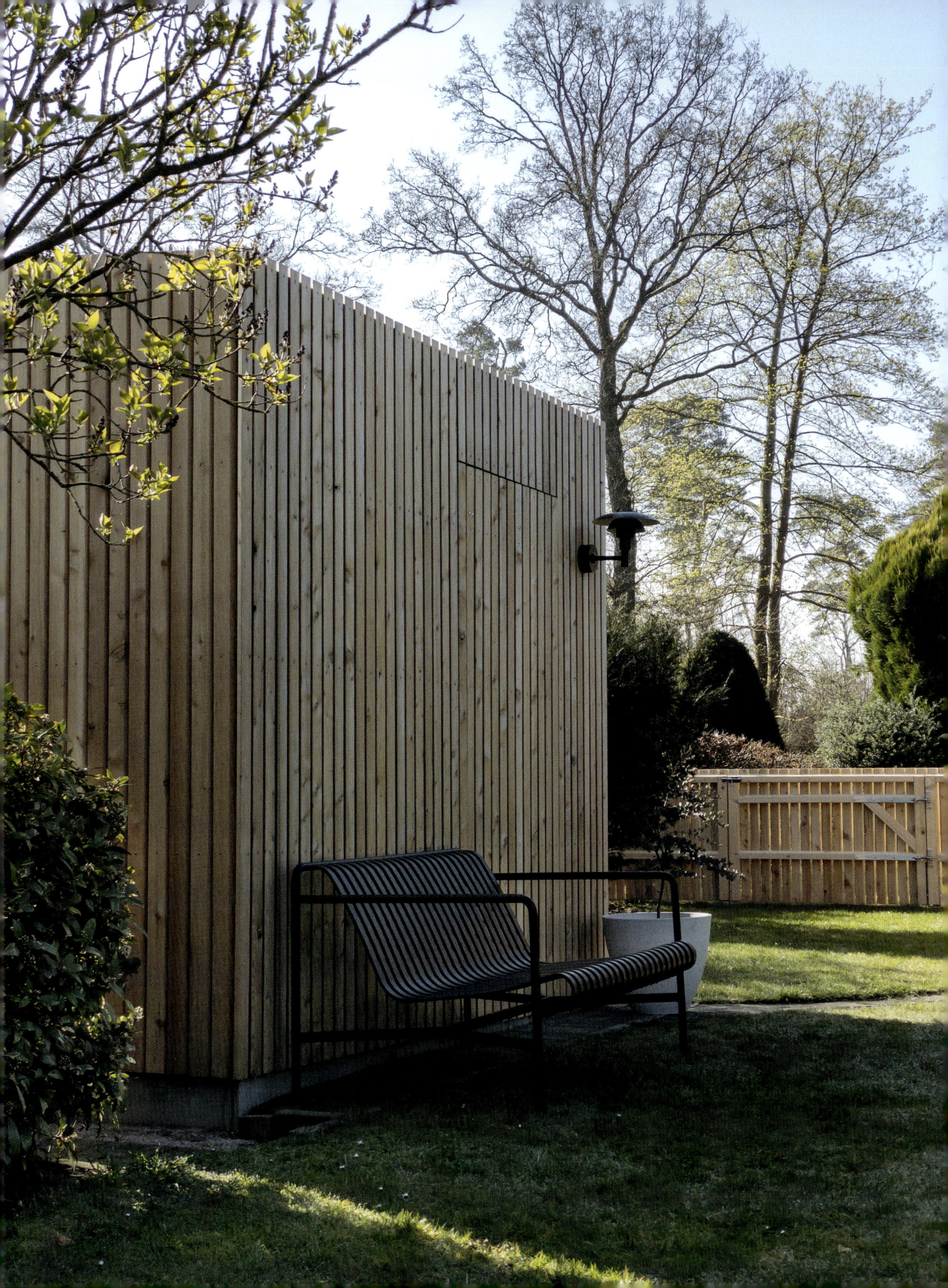

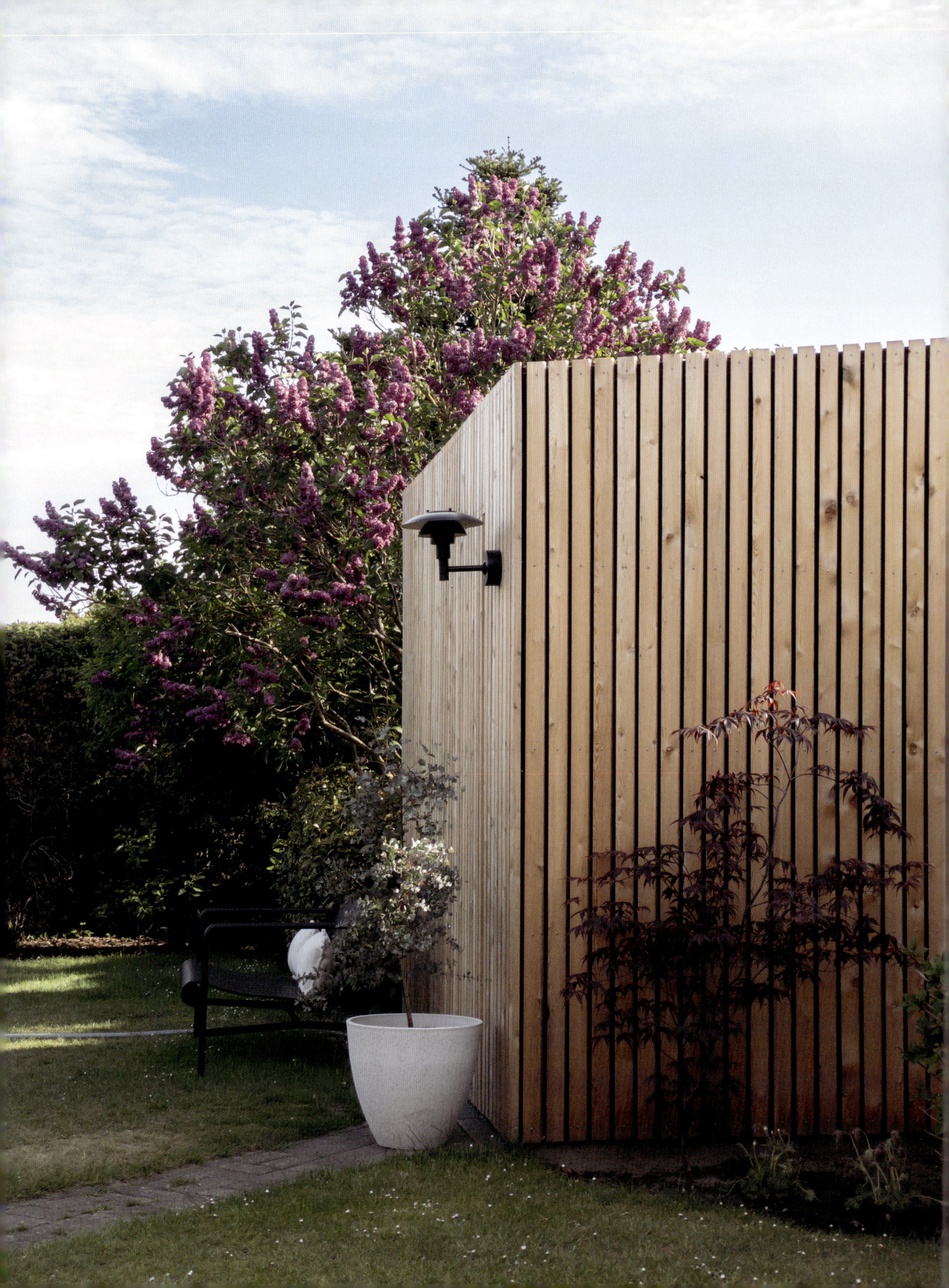

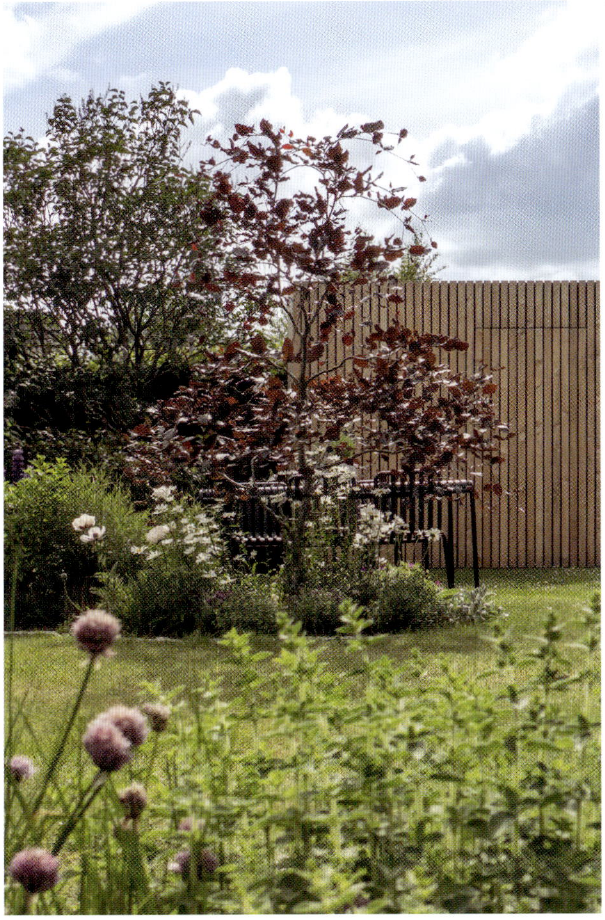

Der Esstisch auf dem Rasen, umgeben von Blumen und Bäumen, verleiht jeder Mahlzeit einen Hauch von Picknick-Feeling.

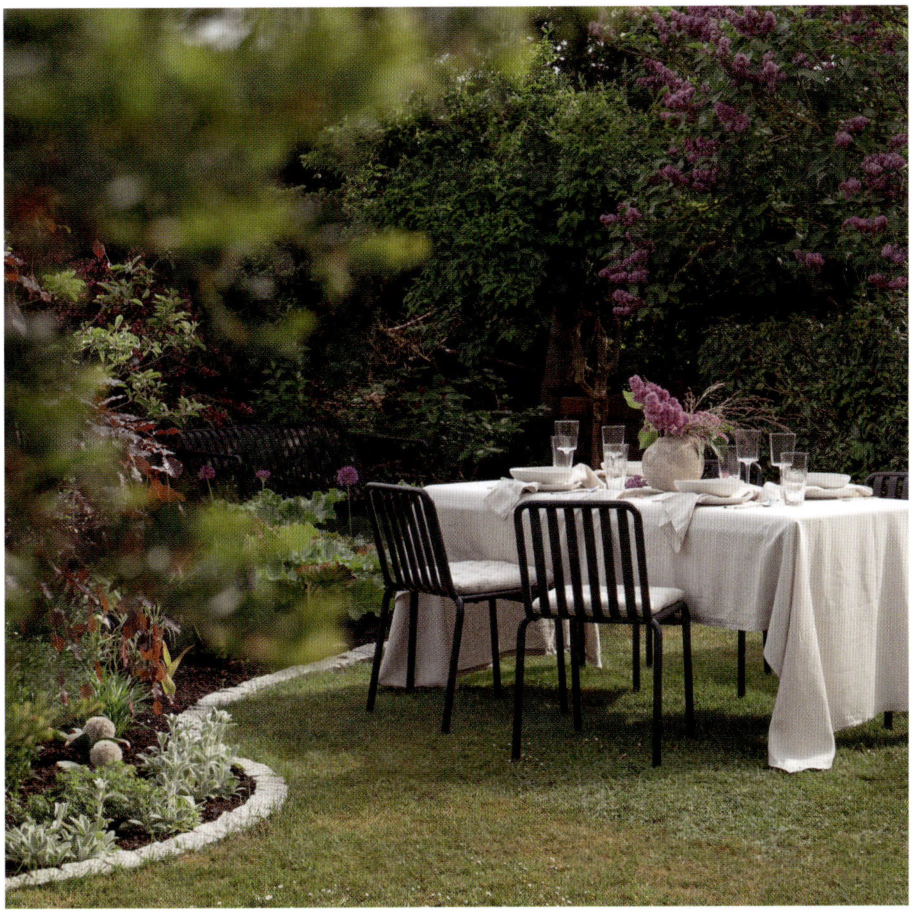

Buchempfehlungen für Sie

Noch mehr Kreativ-Bücher zum gleichen Thema gesucht?

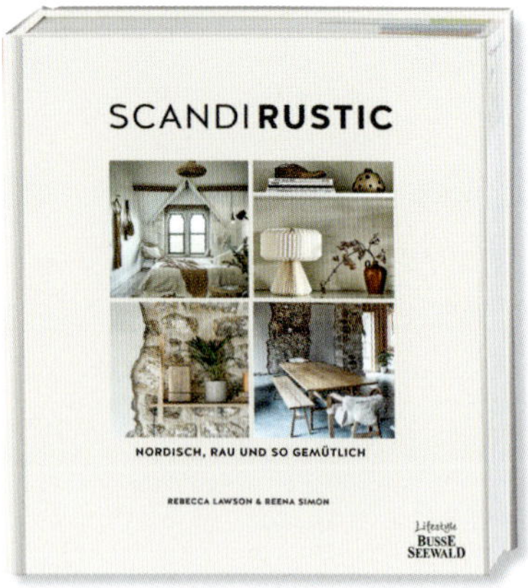

ISBN 978-3-7724-3119-7

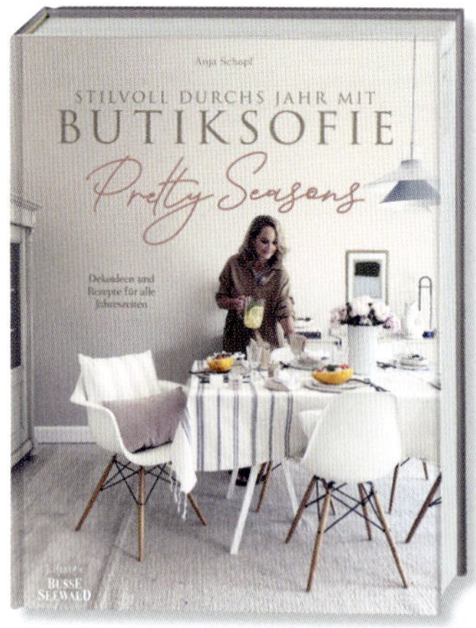

ISBN 978-3-7724-7280-0

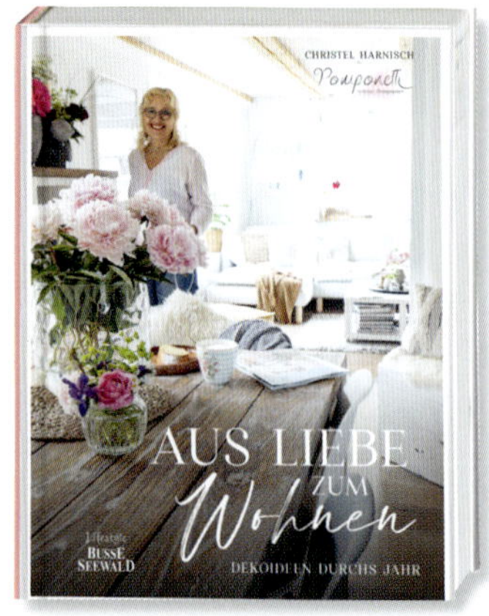

ISBN 978-3-7358-5072-0

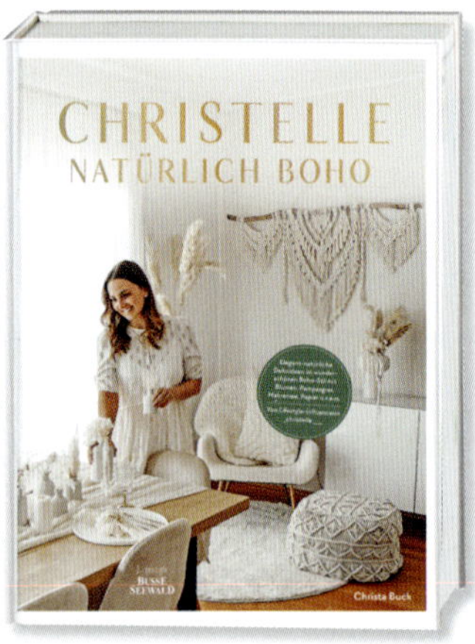

ISBN 978-3-7724-4600-9

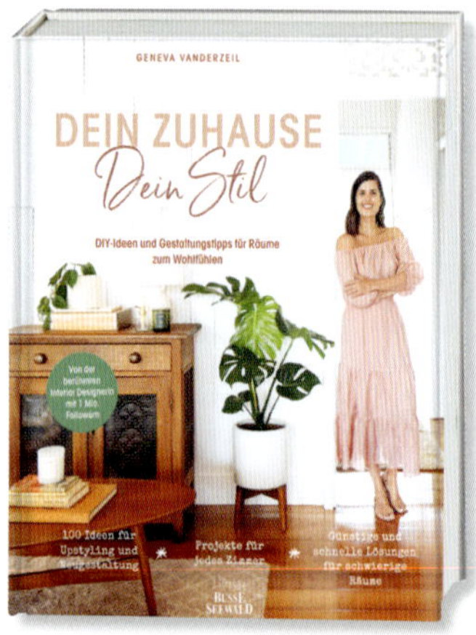

ISBN 978-3-7724-7293-0

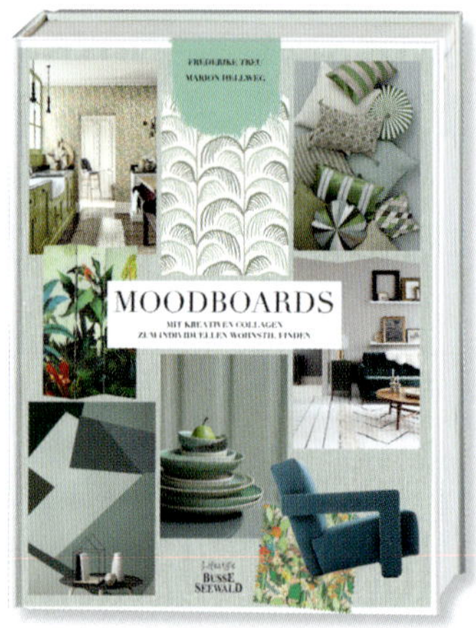

ISBN 978-3-7724-7291-6

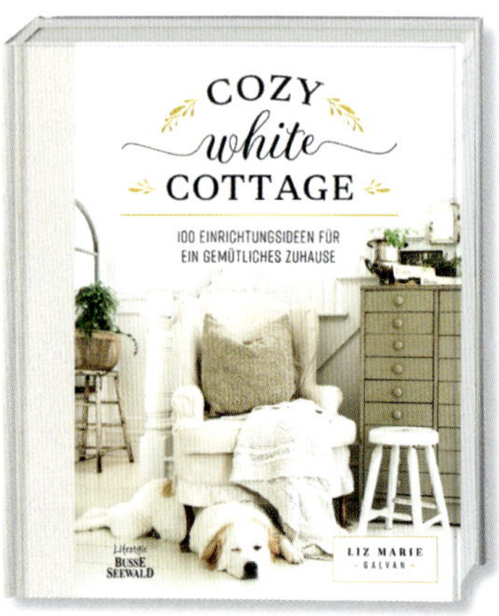

ISBN 978-3-7724-7289-3

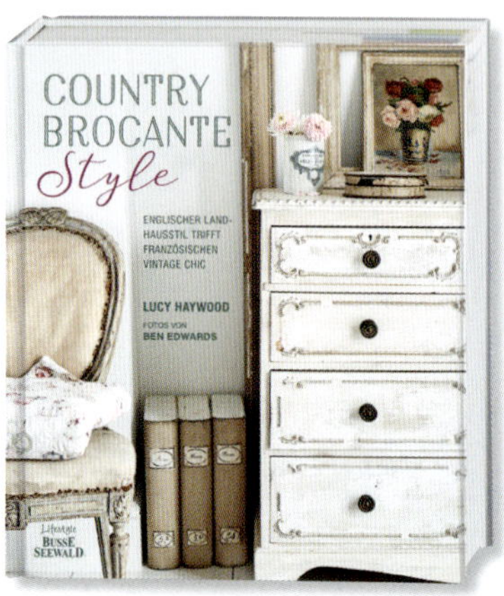

ISBN 978-3-7724-7258-9

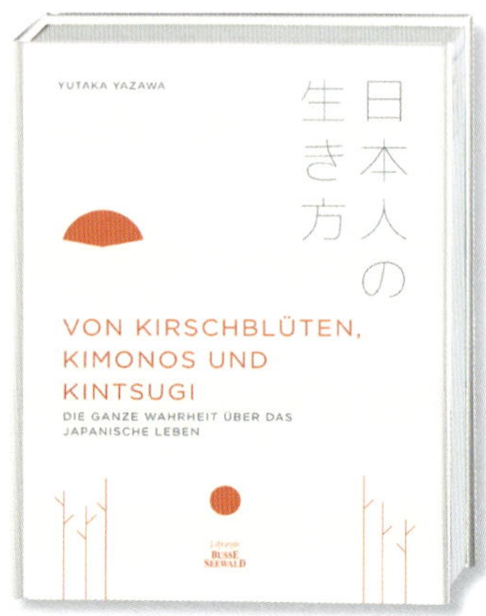

ISBN 978-3-7724-7488-0

Viele weitere Kreativ-Bücher finden Sie auf www.TOPP-kreativ.de

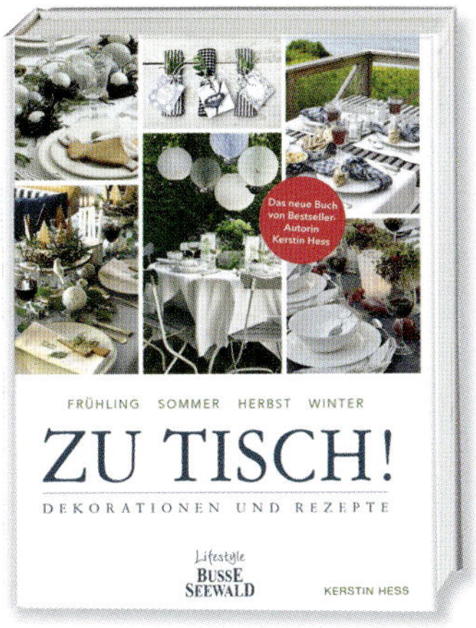

ISBN 978-3-7724-7267

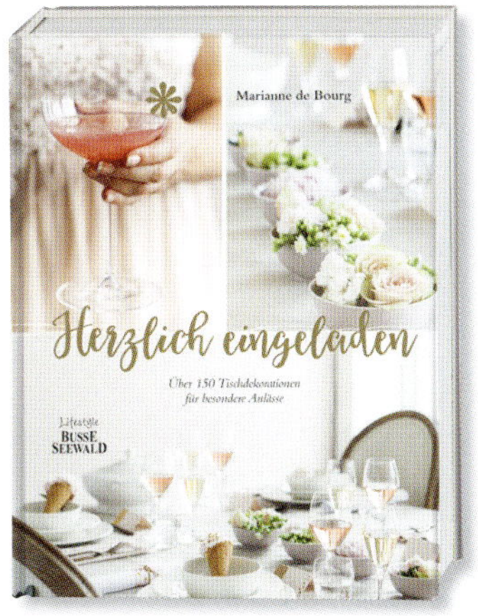

ISBN 978-3-7724-7259-6

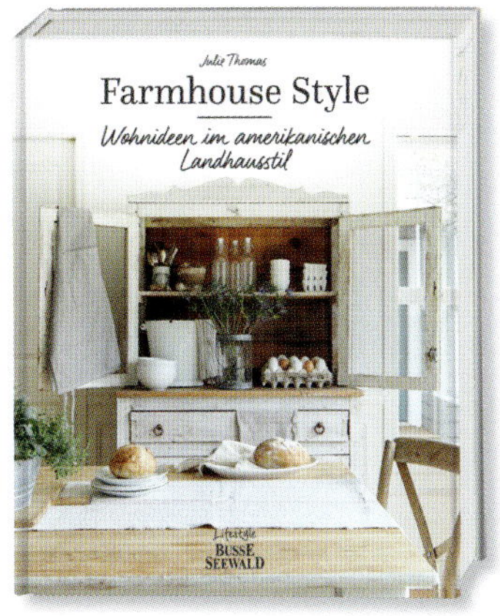

ISBN 978-3-7724-7281-7

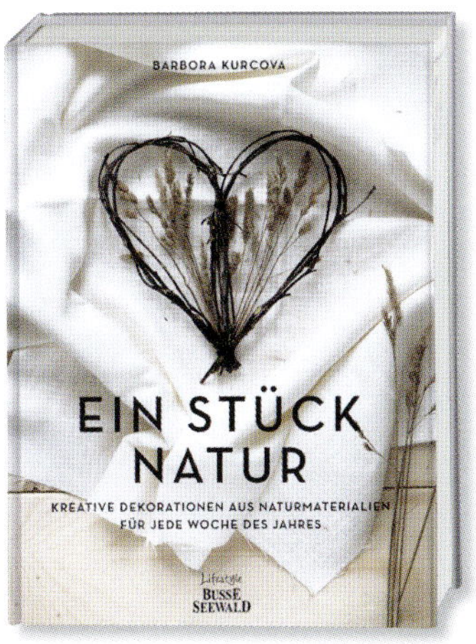

ISBN 978-3-7724-4499-9

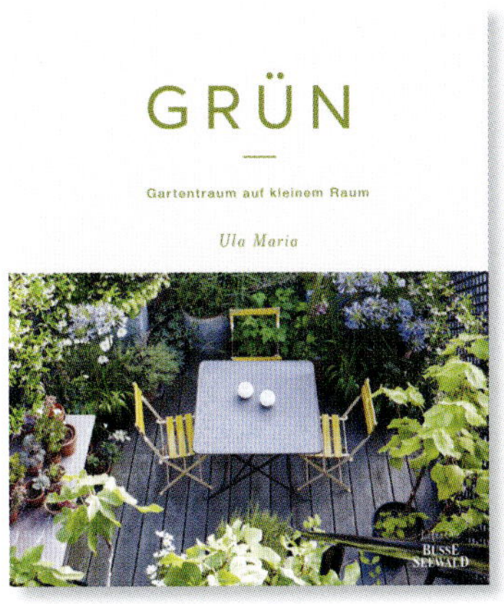

ISBN 978-3-7724-4653-5

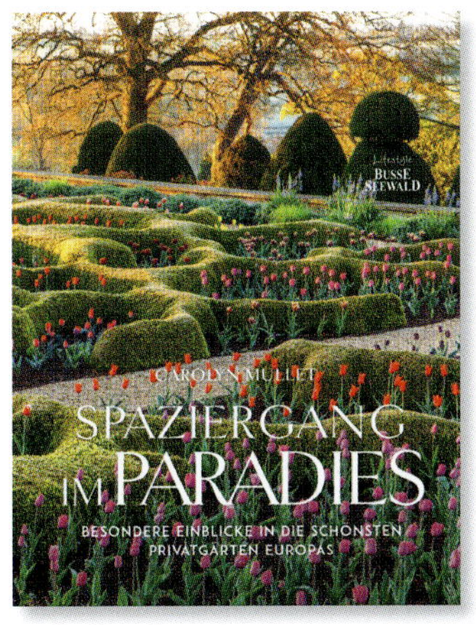

ISBN 978-3-7724-4661-0

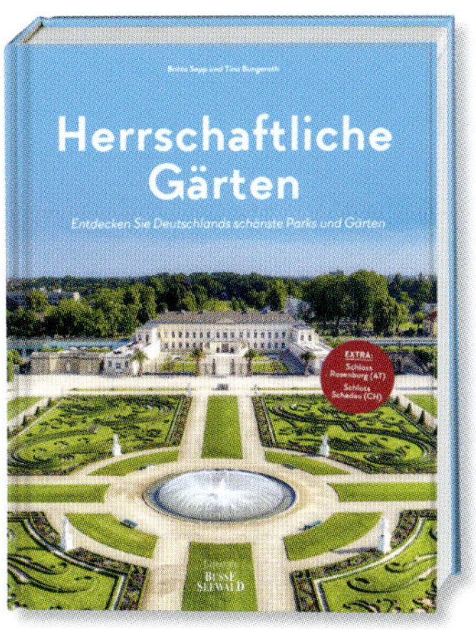

ISBN 978-3-7724-7286-2

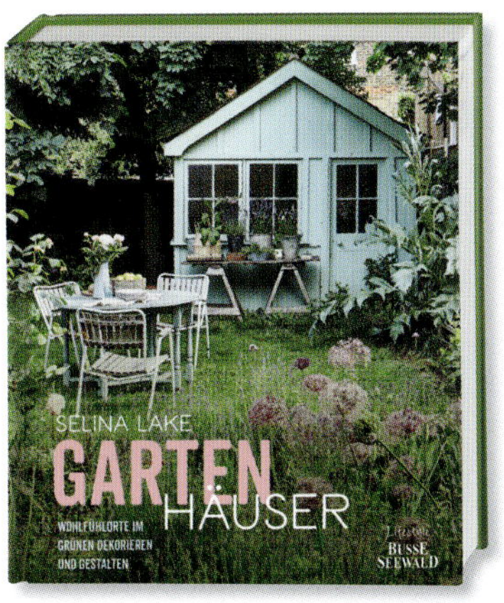

ISBN 978-3-7724-7288-6

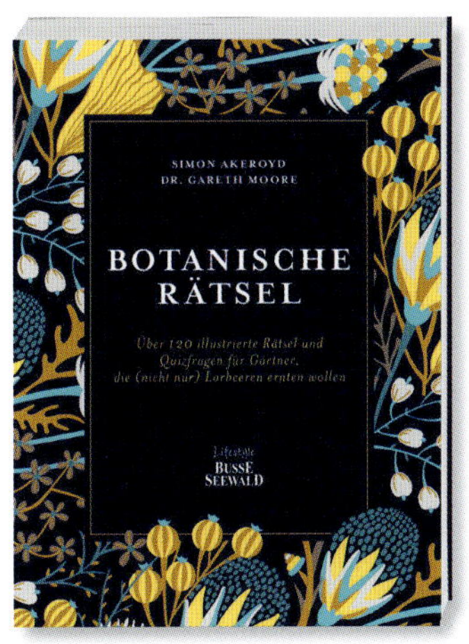

ISBN 978-3-7724-7278-7

IMPRESSUM

Texte und Fotos: Sarah von Heugel
Produktmanagement und Lektorat: Stephanie Iber
Covergestaltung: Eva Hook
Layoutentwurf und Satz: Werbeagentur Rypka GmbH, 8143 Dobl
Herstellung: Jessica Siebert
Druck und Bindung: PNB Print Ltd, Lettland

Sonderausgabe von TOPP 25047, Skandinavisch Wohnen
1. Auflage 2024

ISBN 978-3-7358-5301-1 Best.-Nr. 25301

FSC
www.fsc.org
MIX
Papier | Fördert gute Waldnutzung
FSC® C084698

Penguin Random
House Verlagsgruppe
FSC® N001967